酒井一臣

帝国日本の外交と民主主義

吉川弘文館

目次

序章　大衆は外交に関われるのか

一　本書の問題意識

二〇一六年は、外交と民主主義の関係を考えさせられる大きな事件が二つおきた。一つは六月のイギリスのEU離脱、もう一つは一一月のドナルド・トランプ（Donald J. Trump）のアメリカ大統領当選であった。この二つのできごとには共通点があった。ともに、移民問題と、グローバル化の進展で得をするのは誰かという点が争点になったことである。また、一般に識者もしくは選良（エリート）とされる人びとの予想や希望を裏切った結果になったことも共通していた。

二つの事件に前後して、ポピュリズム（大衆迎合主義）ということばが、専門家のみならずテレビのワイドショーなどでもさかんに言及されるようになった。冷静に考えてみれば、イギリスの国民投票もアメリカ大統領選も僅差で勝敗が決している。よって、イギリスのEU離脱やトランプ大統領当選で革命的な変化が起きたかのように騒ぎたてたことじたいも、実はポピュリズム的な反応であった。一方、この二つの事件の余波は一過性のものではなく、しばらく国際情勢に影響を与えることはまちがいないといえる。

ポピュリズムが注目されるようになって、多くの評論が現れたが、そこに一つの傾向があるように思われる。膨大な数のポピュリズムにかんする文献を網羅的に調査したわけではないが、ポピュリズムに批判的な論者はおおむね、自認するかどうかは別にして「リベラル」[1]な立場にある者が多い。こうしたポピュリズム批判者は、ポピュリズムを唱える政治家やその思想・行動がいかに危険で粗雑なものであるかを強調する。また、ポピュリズムに安易に従うと最初に犠牲になるのは、ポピュリズムを信じている人びとであると警告を発する。ところが、ほとんどの批判者は、ポピュリズムを支持している大衆そのものの批判はしないのである。選良と大衆の断絶が危険視されているなかで、愚民論を展開するのはかえって両者の溝を深めることであろうし、現在の政治的正当性、すなわちポリティカル・コレクトネスに反することもわかる。しかし、現実にはポピュリズム支持者の一定数はインターネットなどで低俗な議論を再生産し、誰がなんといおうともポピュリストへの支持を考え直さない。そうした立場の人にとって、「リベラル」なポピュリズム批判者が自分たちを直接批判しないことは、「金持ち喧嘩せず」と無視されたかのようで、「上から目線」への反発を生むだけではないのか。

もう一点。ポピュリズム批判者はポピュリズムの隆盛をみて「民主主義の危機」だとする傾向が強い。しかし、イギリスのEU離脱もトランプ大統領当選も、きっちりとした投票の結果である。ポピュリストの主張が将来民主主義を破壊する可能性があるからといって、ポピュリズムの勝利を「民主主義の危機」と直結させるのは、予断がすぎるのではないか。むしろ、ポピュリズム批判者が困惑しているのは、反民主主義的主張が民主主義的に認められたことなのかもしれない。

こうした現在のポピュリズムをめぐる論争と困惑と同様の議論が、近代日本においてもおこなわれたことがあった。それが「国民外交」(以下「　」を略す)論である。国民外交論は、日本で民主化が進展していった時期、すなわち明治末から昭和初期に唱えられたものである。本書は、国民外交論を第一の主軸として、それにかんする諸事例を検討し、その意義を探るものである。

詳細は第一部で論ずるが、国民外交とは、国民が国際交流に関係する民間交流という意味もあるが、主な意味は、外交の民主的統制とそれに伴う外交への国民動員ということであった。国民外交は、外交問題が生じた際、国民全体の協力を求める標語のような使われ方もしたが、特に第一次世界大戦後は、外交の民主的統制を強めて、国民の理解のもとで安定的な外交政策を志向すべきだとする文脈で用いられた。

ところで、国民外交に賛否を示す議論には奇妙な一致点があった。外交の民主的統制に反対する論者は、愚かな大衆を外交に関わらせるのは危険だとしたが、推進論者も大衆が愚かであることは否定せず、外交教育をおこなうことで、大衆も識者の合理的で安定した外交方針を支援するようになるとした。現在とまったくちがう権威主義的な価値観が横行していた時代とはいえ、本書が扱う時期の選良は、はっきりと愚民観を提示した。選良と大衆の断絶を前提にしたなかで、国民を動員する国民外交がどのように主張されていったのかをみていきたい。

また、本書が主として扱う期間には国際協調外交が隆盛を迎え崩壊していくが、国民外交に積極的なものも消極的なものも、原則として国際協調外交を支持していた。前者は、大衆は平和を望むはずであるから外交の民主的統制を強化すれば国際協調外交は推進されるとした。後者は、国際協調外交の基盤は、外交官を中心とする選良間の駆け引きであり、愚かな大衆が関与すれば混乱が生じるから、国民外交は国際協調外交に不向きであるとした。筆者は、前著『近代日本外交とアジア太平洋秩序』[2]において、国際協調外交の基礎に「文明国標準」（以下「　」を略す）の発想を重視するジェントルマン的価値観を共有する外交官や選良の協力があったことを示した。そのうえで、民主化の進展に伴いこの基礎が通用しなくなっていき、国際協調外交が限界を迎えることを指摘した。この問題意識は本書でも引き継ぎ、各所で国際協調外交と国民外交の関係を分析する。特に第一部では、大衆が選良の望む方向を選択しない場合、国民外交推進者が、さらなる外交教育を追求せず、諦観に陥り沈黙していくさまを追っていく。

国民外交にくわえ、本書のいま一つの主軸は、既述の文明国標準である。文明国標準とは、もともと国際法学の用語で、国際法を平等に適用するにたるかどうかを判定するための基準である。西洋諸国のキリスト教を基礎とした価値観や法社会制度を「文明」とし、それに適応しない国は「野蛮」として差別待遇を認める発想である。文明国標準の考え方においては、白人のキリスト教国と非白人の非キリスト教国の間に明確な線引きがあった。日本をはじめとする有色人種で非キリスト教の国家は、国際社会で生き残るために文明国標準に従わざるをえず、西洋文明化が最重要課題となった。しかし、制度はもちろん価値観にいたるまで西洋文明化したとしても、人種の壁はこえがたかった。本書の各所でみるように、人種問題は、非西洋諸国にとって、努力ではいかんともしがたいものとして、立ちはだかった。(3)

一方、日本のような非西洋国の選良の価値観の根底には強烈な文明国標準の意識があった。文字通り「選ばれし者」として西洋文明を学んだことが、彼らが選良たるゆえんであった。日本の選良は、西洋文明の忠実な学習者であると同時に、文明国標準に達していない者に対しては傲慢な態度でのぞんだ。この傲慢さは、日本以外の非西洋諸国だけでなく、自国の大衆に対しても向けられたのである。

日本のような非白人の非キリスト教国が西洋文明を摂取する際に生ずる右記のような構図が露骨に現れるのが移民問題であった。第二部では、主として近代日本の海外移民をめぐっていくつかの事例を取り上げ、文明国標準との関わりから論じる。

日本人移民がアメリカのような文明国に行った場合、同化できないことは日本の「遅れ」の証左とされた。一方、東南アジアなどいわゆる南洋に行った場合、日本人は現地民に対し、文明国標準の先達者として日本の「先進性」を誇った。

日本人移民にかんして、いま一つの指摘したいことは、移民をみる選良のまなざしである。アメリカでの日本人移民排斥問題に代表されるように、しばしば日本人移民が外交問題となった。日本人が人種差別で排斥されることは、日本の威信に関わることであったため、国民外交での解決が訴えられた。また、日本人移民がほかの有色人種と同一視されることも、文明国標準に達している日本としてはたえがたい屈辱ととらえられた。問題が生じるたびに、外交官をはじめとする官吏・識者が現地視察に派遣された。その際、彼ら選良が日本人移民をどのようにみたのか。多くは、日本人移民の無知蒙昧ぶりを批判し、「日本の恥」であるとしたのである。日本の選良は、まるで西洋人が有色人種をみるかのような視点で同胞たる日本人移民をみていたのである。文明国標準の発想は国家間・異民族間だけではなく、同国人の間にも色濃く反映されたといえる。選良の移民に対する愚民視は、報告書や書籍などを通じて日本社会に広まり、その結果が移民を日本にいらない存在とする「棄民」観となって現れたのである。

ところで、国民外交が唱えられた背景には、いわゆる新外交の時代を迎えたとする認識があった。新外交は、第一次世界大戦後のウィルソン主義などの影響を受けて唱えられ、帝国主義を否定し外交の民主的統制を重視するものであった。ここに古典外交（旧外交）とのちがいをみることが一般的な議論である[4]。しかし、本書では、新旧外交のちがいの小ささに着目したい。新旧外交ともに、主権国家が並列する国際秩序を前提としており、新外交といえども既存の植民地や勢力圏を否定するものではなかった。さらに、新外交下の国際協調外交を支えたのは、古典外交に精通した外交官たちであった。

しかし、第一次世界大戦後あたりから、日本では国家主権の絶対性を否定し、国家も社会のなかの一つの集団に過ぎず、職業団体などのさまざまな社会集団が有機的につながるとする国家像、すなわち多元的国家論が流行する[5]。酒井哲哉は、「一九三〇年代の日本の国際秩序論は、近代日本の「早熟なトランスナショナリズム」が、リベラルな国際主義として「成熟」を迎える前に、「帝国秩序」に回収された事例」として、最終的には大東亜共栄圏につながる広域秩序論を下支えしたとする。(6)

また、国家の絶対性を否定するなかで、「国民」概念の欺瞞性も指摘されるようになる。一九世紀後半から二〇世紀前半は国民国家の時代ともいえ、日本も近代国家建設にあたり、いかに国民を「創造」するかが大きな課題であった。また、国民国家であることは文明国標準の条件でもあったため、明治期の日本は「国民主義」が重視された時代でもあった。(7)しかし、国民創造が文明国標準の条件だとしつつも、宗主国は植民地の国民形成を阻害したのである。(8)これは、国民国家でありつつ同時に植民地帝国であった「国民帝国」の矛盾の現れでもあった。(9)

一九三〇年代になると、日本外交は、主権国家による国際秩序の否定と国民概念への疑義のもとで新秩序形成に向かうことになった。こうした外交政策の発想は、新旧の外交間のちがいよりも根本的なちがいをはらんでいたうえ、文明国標準の発想も「超克」されるべきものとされた。よって、一九三〇年代に、国際協調外交や国民外交といった論理は、その基盤が揺るがされることになった。ここに国際協調外交の崩壊のありかたを見い出せるはずである。すなわち、ブロック経済圏の出現などでもわかるように、超国家的地域統合が志向されるなかで、古典外交秩序に基づく国際協調外交による国際社会の安定策は困難になっていくのである。第三部では、国民外交や国際協調を唱えた論者が沈黙を強いられていくさまを、古典外交のシステムが否定されていくことと関連させて検討する。

「国民主義」は直訳すればポピュリズムともなる。選良たちは、民主化を迎えた時期の外交を国民とともにつくりあげようとして国民外交を主張した。この共同作業を妨げたのが文明国標準にとらわれた愚民論であった。国民主義が文字通りポピュリズムとなっていくなか、選良たちは沈黙するようになった。この沈黙は、臆病や諦観だけではなく、議論の枠組みそのものが変化していくことに対応できなかったこと、すなわち時代の趨勢への無言の抵抗でもあった。

二　研究手法

近年の日本外交史研究は、大きく分ければ、二つの方向に分かれている。

一つは、政府文書や政治家の個人文書などを駆使して、外交政策の政策決定過程とその周辺事情を明らかにするものである。これは、伝統的な外交史研究のありかたで、いまもって主流である。いま一つは、外交にかんする概念や思想に着目し、外交関係の言説を分析することで、時代や社会の風潮を明らかにするものである。

戦前にかんする日本外交史研究は、主な史料がほぼでそろい、これまでの研究の蓄積で事実関係について根本的な見直しがなされることは少なくなっている。このような状況で、新たな見解を提示しようとすれば、扱う事例は範囲も課題も限定されがちになる。くわえて、これまでの研究との差異を示すためには、知られていなかった史料を探し、既知の事実を補完することに注力されることになる。むろん、過去の事実を再現し解釈する歴史学に完全ということはありえず、よって史料の真摯な見直しと補完が、歴史像を豊かにしていることは否めない。そのことを認めたうえで、政策決定過程を中心とした研究の問題を指摘したい。

まず、大きな枠組みを問い直すことがなくなっている点である。政策決定関係者の動向の解明に深入りするあまり、事件の背景にある社会情勢などは既定のものとされ、政治家や官僚も社会の雰囲気に左右されることが見逃されがちである。たとえば、官僚が遺した文書も、上司との関係や、極端なことをいえば、夫婦仲が悪化しているといった家庭状況が影響しているかもしれず、文書に書かれていることがその個人の本当の考えだとはいいきれない。その点を看過して、ひたすら政府文書に没頭する結果、全体像が不明確なまま、ただ政策決定過程の流れが微に入り細に入り検証され、「砂を食む」ような論述が目立つことになる。

くわえて、未知の史料の使用に重点をおくことで、論証の意義が大きな枠組みと結びつかず、新たな史料が用いられていることが論証の価値になるという倒錯を招きかねないのである。[10]

主流といえる外交政策決定過程を追う研究に対し、文化研究（カルチュラル・スタディーズ）の影響を受けて、文化事象や社会問題に着目して、その背後にある概念や思想を分析して、外交のありかたを考察する研究もある。[11] 国民外交や文明国標準に着目して、それらをめぐる議論を分析する本書が、この手法に属することはいうまでもない。筆者はこれを外交の社会史という意味で「社会外交史」と呼びたい。[12]

社会外交史の手法によって、外交史研究の地平が広がった。たとえば、一見、政策決定過程に無関係に思える文学作品に、その当時のある国への印象を見い出す。また、芸術活動に秘められた対外戦略を読み解くこともできる。その点では、社会外交史の手法をとれば、外交史は、政府文書や政府関係者の個人文書の範囲を離れ、研究対象に大きな広がりを与える。くわえて、思想に関心を引きつけることによって、社会の枠組み全体の見直しを迫ることも可能になる。

一方、社会外交史には問題もある。概念や思想を言説分析する際、それがどこまで現実と交差するのか見失われがちになることである。そうなれば、分析は机上の空論となり、たんなる言葉遊びに堕しかねないのである。また、たとえば、ある文学作品が日本人の植民地観を表していることを示したとしても、これは「そう考えられる」ということであり、反証はしづらく、「言ったもの勝ち」に陥ることになる。

文化研究的な言説分析は、ある事象となんらかの概念・思想をいかに巧みに結びつけるかにかかっている面があるため、史料の説得性より、論理の構成や文章表現に重きが置かれがちなことも否めない。その結果、華麗な修辞ではあるが、なにをいっているのか理解できない文章になってしまうこともある。

本書が社会外交史の欠点を回避しえているかどうかは読者の判断を待つしかないが、右記の外交史研究の諸問題を前提として、次の二点を本書の特徴としてあげておきたい。

第一点は、国民外交に着目することで、外交政策の傍流ともいえる諸事例を取り上げることである。通例の外交史研究では、たんなる挿話としてしか扱われなかったことに、当時の日本の社会のありさまや世界との関係性を見い出し、それがひいては重要な外交政策に影響していたことを示したい。

国民外交とは、国民による外交、国民のための外交の両義をもったが、国民外交を唱えた論者は、愚民論の立場から、国民による外交の危険性を説きつつ、牧民的な意味での国民のための外交の必要性を訴えた。筆者は愚民論を支持するつもりはないが、本書ではあえて近代日本の選良の愚民論を随所で取り上げ、その意味を探った。

第二点は、文明国標準の観点から外交上の諸事件をみることによって、一九世紀後半から二〇世紀前半の世界を支配していた雰囲気を明らかにしたことである。一般に近代日本史で文明論が重視されるのは明治初期から中期にかけてであろう。しかし、文明論ではなく、文明国標準論は、現在のグローバル・スタンダードの議論にまで影響が及ぶ考え方であり、近代日本を通じて各所に現れることになる。第一次世界大戦後は、古典外交下の帝国主義がウッドロー・ウィルソン（Woodrow Wilson）米大統領の登場により否定され、勢力圏の撤廃と公開外交が訴えられるようになった。こうした状況下にあって、ウィルソン主義的新外交＝外交の民主化が新たな文明国標準となり、(13)「ルールの変更」に対して日本は文明国でありつづけるために新しいルールに対応しなければならなかった。ところが、一九三〇年代になると、古典外交の根幹ともいえる主権国家そのものを否定した新秩序の必要性が説かれることになり、「ルールの変更」どころか「ゲームじたいの否定」が世界的な流行となった。文明国標準の変質を日本がどのように認識したのかを本書では検討した。

他方、文明国標準にとらわれていた選良と、それについていけない大衆との懸隔という見方に対しては、苅部直の「民衆不在」の文明観であるとの批判がある。(14) 日本社会に「近代」を受け入れる素地があったことは筆者も否定しないが、本書で強調したいのは、語学などの知識や海外経験の有無といった懸隔である。選良と大衆の意識の差がどのような意味をもち、政策に反映されたのか、特に移民問題を中心に考察した。

近年、インターネット上での史料の公開がすすんでいる。そのことじたいは喜ばしいことである。しかし、膨大な一次史料に容易に接することができる状況になったことが、先に指摘した外交史研究の矮小化につながっていることも否めない。本書では、取り上げた事例にかんする外交当局や政治家の政策決定過程に深入りはしなかった。よって、外交文書や政治家の個人文書を大量に分析するのではなく、当時の書籍や雑誌論文の内容に着目し、時代像を明らかにすることに注力した。その際、あえて、取り上げた著者の思想に「内在する」ものを追求することは避けた。それは、本書の目的が思想の解明ではないこともあるが、思想の中身を追求する作業が、えてして概念のことば遊びになりがちだからである。「内在する」ものを明らかにするより、書籍や雑誌論文が同時代の雰囲気のなかで、どこに位置していたのかという点に注意をはらった。政策関係文書も扱わない、思想に内在するものも問わないというのでは、論証に深まりがなくなるという批判は承知のうえで、国民外交と文明国標準の枠組みからみえてくる日本社会のかたちを探った。これは、本章冒頭に示した、ポピュリズム時代の知識人のありかたに疑問を抱いている筆者の問題意識と結びついていることはいうまでもない。

三　本書の構成

ここまで述べたように、本書は、国民外交と文明国標準という概念を用いて、外交と民主主義の関係を、戦間期を中心に整理することが主目的となる。よって、なんらかの事件にかんする政策決定過程の検証を目的としていない。読者はどの章からお読みいただいてもかまわないが、おおよその構成は以下の通りである。

第一部「国民外交の時代」は国民外交にかんする三章からなる。

第一章「渋沢栄一の渡米実業団」では、一九〇九（明治四二）年に渋沢栄一が親善のため実業団を率いて渡米したことを論じる。渋沢は自らの行動を国民外交と称した。これは国民外交のもっとも早期の例であった。ここでは、渋沢の国民外交がいかなるものであったのか、その足跡と渋沢の議論から明らかにした。渋沢にとっての国民外交とは、公に尽くすことが当然である国民を外交に総動員することであった。すなわち、国民外交とは民間交流の意味は薄く、むしろ国民の総力をあげて外交政策の推進に協力させることという、日本での国民外交の一つのありかたが示される。同時に、公の方針がまちがっていた場合、渋沢流の国民外交ではそれをとどめるすべをもたなくなることも指摘した。

第二章「国民外交の逆説」では、国民外交という用語が日本でどのような意味合いで用いられたかを検証し、本来の外交の民主的統制ではなく、国民を外交政策支援に動員するという意味合いが強くなったことを示した。国民外交を詳細に論じた信夫淳平をはじめ、国民外交論者は愚民論から抜け出せず国民が外交教育に従わないことを嘆くだけであった。国民外交が国民を総動員した挙国一致外交という意味が強まるなか、普通選挙など民主化が進むほど、外交を民主的に統制して識者によって国際協調外交を推進する本来の国民外交が困難になるという逆説が生じたとした。

第三章「不戦条約再考」は、一九二八（昭和三）年に締結された不戦条約批准をめぐっておこなわれた論争を取り上げたものである。条約は「人民の名に於て」戦争の違法化を宣言するもので、まさに国民外交の時代にふさわしい内容であった。しかし、日本では「人民の名に於て」条約を結ぶことが天皇大権を犯す憲法違反ではないかとの疑義がだされ、人民に天皇が含まれるか否か、「名に於て」とは代表してという意味か否かなど、衒学的で無意味な論争が繰り広げられた。本来ならば国民外交の文脈で議論がおこなわれるべきであったが、その方向にすすまず、結局、国民外交を担うはずの識者の混迷ぶりを現すだけに終わった。

第二部「移民と文明国標準」では、移民問題を扱う三章で構成する。

第一章「移民か棄民か」では、近代日本の移民問題の特徴を概観し、文明国標準の観点から整理する。アメリカに行った日本人移民は、文明国標準に従うのが当然とされ、日本が野蛮と思われないようにすることが重視された。一方、アジア各地に行った日本人移民は、西洋文明の先学者として傲慢にふるまった。また、外交官をはじめとする選良は、無規律な行動をしがちの移民を「日本の恥」と考え、西洋人が有色人種をみるのと同様の視点で、同胞である日本人移民をみた。このような文明国標準の構造のなかで、移民は棄民として扱われることが多く、日本人移民は国際情勢の変化のなかで翻弄されることになった。

西洋史学者原勝郎の南洋観を考察するのが、第二章「京大教授原勝郎の南洋観」である。原勝郎は、第一次世界大戦直前に東南アジア各地を視察旅行し、『南海一見』という紀行文を著わした。原の東南アジア現地民にむけたまなざしは西洋人が有色人種をみるのと同様なものであったが、興味深いのは、日本人移民や洗練されていない西洋人に対しても原が選良意識から侮蔑の目をむけていたことであった。くわえて本章では、原の歴史観を探り、日本史の流れを西洋史の流れと同定させようとしていたことを指摘した。

第三章「島崎藤村の南米行」は、一九三六年に国際ペン・クラブ出席のため、アルゼンチンに赴いた島崎藤村と日本人移民の接触を取り上げる。藤村の言動は無難で表層的であったが、本章ではその理由が国民外交だったためだと指摘した。また、文化人の国策協力をどう評価すべきか、問題提起をおこなった。

第三部「迷走する新秩序」では、古典外交が否定されていく一九三〇年代に日本が国際秩序をどのように認識していたのかを探る。

一九三〇年代になると、日本の軍事行動がアジア太平洋秩序を揺るがすことになった。第一章「「脱欧入亜」の同床異夢」では、他の章とは異なり、日豪関係を取り上げる。一九三四・三五年に日豪間で親善使節のやりとりがあった。この背景には、南太平洋で孤立する白豪主義のオーストラリアがアジアとの関係性を改めようとしていたこと、国際的に孤立を深めていた日本がオーストラリアとの親善を通じてイギリスとの関係改善を模索していたことがあった。この時期の日豪両国はくしくも脱欧入亜を志向していた。しかし、アジアでの新秩序樹立をめざす日本と、日本の脅威軽減をもくろむオーストラリアでは、脱欧入亜への志向は同床異夢であった。日豪親善外交は、このときは表面的なままで終わったが、第二次世界大戦後の日豪両国の未来を予兆する性質をはらむものであった。また、現在の日本にとって意義ある脱欧入亜はいかなるものなのかを考える契機とする意図も込めた。

第二章「小村寿太郎へのオマージュ」は、一九三〇年代半ばからさかんに唱えられるようになった新秩序論に古典外交論者がどのように反応したのか、本多熊太郎と信夫淳平の議論から考察した。本多と信夫はともに古典外交の枠組みを重視したが、外交政策論は真逆といってよいものであった。しかし、両者とも小村寿太郎の伝記を著わし、日露戦時の日本外交を高く評価していた。古典外交論者にしろ、新秩序論者にしろ、主権国家体制か超国家的地域統合かで対立し、結局反英米の帝国主義に飲み込まれてしまったが、超国家的地域統合をすすめつつ親英米であるという発想は現在にいたるまで現れていないことを指摘した。

第三章「金子堅太郎の国民外交」は、憲法起草や日露戦時の広報外交で活躍した官僚・政治家金子堅太郎を扱う。岩倉使節団に同行しアメリカ留学した金子は、帰国後伊藤博文とともに憲法起草に参画し、語学力を買われて、近代化をすすめる日本を広報する外交活動をつづけ、欧米の著名人との親交も深めた。日露戦時、金子は日本の広報外交のためにアメリカに派遣された。日露戦後は、渋沢栄一と排日問題の解決に尽力したが、金子の献策はことごとく退けられた。金子の国際秩序観は、旧外交のままでありつづけ、選良による外交指導という発想から抜け出せなかった。金子は日米関係の改善を望みながらも、時代の動きに対応できなかったのである。本章では、金子堅太郎の活動を通じて、日本型国民外交の典型を見い出し、新外交から新秩序論へという動きのなかで、古典外交が見放されていくことを描いた。

最後に、本書での用語や史料引用の方法についてふれておく。本書では、なるべくカタカナ英語の使用を避けた。カタカナ英語を用いると日本語の語感とずれが生じる場合があるからである。本章冒頭でも用いた「リベラル」などがその典型といえよう。カタカタ英語をなるべく使わないという点での統一性から、「エリート」をあえて「選良」とした。エリートにかんしては、日本語表現のなかで定着しているため、いささか奇異に感じる読者もあろうかと思う。よって、選良＝エリートと考えていただいてかまわず、選良に特段の意味をもたせたわけではない。

ただし、選良といった場合、高級官僚などの政治の世界での選良と一般に知識人とよばれる学術世界の選良があげられる。その時点の政治体制内の選良とそれを批判する選良とでは、立ち位置に大きなちがいがあり、両者をひとまとめに論じるべきではないのかもしれしれない。しかし、近代日本の場合、選良には共通点があった。ほとんどの選良は、当時では少数だった大学教育を受けた者だった。近代日本の学問の大部分が輸入であったことを考えれば、彼らは英語を主としたヨーロッパの言語に通じているのが普通だった。選良は学問を通して文明国の最新の成果を学んだのである。つまり、近代日本にあって、選良は文明国標準に近づいた文字通り選ばれし者であった。本書では、この点を重視して、選良という言葉で官僚や知識人を扱いたい。

なお、史料の引用にかんしては、煩雑を避けるため、旧字体は新字体に直し、漢字平仮名混じりの形式に統一した。また、難解な引用の場合は、なるべく直後に再度内容を平易に説明するようにした。また、史料内の筆者注は〔 〕で示した。

注

（1） ここでいう「リベラル」とは、古典的自由主義ではなく、近代的自由主義のことであるが、マスコミなどで用いられる漠然とした幅広い「リベラル」を含む。

（2） 拙著『近代日本外交とアジア太平洋秩序』（昭和堂、二〇〇九年）。

（3） 文明国標準については、Gerrit W. Gong, *The Standard of "Civilization" in International Society*, Oxford, 1984. が古典ともいえる著作である。文明という概念にかんしては、Brett Bowden, *The Empire of Civilization*, Chicago Uni. Press, 2009. 文明国標準の学説上の位置づけについては、バリー・ブザン（大中真ほか訳）『英国学派入門』（日本経済評論社、二〇一七年）第五章。近年の動向として、David P. Fidler, "The Return of the standard of Civilizaiton", *Chicago Journal of International Law*, 2-1, 2001, Gerrit W. Gong, "Standard of Civilization today", in Mehdi Mozaffari ed., *Globalization and Civilization*, Rotledge, 2002, Cp. 4, Barry Buzan, "The 'Standard of Civilization' as an English School Concept", *Millennium*, 42-3, 2014, Edward Keene, "The Standard of 'Civlizaiton', the Expansion Thesis and the 19th-century International Social Space", *Ibid*. 事例研究として、Shogo Suzuki, *Civilization and Empire*, Rotledge, 2009. また、人種による国際社会の線引きという考え方については、Marilyn Lake, Henry Reynolds, *Drawing the Global Colour Line*, Cambridge, 2008.

（4）新外交を論じる研究は多いが、中谷直司『強いアメリカと弱いアメリカの狭間で』（千倉書房、二〇一六年）を、もっとも包括的で整理されたものとして参照した。

（5）たとえば、中島重『多元的国家論』（内外出版、一九二二年）。

（6）酒井哲哉『近代日本の国際秩序論』（岩波書店、二〇〇七年）九頁。酒井哲哉の議論を発展させ、矢部貞治を中心に大東亜共栄圏と引照基準としての近代西洋の関係を論じたものとして、有馬学「誰に向かって語るのか」（酒井哲哉編『「帝国」日本の学知第一巻「帝国」再編の系譜』岩波書店、二〇〇六年）がある。

（7）拙著前掲注(6)『近代日本外交とアジア太平洋秩序』序章、小林和幸『「国民主義」の時代』（角川選書、二〇一七年）、加藤聖文『国民国家と戦争』（角川選書、二〇一七年）。

（8）蠟山政道「東亜協同体の理論」（同『東亜と世界』改造社、一九四一年、初出一九三八年）。

（9）国民帝国にかんしては、山室信一「「国民帝国」論の射程」（山本有造編『帝国の研究』名古屋大学出版会、二〇〇三年）を参照。

（10）むろん、すべての研究がここでの批判にあてはまるわけではない。たとえば、佐々木雄一『帝国日本の外交　一八八九―一九二二』（東京大学出版会、二〇一七年）は、的確な史料を適切に用い、政策決定過程から、なぜ帝国日本の版図が拡大したのかという大きな問題意識と結びつけて論じている。

（11）近年の代表的研究として、藤村一郎『吉野作造の国際政治論』（有志社、二〇一二年）、塩出浩之『越境者の政治史』（名古屋大学出版会、二〇一五年）、成田龍一・吉田裕編『記憶と認識の中のアジア・太平洋戦争』（岩波書店、二〇一五年）、中川未来『明治日本の国粋主義思想とアジア』（吉川弘文館、二〇一六年）、堀田江理『一九四一　決意なき開戦』（人文書院、二〇一六年）、塩出浩之編『公論と交際の東アジア近代』（東京大学出版会、二〇一六年）、廣部泉『人種戦争という寓話』（名古屋大学出版会、二〇一七年）などがある。

（12）拙著前掲注(6)『近代日本外交とアジア太平洋秩序』一三―一六頁。

（13）Fredrick R. Dickinson, *World War I and the Triumph of a New Japan, 1919–1930*, Cambridge, 2013, p. 65.

（14）苅部直『「維新革命」への道』（新潮選書、二〇一七年）。

第一部　国民外交の時代

第一章　渋沢栄一の渡米実業団
――国民外交事始め――

はじめに

一九三一（昭和六）年一一月一一日、渋沢栄一は九一年の生涯を閉じた。一一月一四日、天皇から勅使が遣わされ御沙汰があった。

高く志して朝に立ち、遠く慮りて野に下り、経済には規画最も先んし、社会には施設極めて多く、教化の振興に資し、国際の親善に努む、畢生公に奉し、一貫誠を推す、洵に経済界の泰斗にして、朝野の重望を負ひ、実じ社会人の儀型にして内外の具瞻に膺れり（1）

実業家として顕著な功績をあげた渋沢が、一方で社会活動や国際交流に尽力したことにふれ、至誠一貫、公に捧げた姿を「社会人の儀型」（社会人の模範）として尊敬されたと称えた御沙汰は、弔辞であることを割り引いても、当時の社会が渋沢栄一に抱いていた印象の一面を反映していたと考えられる。

本章では、一九〇九（明治四二）年の渡米実業団を中心に、「社会人の儀型」であった渋沢の国民外交の意義を考察していく。渋沢が団長をつとめた渡米実業団は、先年のアメリカ太平洋沿岸実業団来日の返礼として招待されたもので、当時の代表的な実業家によって編成された。これは、当事者が明確に意識した国民外交の事始めであった。渋沢は、高齢（六九歳）を理由にアメリカ行きをいったん断ったが、周囲の説得を受けて団長に就任した。実績と人望からして当然の人選であったが、渋沢が政府から国民外交推進に協力を求められていたことも、団長就任決断の背景にあったものと思われる。(2) 渡米実業団前年のアメリカ太平洋沿岸実業団来日やアメリカ大西洋艦隊来航に、渋沢をはじめ実業家が積極的に関わったのも、国民外交の一環であった。

日米関係は、日本人移民排斥運動が激化するなか、先行きが危ぶまれていた。日露戦争で日本が有利に戦いをすすめた頃から黄禍論がさかんに唱えられるようになった。日本人排斥の原因には、白人労働者の職を日本人が奪うといった経済問題もあったが、その根底に人種差別意識があったことはまちがいない。一九〇八年には、日本が自主的に対米移民を制限する紳士協定が締結されたが、排日の世論は沈静化しなかった。一方、日本が問題としたのは、人種差別そのものではなく、日本人が差別される「野蛮」の側にあると認識されていたことだった。「文明国」であるはずの日本人が差別されるのが不当なのであって、たとえば「野蛮な」中国人が差別されるのは当然であるという立場だった。(3) 日露戦時にいわゆる「広報外交」の重要性を痛感した政府は、日本人がほかの有色人種とはちがう「文明人」であることを証明するために、渋沢のような「社会人の儀型」に国民外交を担わせようと考えたのであろう。

ところで、渋沢が高い知性の持ち主であったことは、生涯の活動から容易にうかがえるが、いうまでもなく、渋沢は実業界に生きた人物であり、思想家や学者を対象とするような視点で、その言動を分析しても生産的ではあるまい。他方で、渋沢にかんする研究が、偉人を顕彰するという観点に傾きがちなことも否めない。日本を代表する経済人として尊敬されていたことを追認することが重要なのではなく、渋沢の名声がどのような影響をもっていたのか、いかに利用されたのか、またそのことを渋沢自身がどこまで自覚していたのかといった点を客観的に分析すべきであろう。本書で着目する国民外交という視点は、渋沢の当時の社会における位置と自己演出の一端をうかがうことができるものであり、渋沢の行動論理とその限界を探るに適した概念と考える。

そこでまず、第一節では、渋沢の国民外交の意味について、研究史を交えながら考察する。つづく第二・三節では、渡米実業団と渋沢版国民外交の関係を明らかにする。第四節では、渡米実業団と移民問題との関係にふれ、最後に渋沢の外交活動の意義を批判的に論じていきたい。

一　国民外交と民間外交

渋沢栄一が海外に多くの知己をもち、本書第三部第三章でみる日米関係委員会や、アメリカとの親善人形交換など幅広く国際交流活動をおこなって日本外交の安定に貢献したことは、これまでさまざまに指摘されてきた(4)。その際、一八七三年に大蔵省を離れた後、実業家に徹したこともあり、渋沢を民間外交の推進者として評価するのが一般的である。ここで取り上げる渡米実業団にかんしても、その顕著な例として研究がすすめられている。

渋沢栄一の曽孫にあたる渋沢雅英の伝記は、『太平洋にかける橋』とする表題からも明らかなように、諸外国との友好親善、とりわけ移民排斥に揺れる日米関係を安定させるために栄一が果たした役割に着目した重要な業績である(5)。渡米実業団など国民外交に尽力したにもかかわらず、最後には一九二四（大正一三）年の排日移民法成立をまねいてしまった栄一の無念を、曽祖父への想いを込めて概観した好著である。

渋沢が二七年間にわたり会頭をつとめた東京商工会議所（最初、東京商法会議所、その後、東京商工会、東京商業会議所、一九二八年より東京商工会議所）がまとめた伝記も、さまざまな挿話を紹介しつつ、渡米実業団の実情を克明に描いている(6)。

また、渡米実業団一〇〇周年を記して開かれた渋沢史料館のテーマ展図録『渋沢栄一、アメリカへ』は、貴重な諸史料を掲載しているうえ、実業団参加者の関係文献も調査しており有益である。(7)

こうしたなかにあって、やはり第一にあげるべきは、木村昌人の研究である。(8) 木村は、一九〇八年から翌年にかけての日米の実業団相互訪問、一九一〇年の日米双方の渡清実業団の活動を詳細に分析し、貿易摩擦や市場獲得競争にかんする日米の実業家の認識と外交関係の交錯を解き明かした。この研究により、当該期の経済界の動向が、日米清三国関係に対して従来考えられていた以上の影響を及ぼしていたことが明らかになった。渡米実業団については、渋沢の関係史料はいうまでもなく、アメリカ側の実業家の関係史料や新聞報道にもあたって分析をしており、渡米実業団研究の決定版となっている。

さて、渡米実業団にかんして、事実関係や渋沢の言動については十分に調査されているが、ここで一点問題としたいのは、これまでの研究では、当時使用されていた国民外交という語を民間外交と読みかえている点である。たとえば、木村昌人は、「非正式折衝者が、国家間の経済問題に関する話し合いや交渉を親善を兼ねて行う外交」が「民間経済外交」とし、渋沢がその創始者であると評価しており、国民外交は民間外交と同義であるとの前提で議論を展開している。(9) 松村正義も両者を同義語と解してよいとしているし、(10) 渋沢の資本主義解釈にサン＝シモン主義との関わりを見い出すなど新たな視点を取り入れた伝記を著した鹿島茂も、注釈なく民間外交の語を用いている。(11)

他方で、国民外交の概念に着目した片桐庸夫は、渋沢の日本人移民排斥問題への対応を通時的に追いながら、渋沢の国民外交の特徴を次の三点にまとめている。すなわち、①「国民には誰彼の差別なく同様に国家に対する責任があり、〔中略〕外交を国民が支援もしくは補助的役割を担うべきだと考えた」点、②「国民外交に携わる国民とは、あくまでも右にみた実業人を核とする」点、③「渋沢の考える国益と政府や官界の考えるそれが基本的に一致しているとの認識があった」点である。(12)片桐の整理は、渋沢の国民外交論を的確に整理したものであるが、本章では、事例としては渡米実業団に限定しつつも、国民外交という用語が使われた社会背景や渋沢の思想に文脈を変えて、いま少し議論を深めていきたい。

次章で詳述するが、信夫淳平によれば、国民外交という用語は、使われる状況によって意味内容が変化する「陳腐の常套語」で「頗る曖昧模糊」なものだが、おおよそ次のように整理される。

其の一は、国民の時代思潮を酌み、国民の対外的自覚を代表して政府の行ふ所の外交即ち Diplomatie nationale で、其の二は、国民が政府の形式外交と離れ、対手国の国民との間に互に誠意を披瀝して意見を交換し、意思の疎通を計り、将た特定の行為に由りて友情を表彰し、依つて以て国交の親善に寄与するといふ謂ゆる People's diplomacy である。(13)

つまり、国民外交は、現在の民間外交に近い第二の意味（People's diplomacy）のほかに、国民の輿望をになっておこなう外交という意味（Diplomatie nationale）があるとされる。これは、たんに国民の勝手気ままな意見を反映せよということではない。「国民外交とは己れ等国民自身の物であるとの信念の上に行はるゝ外交で、其の信念は国家の存立及び向上に対する国民の合理的自覚に発するもの」であり、「政府は国民の自覚抱負を代表し、識者階級の後援の下に之を運用する所の実力ある外交」なのである。(14)こうした外交が必要なのは、厳しい国際環境で生き残るために、国民の総力を結集しなければならないからであった。

即ち意義ある外交は、国家の存立要素の総合的発動であらねばならぬ。統一せる組織的作用であらねばならぬ。吏閥割拠主義の国民総合主義に進化するに至り、茲に官僚外交は始めて国民外交となり、国際の離合向背の上に有力なる発言者となるのである。(15)

信夫の定義に従えば、国民外交とは、現在用いられている民間外交も包含するが、国家の発展のために、国民が対外問題に高い見識をもち、総力をあげて取り組むものなのである。(16) 民間外交という場合、たとえば『広辞苑』に「芸術・文化・スポーツなどを通じて民間人によって行われる親善外交」とあるように、当該者が非政府関係者で政府の代弁者ではないことにくわえて、国益に直結するような活動はしないという印象が強い。なにを国益と考えるかという点を脇におけば、民間外交は国家の発展の一翼をになうといった発想とは次元が異なるものといってよかろう。その点、国民外交は、信夫のあげる第二の意味でも、民間人が日本の国益を背負って真摯に国際交流につとめることであり、民間外交と同一視できない。よって、渋沢を団長とした渡米実業団が民間外交の概念でとらえきれないものではないかとの疑問が浮かぶのである。もちろん、信夫が国民外交を論じているのは、大正デモクラシーのさなか、外交政策でも民主化を促進する必要が求められるとする文脈であり、渡米実業団とは背景が異なった。そこで、まずは渋沢の立場を整理しておきたい。

そもそも渋沢栄一を「民間人」と考えるべきなのだろうか。武蔵国血洗島村の豪農の家に生まれた渋沢が攘夷を志し政治活動をはじめ、一橋家に見い出され幕臣となり、幕府瓦解後に明治政府に奉職して大隈重信や井上馨らの知遇を得たことは、その生涯の重要な人脈となった。その人脈と才能があいまって渋沢が実業界で重きをなしたことで、渋沢は明治の政界にとって軽視しえない存在となった。たとえば日記からは、渋沢が元老や閣僚など重要政治家と日々交際していたことがうかがわれるし、その慶弔には政界の重要人物が必ず駆けつけた。渡米実業団出発（一九〇九年八月一九日）前の一週間（一一日〜一八日）で、桂太郎首相・小村寿太郎外相と四回会っており、旧主徳川慶喜や大隈重信を訪ねて渡米の挨拶をおこなっている。(17) 政界との密接なつながりという点だけならば、渋沢の立場は、現在の財界人と変わらない。しかし、明治後半になっても当時の政界は、元老など有力者との関係が、内閣などの制度上の力をこえる意味をもつ権威主義的な藩閥政治であった。その点からすれば、渋沢の位置づけは、現代の日本社会の民間人とはまったく異なるものであったといえよう。社会主義国家から「民間人」として派遣された人物の言動が政府の意向の代弁とみなされることからも、それは容易に想像できるのである。

また、渋沢が生涯を通じて訴え実践したのは公に尽くすことであった。渋沢にとって公とは最終的に日本国家であり、「国民たるものは為政者の善悪に関わらず我が義務責任をつくさねばなら」ず、「私利私慾を肆にして、奉公の務めを疎かにする者は、愛国の心も忠君の情もない者」なのである。[18]渋沢の発想は、個人と社会と国家を弁別せず、個人が修養を積んで行動することで社会が向上して、すなわちそれが国家のためになるとする「修身斉家治国平天下」の思想であり、究極的には個人の道徳が国家の道徳となって国際道徳にいたることを理想としていた。[19]こうした国家・国際観を抱く渋沢が、移民問題で難航する日米関係改善を目的とした実業団使節を、たんなる「民間人によって行われる親善外交」ととらえていたとは考えにくい。「義を見てなさざるは、勇なきなり」。論語のこの一節に長い講釈をつけ、「成敗を論ぜず、一身の利害を顧みず〔中略〕多年の懸案を円満に解決し得るように、及ばずながら微力を添えるのが、余のまさに尽くすべき国民の義務」と述べる渋沢なのである。[20]

つまり、渋沢の外交活動は、社会的立場からしても、自身の認識からしても、たんに民間外交や国際交流の枠内にとどめるのではなく、国民外交でなければならなかったはずである。つづく二つの節では、この問題意識をもとに、一九〇九年の渡米実業団の意義を再考していく。

二　「兵役」としての渡米実業団

実業団団長としての渡米を目前にした一九〇九年八月四日、渋沢栄一は、銀行集会所の送別会で次のような答辞を述べた。

> 丁度私は天保時代の生れですから、規則立つた教育も受けず兵役などゝいふことも、百姓ですから時々の領主の夫役に使はれたと云ふことはありますけれども、一向国に対する義務などゝして勤めたことはなかつたので、今度七十になつて初めて徴兵に取られた（笑）、年限は三箇月、志願徴兵だから、歳月は甚だ短い、十二月になると隊を出て戻つて呉る〔ママ〕、斯う云ふ訳で彼方に参る積りであります（笑）(21)

演説の名人としても知られていた渋沢らしい軽妙な口調であるが(22)、先にふれたように、渋沢は奉公の精神を非常に重視しており、団長職を「兵役」にたとえたのもその流れにあるといえる。渋沢の影響力が並の政治家よりはるかに強かったことはもちろん、明治政府の体制下で元老と強いつながりをもち、自身が大蔵省時代に日本の近代的経済システムの根幹づくりに主導的役割を果たしたという経歴を考えれば、渋沢が公職についていないという形式的側面で、現在の「民間人」と同一視すべきではない。渋沢のいう国民外交とは、第一義には、国民同士の親善交流ではなく、国民の国家への義務としての外交的貢献を意味していたといえる。

ここで改めて、渋沢をめぐる国民外交の議論を整理しておこう。渋沢は、日露戦後あたりより、小村寿太郎から国民外交への協力を求められた。

> 外務大臣でありました小村氏が、ポーツマス会議に携はりました後で、頻りに我々の当時の実業界の人びとに対して申しました事に「どうも米国に対しては政府の役人だけではいかぬ。国民が真直な心でお互いに理解し合ひ、真の国民外交が行はれるのでなければ、円満な国交は望まれない。これより先は外務大臣とか外交官のみを以て国交を円滑ならしめる事は不可能である。——渋沢などは是非之を専心にやつてくれ。」(23)

これを受けて、「加州及び太平洋沿岸の八大商業会議所に手紙を出して、一遍日本に遊びに来るやうにと云つてやつた。これは明治四十一年で国民外交の端緒を作つた」[24]とのことである。注意すべきは、小村がいう国民外交とは国民同士の理解の深化であり、民間外交もしくは国際交流に近いといってよい。渋沢に国民を代表してその旗振り役となってほしいとの依頼であった。渋沢は、「これは日本の国の為にならうと思うて、仮令大したお役に立たんでも、努力せねばならぬ。之が私の社会に対する一つの重大な責任である」[25]、すなわち国民の義務として、小村の依頼をとらえたのである。

それでは、義務を負った国民にはいかなる心構えが必要か。国富の増大が大切であるのはいうまでもないが、国民道徳の向上を図らなければならない。その結果、「遂には道理に基いて何事をも行ひ、所謂経済と道徳との合一、政治と道徳との合一が完成して、黄金世界を出現せしめるに到る」のである。[26]道徳経済合一論を説いた渋沢の真骨頂をみる議論だが、論語的な修辞をのぞいて考えれば、先にみた信夫淳平が強調する「国民の合理的自覚」と同様のことを主張しているのである。

国民外交の基礎は誠意にある。〔中略〕人道的、自発的、非政治的なる国民的赤心に発露したるに於て、茲に崇高なる天の声、神の行となり、恭敬の念情翕然として相互の間に反射し、国民外交の精華としてその光は天日と均しく寰宇の上に輝くのである。[27]

これが、信夫のいう「第二の意味」の国民外交の真髄であり、渋沢の述懐に書かれていても違和感のないような調子である。次に、なぜ国民が道徳を向上させて外交に携わらねばならないのか。渋沢は「論語を処世の金科玉条」とし忠君愛国を訴えたが、変化を望まない反動的な保守主義ではなく、選挙権の拡大などの民主的政治改革を肯定していた。大蔵省退官後は公職につかず「民間人」たろうとしたのも、「人に階級を厳しく立て、英才発達の道を厳しく

途絶するは、人心を倦ましむる愚策」との信念があったからである。(28)

そもそも世界列国対峙する世の中にては、一国の結合力を鞏固にするのは己の生存上必要たらずんばあらず。たとえ国際道徳を高めて平和を保障するにしても、その国際手段を高むる手段そのものに、一人よりも十人、十人よりも百人と多衆の意見を一致結合せしめねばならぬことなり。個人としては君子は党せず偏せず、蕩々坦々、公明の道に由つて進むを美徳とすといえども、多数の意見によって政治を行う以上は、人々結合して目的を貫徹するは自然の趨帰なり。いわんや列国対峙の上についていえば、黄金世界にならざる間は同党伐異の力の強弱によりて一国の盛衰興亡の分界を生ずるに至らん。(29)

国民の結合は国家の競争力を高めるために肝要であり、そのためには国民の政治参加が必要だというのである。民主化は、弱肉強食の世界のなかで日本が生き抜いていくためにも不可欠との認識であった。よって、「政府としても外交に於ても、国民の輿論が背景とならなければ、力強い外交が行われ」ず、日米問題の解決には「外交的国民総動員を要す」ことになる。(30)ここでも、渋沢の議論は、国民の総合力をもって外交に当たらなければ国際社会で生き残っていけないとする信夫の国民外交論と一致する。国民外交の端緒を開いたと自負するだけあって、渋沢はその典型的な議論を展開していたといってよい。

以上のような渋沢の発想からすれば、渡米実業団は漫然と親善の道を探るのではなく、国難解決の道筋をつけるための兵役、すなわち公務であり、「何等官職を帯びて来りたるに非ざるも、之を広義に解釈すれば、日本国民が貴国民に対して派遣したる平和の使節」(タフト〈William H. Taft〉大統領との午餐会の渋沢の演説の一節)(31)としての使命感に満ちたものであった。渡米実業団は、渋沢を総指揮官とする日米親善のための「平和軍」であった。(32)

それだけに、団長の渋沢はもちろんのこと、実業団団員は「社会人の儀型」として、いいかえれば文明国の国民としての言動が求められた。旅行前に団員に伝えられたと思われる注意書きが残っているが、衣服を何着持っていくべきかにはじまり、どういう時になにを着るべきか、心付けはいくらくらい渡すべきか、果ては「往来に便処なし何処のホテル又は酒屋にても勝手に入りて用便随意なり別に金や心付けの必要なし」とまで気を配っている。(33)

渡米実業団は、一九〇九年九月一日のシアトルにはじまり一二月六日のホノルルにいたるまで、文字通り全米を視察し、各地で大歓迎を受けた。旅行中は専用の特別列車が用意されたが、連日、日中は視察・見学、夜は招宴がつづき、かなり厳しい日程であった。それでも、七〇歳の渋沢は精力的に活動をつづけた。

一行中には、余り宴会又は見物が連続するので、少し休んだらどうかと云ふ者も無いではなかった。併し余は素より徴兵に行つた積もりで此の行に加つたのでもあるから、如何なる労苦にも先立つて当る覚悟であつたし、又折角の先方の厚意を無にするに忍びなかつたので、努めて其の任務を完うせんことに意を注いだ。(34)

毎朝、誰であっても来客をいとわず話を聞き、当意即妙のスピーチを得意とした社交上手の渋沢の行動は、アメリカでも好意的に迎えられた。渋沢「平和軍の武器」は、あらゆる場面で求められる演説だった。『渋沢栄一伝記資料』第三二巻には、渡米実業団での渋沢の演説が収録されている。渋沢は演説でなにをアメリカ人に伝えようとしたのか。渋沢が重視していたニューヨーク平和協会と日本協会共催の晩餐会の演説（一〇月一六日）からうかがってみたい。

「五十六年前貴国のペリー提督が我が浦賀港に渡来せられて、寛厳宜しきを得たる手段を以て我が三百年来の夢を破」ったが、「当時の我が同胞の有志者が、之に対して嫌悪の念を挟」んだ。これは「人道の為めに隣邦を誘導せんする貴国の好意を了知せざる」ためで、「余の如きも亦其一員たるを公言するに憚ら」ない。「惟ふに真正の親交は、互に能く其事情を知悉して、相恕して相愛して益々その親密を進むるにあり」、「実業団一行が今回の旅行の如きは、蓋し此趣旨を貫徹せんと欲するに外なら」ない。「余等は今回の旅行を以て細かに貴国の事物を知悉し、帰国の後普く之を我邦の同人に報告し、其天与の豊歉と実力の懸隔とを顧みず、奮励一番相提携して以て東洋の天地を開拓し、其文明を進め、其利益を増して、余等が負う所の天賦の任務を尽」くしたい。(35)

アメリカが日本を開国させたことを高く評価し、自分を含め攘夷を唱えたのは、アメリカの真意を知らなかったからだ。このことからもわかるように、お互いをよく知らなければ誤解が生じる。今回の実業団旅行で得た知見を日本国民に伝えるので、ともに手を携えて東洋の発展に尽くそうというのである。アメリカの善意を信じて疑わない姿勢を前面に示しながらも、懸案だった日本人移民排斥や中国をめぐる貿易競争は、アメリカ側の誤解によるところもあるのではないかと婉曲に指摘するもので、ほかの演説もおおよそこうした内容であった。渋沢が懸案事項を真正面から取り上げず、自分も攘夷派だったという、天保の老人ならではの感慨を巧みに交えるあたり、まさに渋沢流の国民外交であった。渋沢は全米で、人格高潔でしかも朗らかな grand old man との印象を残すことに成功し、その「兵役」義務を果たしたといえる。

しかし、渡米実業団、つまり国民外交にはもう一つの重要な役割があった。アメリカでの活動が国民外交の「第二の意味」にあたるとすれば、それは、日本国民の「外交的国民総動員」の成果をださなければならないということである。

三　外交教育としての渡米実業団

東京・大阪など六商業会議所の代表によって構成された渡米実業団のなかに、一人異色の人物がまじっていた。小波巌谷季雄である。博文館員・早稲田大学講師との肩書きだが、日本初の本格的児童文学者として、すでに名声を得ていた作家である。小波は、書家として有名で元老院議官・貴族院議員を歴任した一六を父とし、自身もベルリン大学東洋学校講師として渡欧したこともあり（一九〇〇―〇二年）、当時の社会では地位の低かった「文士」とは一線を画する「識者階級」であった。博文館主大橋新太郎の紹介で団員になった小波は実業団の記録係の役割が期待されたが、「社会人の儀型」であることが求められる団員として、その豊かな海外経験や人脈が重視されたのであろう。ちなみに、渡米実業団の世話役となった水野幸吉総領事とは、ドイツ時代に親交を結んでいた。(36)

小波は、渡米実業団の公式の記録として大部の『渡米実業団誌』を編纂してその期待にこたえたが、これとは別に上下二巻にわたる『小波新洋行土産』も書いた。(37)「兵役」としての渡米実業団は、政府が後押しして大企業の経営陣によって編成された。その意味では、国民外交とはいえ、一般の庶民には縁遠いものであったにちがいない。一方で、アメリカにおける日本人移民排斥問題は、世論の怒りをまねき、日米開戦など扇情的な話題を伴って日米関係に深刻な影響を与えていた。先に論じたように、国民外交の推進には、国民が外交問題に関心を高め、その総合力で外交を後援することが求められた。しかし、問題はその国民の議論の質であった。

国民外交とは国民全体が寄つてたかつて囂々焉と、喧喧焉と騒ぎ立つる外交と解さば大間違である。妄動浮薄の群集心理に依りて行はるゝ市井の外交論は、其の結果に於て百害あるも一利ない。(38)

これは現在でもいえることだが、その場の感情論で揺れ動く世論を外交に反映させすぎるのは危険である。一方で、世論を無視すれば、外交政策は推進力を失ってしまう。いずれにせよ、「外交的国民総動員」するためには、肝心の国民が「健全なる」外交論を抱いていなければならない。

列国競争の勝敗は第一次に於て国論の強弱に由りて決せらるゝを知らば当局有司は宜しく一面には常に国民を外交上に教育し、之を指導して対外思潮の向ふ所を誤る勿からしめ、健全なる対外思想に基ける強大の国論を後援として外交の運用に当たるを心懸くべく、而して他の一面には、己れの外交方針を国民をして誤解せしめず、其の為しつゝある所、為さんとする所に安慮を与え、信頼を促すに留意すべきである。(39)

つまり、強力な国民外交をおこなうためには、国民に情報を開示し、外交教育をさかんにすることが不可欠なのである。渡米実業団が日米親善に活躍しても、そのことを国民が知らなければ意味がないということでもある。だからこそ、巌谷小波の文筆力に期待がかけられたといえる。

公的な記録や実業家の談話にくらべ、『小波新洋行土産』は、軽妙洒脱な文体、漢字には総ルビで読みやすい。小波の作家としての宣伝という側面もあったろうが、この著書は渡米実業団の活動を広く国民に知らせるのに格好の書物であった。アメリカの招待であることから「於誉破例《およばれ》日記」と題して旅行記ははじまる。「今夜喫煙室に集まつた所で、試みに一行諸氏の見立てを作つた。まづ之を動物にすれば、渋沢男の牛、中野君の水牛〔後略〕」といった調子で、総じて明るい語りがつづく。「平和軍の武器」である渋沢の演説も次のように紹介され、どこかお伽話めくのである。

渋沢団長は、日本でも有数の弁士、これが又英語に自在な頭本君の通訳によつて、遺憾無く敵の頭上へ振りかけられるのだから其効果の著しさは、正に榴散弾以上である。(40)

国民外交の使命を帯びた渡米実業団も、小波の筆にかかると珍道中記となるが、「帰朝当座録」には、小波が国民外交を担う「識者階級」であることをうかがわせる部分もある。

僕が帰朝早々に、最も不快を感じたのは、――家が低いのでも無かった。道が悪いのでも無かった〔中略〕むしろ我が同胞の多くが、相変らず独立心の乏しいのと、偶々独立しようと思つても、これに力を与へ得ぬまでに、社会の衰弱して居る事であった。〔中略〕さりとて所謂負け惜み連中が、一種の反抗心から背を向けて「ハイカラ共が何をぬかす。」と、頭から耳を貸さうともせず。却つて折角の進歩論を、交ぜ返へさうと試みるのは、さながら蛮地の土人共が文明の侵入に惧を抱いて、鉄道を壊したり、電線を切つたりすると同じく、真に厄介千万なものだ。(41)

まだ国民外交をおこなうにたる国民の自覚ができていないということか。いつの時代にもある、外国をもちだして日本の現状を嘆く議論ともいえるが、当時はとりわけ、こうした日本社会の状況に対する危機感が強く抱かれていた。日露戦争に勝利したことで、日本は「一等国」であるという意識が強まった一方、社会の雰囲気が弛緩し、社会主義思想の流行など、政府にとって看過できない事態と考えられた。こうした情勢を受けて、渡米実業団の前年、桂太郎内閣は「戊申詔書」を発布した。

朕は爰に益々国交を修め友義を惇し列国と与に永く其の慶に頼らむことを期す顧みるに日進の大勢に伴ひ文明の恵沢を共にせむとする固より内国運の発展に須つ戦後日尚浅く庶政益々更張を要す宜く上下心を一にし忠実業に服し勤倹産を治め惟れ信惟れ義醇厚俗を成し華を去り実に就き荒怠相誡め自彊息まさるへし(42)

国家発展のために国民は華美を戒め篤実に努力せよということで、一般的な道徳論、いわば「お説教」といった内容である。しかし、国民の報国意識を高め質実に生活させることを実現する有効な政策などなく、結局はありきたりの道徳論を説教するしかなかった。ところで、こうした「戊申詔書」のもつ説教じみた雰囲気は、渋沢にも共通するところがある。渋沢の経営者としての実績や社会奉仕の実践自体はあえて理屈をつけて批判すべきものではなかろう。しかし、加齢に伴い増えていく渋沢の社会批判や処世論（『青淵百話』『青淵先生訓言集』『論語講義』など）は、渋沢流論語解釈に基づく自己修養論一本槍で、その社会的地位がものをいっているにすぎない側面は否めない。関東大震災を評した次のような一節を読むと、その感を強くせざるをえない。

国民は華美贅沢になり、又かう云ふ誇張した、好奇心を睃るやうな店に依つて、其の華美贅沢は益々助長されて来て居たのである。然るに地震に依つて是等の総てのものが一朝に破壊され、焼き尽くされたのは、国民に一種の天譴を加へられたのではないか？(43)

ただし、繰り返しになるが、道徳向上に即効性のある方策はなく、道徳が大事、修養が肝要と大上段から説諭するくらいしか手段がないのである。国民外交に不可欠の外交教育の場合も、国民道徳の向上という点に議論が集約されるが、具体策となると、たとえば信夫淳平でも「国民の合理的自覚の向上」や「国民的赤心の発露」を訴えるしかなかった。先述の小波の「帰朝当座録」も、守旧的な議論を批判しているようにみえて、「独立心」の欠如が「社会の衰弱」をまねいており嘆かわしいという、対応策を伴わない「お説教」の類にすぎない。だからこそ、誰もが一社会人の儀型」と認め、道徳論をとうとうと説いても批判されない「渋沢などは是非之〔国民外交〕を専心にやつてくれ」ということになるのである。

四　ふれられぬ移民問題

国民外交の宣伝のための『小波新洋行土産』だが、書かれていないことがある。日本人移民のことである。シアトルは日本人移民の多い土地であったが、日本人も含めた歓迎があったことくらいしかふれていない(44)。渡米実業団は、一般的な意味での日米親善促進を目的としており、アメリカの商業会議所による招待であるため、日本人移民との接触が限定的だったことは当然である。また、渋沢がアメリカでの演説で移民排斥問題に直接言及しなかったのも、外交的配慮として妥当なものであった。しかし、当時の日米関係の最大懸案が移民排斥問題であることは周知のことであり、渡米実業団派遣の背景にこの問題があることは「識者階級」でなくともわかったはずである。いろいろな話題を幅広く扱う小波の旅行記だが、日本人移民のことは深く言及していないのである。

当時の在米日本人は、移民排斥問題の沈静化のため、母国の経済界の支援を期待していた。一九〇八年には、在米日本人会参事員渡辺金三が全国商業会議所連合会で「排日問題の真相」と題して講演をしていた。

> 於是在米日本人の商業上の機関となり農工業の進歩発達を計り社交的地位を高めて米人との交誼を厚ふし、相互の誤解を未然に防ぎて随時発生しまする事件は国際問題杯〔抔か〕となさず、平和に処理したいといふのが則ち我が在米日本人会設立の大目的であります、此の目的を成就するには是非共本国実業団体の力を俟たねばならぬと考へまして私が在米日本人会の代表者として遙々諸君のご賛同を得ん為めに帰朝いたしましたわけで御座います。[45]

渡辺は渋沢にも会って助力を依頼したようである。

> 桑港に居る日本人間に在米日本人会と云ふものを組織して、其会長の牛島謹爾氏が特に渡辺金蔵〔三〕と云ふ人を日本に送られて私に請求せらるゝには、カリフォーニア州に於て亜米利加人が兎角日本人を嫌ふと云ふ感情を改善せしむる為に在米日本人会を企てたてたのである、就ては、本国〔日本〕に於ても其意味を理解して大に賛同をして呉れるやうにと云ふことであつた。私は其企画至極機宜に適するものと思つて、吾々も充分に助力するから在米諸君も大に力めるやうにしたら宜からうと言って〔中略〕夫れが明治四十一年であつたと思ふ。[46]

改めて述べるまでもなく、渋沢は、アメリカにおける日本人移民排斥問題解決に当初から尽力し、晩年の最大関心事の一つでありつづけた。この回想にあるように、在米日本人が、渋沢ら実業家の支援に期待をよせていることも承知していたのである。渡米実業団は、日本を代表する実業家が現地に赴く貴重な機会であった。それにもかかわらず、国内向けの記録類でも移民問題にふれていないのはなぜだったのか。

外交的国民総動員と云つても、決して国民が挙つて米国の非違を糾弾し、戦争も亦敢へて辞せずといふ様な強硬論を主張せよといふ意味ではない。〔中略〕

言ふまでもなく今日は一郡一村が単位ではなく、国家が単位であり、且つ世界は共通である可き筈である。此の意味に於いて私は今日の重大時局に際し、国民に対して世界人として国民性を涵養せんことを切望すると同時に、禍を転じて福となすの誠意努力を望むものである。(47)

渋沢は、愛国心を重視したが、それは外交的に強硬論を主張せよという意味ではなかった。国際連盟協会の会長もつとめた渋沢にとって、国際紛争を避けて平和を持続させることも、またその使命と考えていたはずである。(48) 如上の点は傍証にすぎないが、渡米実業団で移民問題への言及は、「妄動浮薄の群集心理」を扇動しないための配慮から、慎重に避けられたのではないだろうか。巌谷小波が実際に日本人移民と接しなかったのか、接していても深入りしなかったのかは不明である。「お伽話」のような、下にも置かぬもてなしをしてくれたアメリカ人との明るい交流譚『小波新洋行土産』からは、国民外交の課題として困難な、国民の自覚を促す外交教育の一面が見え隠れするのである。

おわりに

『青淵百話』の七二話で、渋沢栄一は福沢諭吉批判をおこなっている。

惟ふに独立自営といふ言葉には二様の意味があらう。其の一は社会を相手にして考へた場合と、他の一は自己のみを主として考へた場合とである。如何なる場合に於ても、依頼心を出すことは善くない。何事にも独立的精神、自営自治の心を持たなくてはならぬのは勿論である。けれども第一の場合の如く、社会国家といふものを向ふに置いて、極端なる独立自営の心を持つてゆくのは如何いふものであらうか。斯かる場合から推究すると、彼の福沢諭吉先生の唱へられた独立自尊といふが如きは、或は余り主観的に過ぎて居りはせぬかと思ふ。[49]

少しわかりにくい論旨であるが、つまり、自分の独立・利害がまずあって社会に向かうのではなく、社会との調和を先に考えなければならないとの主旨である。福沢諭吉を出してきたことで、渋沢の発想がより明確になる議論といえる。福沢は、「日本にはただ政府ありて未だ国民あらず[50]」と述べたが、渋沢は、政府があって、それと調和して尽力することが国民の義務と考えた。もちろん、渋沢も政治家に「君子」としての徳の高さを求めたが、政府批判は国民の役割ではなく、自己修養して国家社会のために奉公するのが先だと主張したのである。より卑近ないい方をすれば、自分が正しいと思うかどうかではなく、自分の考えが社会からみて正しいかどうかを重視したのである。[51]

論語の教えを実践し、経済道徳合一論を一身で示した渋沢は、「社会人の儀型」として、まさに国民外交の理想的な担い手であった。渡米実業団の団長をつとめ、アメリカでは見事にgrand old manを演じきり、そのことを自身の著作や談話、同行者の記録などを通じて日本国民に知らせ、奉公・報国、国際平和の高い自覚をもった国民の典型とはいかなるものかを示したのである。

しかし、日本人移民排斥問題については、渋沢の尽力むなしく、一九二四年に排日移民法が成立してしまう。「渋沢の国民外交は、徒労に終わった[52]」が、それでも親善の促進に尽力しつづけた。「天保の老人」の処世訓を時代遅れの繰り言と批判するのは簡単だが、国民外交や現在の民間外交において、参加・動員が求められる国民の知識や外交感覚をいかにして高めるのかについて、有効な手立てがないまま現在にいたっているのも事実である。その点、自己修養による道徳の向上によって世界平和を実現すべきだと繰り返し訴え、かつなにより重要なのは、それを実践した渋沢の言動は相応の評価を受けるべきである。

そのことを前提に、渋沢の国民外交の問題点を指摘しておきたい。すでに指摘したように、渋沢は個人と社会と国家を弁別せず、日本の国家とその秩序の頂点にある皇室の存在を無批判に受け入れた。よって、進歩主義を認めつつも、革命を唱える社会主義思想は徹底的に否定したし、忠君・仁愛・忠恕といった発想は普遍的な観念として批判の対象としなかった。一例として、渋沢は女性参政権について、「孔夫子は温故而知新（故《ふる》きを温《たず》ね新しきを知る）の進歩主義を抱くお方なれば、もし孔夫子をして、今日に生まれしめば、必ずかくいはれざりしならん。婦女参政権をも否認せられざるならん」[53]と述べ、論語の思想は時代に合わせて読むべきだとした。ところが、忠や孝という考えかたは普遍として疑わなかった。女性軽視が孔子の時代の制約から生まれた思想ならば、そのほかの部分も相対化できるはずだが、渋沢は「孔夫子の教訓は、二千四百年前でも、二千四百年後の今日でも、これを実行して些かのさしつかえをも見ない程の通俗的好師範」[54]と断言した。「天理に戻ることを唱うる者は孟子にても孔子にても遠慮に及ばず、これを罪人と言って可なり」[55]とする福沢とのちがいはここにもある。そのため、渋沢の議論には、批判してはならない前提があらかじめ定められることとなる。つまり、忠孝に基づく国家や社会秩序は普遍の原則で、そこに構造的な問題がある可能性は排除され、問題解決を個人の修養や努力に還元してしまうことになったのである。奉公の精神や社会全体のために尽くすことはよいとして、その「公」、すなわち国家や社会全体の価値観が誤っている可能性には言及しなかった。むしろそういう発想を積極的に排除したといってもよい。

渋沢の国民外交論の限界はそこにあり、敷衍すれば、それは後に論じるように、国民外交という概念そのものの問題点にも及ぶことである。渋沢のような国民が「総動員」されれば、たしかに平和が実現されるかもしれない。しかし、アメリカで国民が「総動員」されたのは、人種差別による移民排斥をなくすことではなく、促進する方向であった。外交力の強化のためには国民の動員が不可欠である。しかし、「妄動浮薄」な国民では困るので、外交教育をしなければならないのだが、国民を渋沢の理想や「識者階級」の自覚に確実に誘導する方法はないのである。また、渋沢の発想に特徴的なように、個人の修養や道徳の次元で議論を展開した場合、全体の構造や枠組みに誤りがあることが等閑視されやすく、国民外交の推進者の主観的な善意ばかりが強調されてしまう。この論法でいけば、誠意と報国と信じて国民が強硬路線を支持すればそれを非難できないという事態に陥ってしまうのである。

次章では、大正デモクラシー期をむかえ、国民外交がより具体的かつ広範に議論されていった背景を、外交の民主化という観点から整理したい。

注

（1）『渋沢栄一伝記資料』第五七巻（渋沢栄一伝記資料刊行会、一九六四年、以下『伝記資料』五七の如く略す）七四一頁。なお『渋沢栄一伝記資料』のデジタル版も公開されている（https://eiichi.shibusawa.or.jp/denkishiryo/digital/main/）。

（2）渋沢雅英『太平洋にかける橋　渋沢栄一の生涯』（読売新聞社、一九七〇年）一六七―一六八頁。なお、従来の諸研究では、渋沢や中野武営東京商業会議所会頭が、小村寿太郎から「国民外交」への協力を直接要請されたのは一九〇七年のこととされているが、この時期、小村は外相ではなく、大使として在英中（一九〇六年七月出国―一九〇八年八月帰国）であった。松村正義は、「小村は、恐らくポーツマス講和会議から帰国後と二度目の外相就任後に、渋沢や中野武営ら東京商業会議所の首脳等を官邸に招いて国民外交を提唱したと推測している（松村正義「「国際通信社」の創始者」渋沢研究会編『公益の追求者・渋沢栄一』山川出版社、一九九九年、一五三頁）。片桐庸夫は、「サンフランシスコ日本人学童公立学校就学拒否問題が発生し、それが日米間の外交問題へと発展した時期」が契機になったとしている（片桐庸夫「民間交流のパイオニア渋沢栄一」杉田米行編『一九二〇年代の日本と国際関係』春風社、二〇一一年、一七二頁、同『民間交流のパイオニア渋沢栄一の国民外交』藤原書店、二〇一三年、四四―四五頁）。管見の限り、要請の日時を特定できないが、松村の推測のように、機会があるたびに、何度か小村と渋沢らの間で国民外交が話題になったと考えるのが妥当であろう。

(3) アメリカにおける日本人移民排斥については多くの研究があるが、代表的な研究として、簑原俊洋『排日移民法と日米関係』(岩波書店、二〇〇二年)。黄禍論については、飯倉章『黄禍論と日本人』(中公新書、二〇一三年)。文明と人種差別についての、当時の日本の認識を整理したものとして、拙稿「文明国標準とアジア太平洋秩序―二一世紀への「歴史からの問い」―」(『東京大学アメリカ太平洋研究』一三、二〇一三年三月)を参照されたい。

(4) 木村昌人『渋沢栄一―民間経済外交の創始者―』(中公文庫、一九九一年)、是澤博昭『青い目の人形と近代日本―渋沢栄一とL・ギューリックの夢の行方―』(世織書房、二〇一〇年)。

(5) 渋沢前掲注(2)『太平洋にかける橋』。

(6) 東京商工会議所編『渋沢栄一―日本を創った実業人―』(講談社+α文庫、二〇〇八年)一八七―二六六頁。

(7) 渋沢史料館編『渋沢栄一、アメリカへ―一〇〇年前の民間経済外交―』(渋沢史料館、二〇〇九年)。

(8) 木村昌人『日米民間経済外交 一九〇五―一九一一』(慶應通信、一九八九年)。

(9) 同右、三一頁。

(10) 松村前掲注(2)「「国際通信社」の創始者」一六四頁。

(11) 鹿島茂『渋沢栄一 Ⅱ論語篇』(文藝春秋、二〇一一年)第六章。

(12) 片桐前掲注(2)「民間交流のパイオニア渋沢栄一」一七〇―一七一頁。片桐前掲注(2)『民間交流のパイオニア渋沢栄一の国民外交』一一二頁も参照。

(13) 信夫淳平『外政監督と外交機関』(日本評論社、一九二六年)五一頁。「陳腐の常套語」は、四七頁。

(14) 同右、五三―五四頁。

(15) 信夫淳平「国際均整と国際道徳」(『外交時報』三九三号、一九二一年三月)一七頁。

(16) 国民外交の意味については、本書第一部第二章を参照されたい。

(17) 『伝記資料』別巻第一、五八八―五八九頁。

(18) 渋沢青淵記念財団竜門社編『渋沢栄一訓言集』(国書刊行会、一九八六年、初刊一九一九年)五・七頁。

(19) 渋沢の思想を全体的につかむには、渋沢栄一『論語講義』一~七(講談社学術文庫、一九七七年、以下『論語講義』一の如く略す)。修身から一国の発展にいたる議論の例として、『論語講義』一、八五―八六頁、『論語講義』五、一四五頁など。国際道徳の理想についての一例として、『論語講義』六、七〇—七一頁。また、桐原健真「『論語講義』再考」（町泉寿郎編『渋沢栄一は漢学とどう関わったか』ミネルヴァ書房、二〇一七年）も参照。
(20)『論語講義』一、一三一—一四三頁。
(21)『伝記資料』三二、五一頁。
(22)見城悌治『評伝・日本の経済思想渋沢栄一—「道徳」と経済のあいだ—』（日本評論社、二〇〇八年）iv—vi頁。
(23)『伝記資料』三五、一五一頁。この談話は、一九二九年一一月におこなわれたもの。
(24)渋沢栄一述『渋沢栄一自叙伝』（渋沢翁頌徳会、一九三七年）九三二頁。
(25)前掲注(20)に同じ。
(26)『渋沢栄一自叙伝』九〇八—九〇九頁。道徳経済合一論については、渋沢栄一『論語と算盤』（角川ソフィア文庫、二〇〇八年）でその概略を知ることができる。
(27)信夫前掲注(13)『外政監督と外交機関』五九頁。
(28)『論語講義』二、二〇九頁。
(29)『論語講義』三、一一二頁。
(30)『渋沢栄一自叙伝』九四二—九四三頁。
(31)『伝記資料』三二、一四四頁。
(32)巌谷小波『小波新洋行土産』上（博文館、一九一〇年）三〇九—三一〇頁。後出の「平和軍の武器」については、同書、上、三一三—三一四頁、下、七五—七六頁。
(33)「渡米実業団書類」『全国商工会議所関係資料第一期　東京商工会議所関係資料』DVD二四所収。
(34)渋沢栄一『青淵百話』坤（同文館、一九一二年）六八二頁。
(35)『伝記資料』三二、二一八—二二〇頁。渋沢がこの演説を重視していたことは、巌谷前掲注(32)『小波新洋行土産』上、一二一頁。
(36)巌谷大四『波の跫音　巌谷小波伝』（文春文庫、一九九三年）。
(37)巌谷季雄編輯・渡米実業団残務整理委員編『渡米実業団誌』（一九一〇年、復刻版=文生書院、二〇〇七年）。
(38)信夫前掲注(13)『外政監督と外交機関』四八頁。

(39) 信夫淳平「国民外交と外交教育」(『外交時報』三六〇号、一九一九年一一月) 三〇頁。
(40) 巌谷前掲注(32)『小波新洋行土産』上、三一三—三一四頁。
(41) 同右、三四三—三四四頁。
(42) テキストは、文部科学省のホームページ (http://www.mext.go.jp/b_menu/hakusho/html/others/detail/1317938.htm) より引用 (二〇一三年七月三〇日閲覧)。平田東助内務大臣が戊申詔書の発布を「泣かん計かりに訴え」たことを、斎藤実海軍大臣が冷めた視点で回顧していることからもわかるように、当時から評価の低い詔書であった (『子爵斎藤実伝』第二巻、斎藤子爵記念会、一九四一年、八七頁)。
(43) 『渋沢栄一自叙伝』九一八頁。
(44) 巌谷前掲注(32)『小波新洋行土産』上、二五—三三頁。
(45) 渡辺金三「排日問題の真相」(『東京商業会議所月報』第一巻第五号、一九〇八年一一月) 一四頁。
(46) 渋沢栄一「日米国交と予の関係」(『竜門雑誌』第三一〇号、一九一四年三月、『伝記資料』別巻六、六〇八頁)。
(47) 『渋沢栄一自叙伝』九四二—九四三・九四五頁。
(48) 渋沢と国際連盟協会の関わりについて、『国際知識』一九三二年二月号の「故子爵渋沢栄一翁追悼号」の諸記事が参考になる。
(49) 『青淵百話』坤、五三九頁。
(50) 福沢諭吉『学問のすゝめ』(岩波文庫、一九四二年) 四一頁。
(51) これらの点について、『青淵百話』など、渋沢の処世訓の随所に現れる議論である。
(52) 片桐前掲注(2)「民間交流のパイオニア渋沢栄一」二〇六頁、片桐前掲注(2)『民間交流のパイオニア渋沢栄一の国民外交』一一五頁。
(53) 『論語講義』七、五三頁。
(54) 『論語講義』一、二九頁。
(55) 福沢前掲注(50)『学問のすゝめ』七九頁。

第二章　国民外交の逆説
――外交の民主化と国際協調主義――

はじめに

一九一八（大正七）年一月、アメリカ大統領ウッドロー・ウィルソンは一四ヵ条の平和原則を発表した。その第一条は「開かれた平和の盟約が達成されなければならず、その締結後は、いかなる秘密の国際的合意もあってはならず、外交は常に率直に国民の目の届くところで進められるものとする」(1)というもので、秘密外交を禁じ、外交の民主的統制を訴えた。ウィルソンの平和原則は、帝国主義下の外交を否定し、民主主義を重視する「新外交」時代の到来を告げるものでもあった。こうした新外交のありかたを表す言葉として、日本では国民外交という用語が用いられた。(2)

戦争の最中から、段々力説高調さるるやうになつた侵略主義、軍国主義、資本主義、階級的特権主義等に対する反感と、自由平等、博愛平和若くはデモクラシー等に対する熱烈なる憧憬の起つた事は、之を民衆の自覚した良心に深く根ざす所の、而して次の、世界を支配すべき不動の原則として確立したものといはなければならない。最も頑迷なる侵略的軍国主義者は、其無知蒙昧から、又は其の階級的偏見から、此の明白なる世界の趨勢をすら正視し得ずして、或ひは一時的の現象なりといひ、或ひは内心の野心を飾る為の美しき而も怖るべき着物に過ぎないといひ、又は之に順応せんとするものを罵倒して、徒に大勢に盲従するな、大いに自主的にやれ、などと血迷うて居る。彼等は世界の大勢に順応するといふ事は、常に必らず英米の後塵を拝することと極めて居る。焉んぞ知らん、今日の自覚せる青年は、英米の主唱する所なるが故に之に従うにあらずして、内心の已むに已まれぬ要求に駆られて、自ら大勢の作興に貢献せんとして居る。(3)

すでに「民本主義」の旗手として論壇で不動の地位を築いていた吉野作造は、第一次世界大戦の結果、世界各国の民衆が良心に目覚め、道義的な国際関係を希望するようになったとし、それこそが「世界の大勢」であると論じた。吉野は、一国内の個人と個人の間の自由平等の関係を実現するデモクラシーが国際関係にも適用される「国際民主主義」の実現に帝国主義を克服する新時代の希望を見い出したのである。(4)「内に立憲主義、外に帝国主義」という一九世紀的民主主義ではなく、国家間関係にも民主主義が広がっていくという展望は、大正デモクラシーの気運の高まりとあいまって、日本の対外政策や外交思想にも一定の影響を及ぶすのである。

本章の目的は、こうした外交問題における民主主義論の影響を、国民外交もしくは外交の民主化(民衆化)という議論を手がかりに考察することである。

大正デモクラシー論は、近代日本政治史研究のなかでもとりわけ重視されてきた課題であり、多くの重要な研究がある。(5)また、外交史的にも、第一次世界大戦からワシントン会議を経て、いわゆる「幣原外交」にいたる時期は、研究が集中している。しかし、吉野作造など個人の思想に絞ったものは別にして、(6)一九二〇年代の国内外の思潮の変化が日本の外交思想にどのような影響を及ぼしたのかについては、比較的研究が少ない。

その理由は、大正デモクラシーそのものを扱った研究では、外交問題ではなく、国内政治の動向とそれをとりまく思想が議論の中心だったことである。一方、外交史研究では、外交問題に議論を集中させて、国内の民主化論は与件として扱われることが多かったといえる。また、外交史の場合、ワシントン会議以降の相対的安定期であった一九二〇年代の意義づけは、「新外交」もくしは国際協調の時代として、さほど再解釈の必要性が認められてこなかったこともある。また、政治史・外交史ともに、政治外交文書の分析には精力がさかれてきたが、「ネイション」や「文明」といった概念と結びつけて時代や事件を再構成することには関心が薄かったこともある。

しかし、最近の外交史研究では、構成主義の影響を受けて、思想状況や社会の雰囲気を重視する研究がさかんになってきている。たとえば、酒井哲哉は、大正期の国民国家を相対化して「社会」を発見したとする政治思想史研究(7)をもとに、第一次世界大戦後に古典的外交論の限界が認識され、社会の諸団体の有機的な結合によって国家を再編すべきだとする議論が国際秩序にも応用されたことが、アジア地域の有機的つながりを強調する論理を生む要因になったと指摘している。(8)また、有馬学は、デモクラシーの進展を国家やナショナリズムの拘束からの自立と考えることの限界を指摘し、民主化が国民化、すなわちナショナリズムの再構築と背中合わせの関係にあったとしている。(9)こうした議論は、一九二〇年代の日本外交を「新外交」への順応期とする見方に再検討を迫るだけでなく、民主主義論が社会主義の台頭にあって影響力を失っていったことにも対応しており、重要な視点を提供するものである。本章では、個別の事件に対応させて外交論の内容や変化を探るのではなく、国内外の相対的安定期のなかで、社会的な要請であった民主化を、外交論がどのように吸収し解釈したのかを考察していく。

ところで、一九二〇年代は、ウィルソン主義の喧伝や国際連盟の成立など「新外交」の時代を迎えたという認識とあいまって、国際協調主義と日本社会の民主化は互いに補強し合ったと考えるのが一般的である。事実、当時の政策や論壇を担う選良層の議論は、おおよそ、「世界的な民主主義の高揚→日本の民主化→日本外交の民主化＝「国民外交」→国際協調主義→一層の世界的な民主主義の高揚」と、国内の民主化と国際協調主義を連鎖させて考えるものであった。

しかし、政治的・社会的民主化は推進するとしても、外交まで民主化することは単純に容認されていたわけではない。「愚かな」大衆の意見が外交政策に反映されれば、かえって外交は混乱し、ときには強硬化するという意見も強かったのである。こうした発想が外交の民主化論のなかにあってどう論じられたのかを検証することが本章の第一の課題である。

つづいて、本来ならば民主主義や国際協調主義と親和性の強い国民外交の遂行が民主主義の伸展につれて困難になる「逆説」を生んだことを明らかにする。これが本章第二の課題である。「逆説」になったのは、外交の民主化自体に問題があったからではなく、日本の対外政策をめぐる環境から国民外交が偏って解釈されたからであった。そこで本章では、国民外交がその時々でどのように解釈されていったのかを通時的に追い、国民外交が愚民論の隘路に陥り、外交の民主化ではなく、外交に国民を総動員する挙国一致論に収斂していったことを考察したい。

一　日本版国民外交論の形成

日本の外交政策で「国民外交」がはじめて唱えられたのは、[10]前章で扱った一九〇九（明治四二）年の渋沢栄一の実業団の渡米の際であった。団長の渋沢が、小村寿太郎外相から悪化しつつあった日米関係改善のため、民間人である実業家による親善のための国民外交を依頼されたことが嚆矢とされる。渋沢は、実業団による親善を国民の国家に対する義務ととらえ発憤し、渡米実業団を成功に導いた。しかし、日米関係は渋沢の期待通りには改善せず、日系移民排斥がすすんでいった。渋沢は後年、国民外交の意義を次のように述べた。

私は多年国民外交の必要を説き、自ら微力を顧みずに、日米両国民の親善に就いて尽瘁して来たのであるが、今日は此の国民外交が特に必要な秋である。言葉を換へて言へば、外交的総動員を要する重要なる時である。[11]渋沢にとって、国民外交とは国民同士の交流である以上に、国民が挙って外交政策に協力することであった。また、国民外交を担う「国民」とは高い見識と影響力をもつ渋沢のような実業家に代表されるものであった。そうであるならば、元老ともつながりが深く政界に顔の利いた渋沢を、公職についていないことをもって「民間人」と考えてよいのかという問題もでてくる。つまり、ここでいう国民外交とは、現在の民間外交と異なることはもちろん、公開外交や外交の民主的統制のことではなく、有力者の指導下で国民を外交の下支えのために動員することであった。渋沢のような経済人がその名声を利用して外交活動をおこなう場合、たんなる親善交流というより、政府の外交活動支援という意味合いが強かった。三井財閥の団琢磨の活動を、その伝記が「国民外交家」[12]と評しているのも渋沢がいうところの国民外交の例といえる。

同様の傾向は、渋沢と同じく国民外交を推進したとされる後藤新平の場合にもあてはまる。[13]後藤は、東京市長時代に日露国交回復にのりだし、一九二三年に国民外交として[14]ソ連の外交官ヨッフェ（Adolph Abramovich Joffe）を日本にまねき会談をおこなった。ここでも注意すべきは、後藤が「普通」の国民ではなかったという点である。後藤は内相・外相を経験した大物政治家であり、並の外交官よりはるかに大きな政治力をもっており、だからこそソ連との国交正常化交渉という難事に介入しえたのである。後藤の国民外交は親善交流と同次元に語れないものであった。渋沢や後藤の例からもわかるように、当時の日本では、国策のために外交官ではない有力者による外交政策支援を国民外交と呼んだのである。

次に国民外交が強調されたのは、第一次世界大戦後であった。第一次大戦はいわゆる総力戦であったが、これを受けて、外交でも国民の総力を結集する必要性が認識されたのである。パリ講和会議に五大国の一員として参加した日本は、国際会議外交に不慣れであったこともあり、「サイレント・パートナー」と揶揄されることになった。こうした状況を打開するためには、事態の新展開に沿うべく国民外交が必要であるとされたのである。パリ講和会議を見学した中野正剛は、ベストセラーとなった『講和会議を目撃して』で大戦の結果を次のように総括した。

空虚なる帝国の官僚政治は、今や列国の前に面皮を剝がれ、ここに国運の一蹉跌を来せり。即ち此蹉跌を救ふべく、我が国民の思想は解放せられざるべからず、我が国民の能力は解放せられざるべからず、解放して後自発的に整理せられざるべからず。〔中略〕国民の解放、能力の総動員は、来たるべき機会に処する今日の唯一急務なり。国民は此際俯仰愧づるなき、道義的武者振ひをなして奮発蹶起するを要す。(15)

中野の主張は、パリ講和会議で満足な成果を得ることができなかったことに憤慨し、国民が立ち上がることを求めるものだが、こうした議論のすすめかたは、先の渋沢と同じであり、「国民の解放」や総動員も結局国難に対処するためだということになる。くわえて、中野は、国民を解放するための外交として国民外交が必要だと論じた。「今日の外交は専門家の外交に非ずして国民の外交」であり「少なくとも国民の意向を反映する国民選手の外交」で「此の国民選手は最も善く国民の利害に徹底し、最も懇篤に之を国際的に按配せざるべからず」。なぜならば、「科学応用の進歩が、世界列国の距離を近接せしめ、距離の近接は列国の民衆を駆りて、直ちに国際生活渦中の人たらしめ」す時代だからである。他方、相互依存の高まりは国際協調を生む一方で、「却って此の近接せる利害競争の勝利者とならんが為、国家民人を打て一丸となし、以て国際競争に傾倒せんとするの傾向」をも生む。「デモクラシイと婦人参政とは、最も危険なる施設」だが、その「進行を防遏し得べきに非ざる」ものである。「智力比較的に劣りて、情熱比較的勝れたる一般男女の政権獲得は、〔中略〕寧ろ愛国的主張を高調して、国際競争を激甚ならしむる」。よって、「国民外交の優秀者たらんと欲する国民は、直ちに国民生活の秩序を改善して、全国民をして国民各個の満足と希望とを抱かしめざるべからず」[16]。

世界の大勢としての民主化の伸展は仕方がないものとするが、外交の民主化は世論の暴発につながる危険がある。よって、無知な大衆の「改善」に努めなければならないというのである。民主主義が時代の趨勢だと認めつつも、大衆の無知への警戒を説くというのが日本版国民外交論の典型となる。くわえて、中野が主張する国民外交は官僚外交批判という意味合いも明確である。官僚外交批判は公開外交の要求となり、それは外交の民主的統制につながるはずであるが、中野の外交官批判は、外交官のやりかたでは国益を損なうという慷慨からくるものであり、外交の民主化には結びつかない。これも日本版国民外交の特徴となるものである。

現状の外交に満足できず、挙国一致で外交を推進するべきだとする意味での国民外交の典型は、国民外交同盟会である。国民外交同盟会は内田良平らが結成した対支連合会を背景にして設けられたものである。その主張は以下のようなものであった。

外交秘密の慣例を打破して、基礎を国民が行くの本領に置かしめ、対支問題の根本的解決を急務として、絶えず政府を監視督励す。〔中略〕志那問題の解決を見ざる限り、何回政府を代ふるも意とする処に非ず。断々乎として之を弾劾するに勉む、之れ本会の精神也、覚悟也[17]。

ここでいう秘密外交批判は政府外交を非難するためであり、悲憤慷慨の主張を「国民的運動」[18]に動員するために国民外交という表現を使っているに過ぎない。ここまでくれば、国民外交は、国家主義者や国粋主義者が政治的意図をもって利用する扇動句となる。

しかし、第一次世界大戦の惨禍が外交官による外交の独占を一因としていたことは事実であり、その反省にたって徹底した外交の民主的統制を訴えたのが、イギリスの自由党議員であったアーサー・ポンソビー（Arthur Ponsonby）

であった。その著書*Democracy and Diplomacy*は『国民的外交』と題されて日本にも紹介された。[19]ポンソビーは、外交問題に国民が容喙できないことを問題視し、愚民論に対しても「人民の意見は常に穏健であり、公正なものであるから、彼等は従来判断を誤り且つ有害なりし政策を援助せざるべきの理は勿論」だと述べ、大衆の外交参画が混乱をまねくことはないと主張した。また、「秘密外交に対する『公開外交』といふ語句は新聞紙を通じて交渉を進むるか、或は一国政府の外国政府に向つてなした提議の即時発表かを意味する」ものではなく、外交の民主的統制は国民に正しい外交知識を与えることで実現できるとした。ポンソビーの結論は、「民主主義の勢力は平和的」で、「人民は無智ではない」ので「公開討議」によって人民を教育し「国民の平和的傾向」を外交に反映させるべきだというものであった。ではいかにして外交の民主的統制を実現するのか。ポンソビーは、重要外交問題の決定には事前に議会の承認を得ることが重要だとし、議会内に外交を専管して討議する委員会を設けることを提案した。

ポンソビーが、外交の民主的統制連合会を結成して、平和主義を訴えたことからも明らかなように、[20]外交の民主的統制は政府の暴走を抑止し、戦争を防止するために重視されたのであり、そのためには、国民の意向を外交に反映させる制度づくりが重要であった。こうした主張は、すでに一九世紀後半の平和主義運動のなかで貴族主義的な外交への反発として現れ、平和運動のリーダーであったイライヒュー・バリット(Elihu Burritt)は「人民外交」を提唱していたという。[21]つまり国民外交の本来の意味は、国民を挙国一致で外交の後援に動員することではなく、外交の民主的統制のことであった。

ところで、外交に議会の意見を反映させるための委員会ということで想起されるのは、臨時外交調査会である。臨時外交調査会は、一九一七年に設置された天皇直属の外交問題にかんする調査審議機関であった。[22]外交調査会が、ポンソビーのいう外交の民主的統制のための議会内の委員会とはまったく性格の異なるものだったことはいうまでもないが、元国務大臣の資格で政友会の原敬と国民党の犬養毅が委員になったことは、外交政策の推進に政党勢力の協力が必要なことを超然内閣であった寺内正毅内閣が認めた証左でもあった。外交調査会の設置の目的は「外交及国防は之を政争の外に置き以て国論の統一を図る」ためであり、「衆議院に多数の勢力を有する政友会及国民党の両首領か区々一身の毀誉を顧みす報効の赤誠を推し進て委員に列したる故に調査委員会の目的は之を遂行するに難からすと云はさるへからす」(23)と政府は考えていた。衆議院に多数の勢力をもっていることの重みを認識しつつも、そうした勢力の意見を聴取するのは、外交の民主的統制のためではなく、むしろ議会から外交を切り離す（政争の外に置く）ためであり、議会勢力の取り込みは国論を統一するためであった。ここにある論理は、政府の外交政策に国民が協力するのは当然であり、外交への国民動員の梃子として議会勢力を利用するというものである。

以上のことからも明らかなように、日本で唱えられた国民外交は、外交の民主化という本来の意味では使われなかった。それは、政府の外交政策を国民的に支援する意味、もしくは政府外交にあきたらない場合に官僚外交の反語として用いられるものであった。

二　信夫淳平の国民外交論

一九二〇年代に新外交下での国際協調主義が展開されていくなか、国民外交の概念に注目したのは、国際法学者の信夫淳平だった(24)。信夫は、外交官を経て早稲田大学などで外交史や国際法を教え、外交問題や国際法にかんする評論を多数発表した。ここでは、信夫の『外政監督と外交機関』の議論から、彼の国民外交の解釈を検討してみたい。

『外政監督と外交機関』は、第一次世界大戦後の国際政治の現状をまとめた全四巻からなる「国際政治叢書」中の第四巻にあたり、管見の限りでは、国民外交をもっとも詳しく論じたものである。

信夫は、外交の歴史的変遷が宮廷外交から官僚外交となり、世界大戦後に国民外交が現れたと整理し、民主主義の伸展が国民外交の基板にあるという認識を示した。(25)しかし、信夫は民主主義を世界の大勢とする一方で、民主主義が外交に及ぼす影響については否定的であった。「外交の民衆的監督」、すなわち民主的統制が重要視されるようになったとしつつ、日々の外交政策を民衆が監督するのは困難であるとする。なぜならば、ポンソビーが主張するような議会内に外交委員会を設置する案は実現性に乏しく、一部の議員だけが外交問題に関係するのは、かえって民主的統制から離れるからである。それにくわえて問題なのは、監督に当たる「一般民衆の外交智識の概して浅薄、時としては危険性のものもある」ことである。(26)よって、民主主義が平和をもたらすといった意見もまちがいだとし、民主主義と外交の関係を以下のようにまとめた。

外交上に民衆主義を応用せんとするは、専ら之を民衆主義の精神に求むべきで、徒らに其の形式に拘泥するに於ては、遂に外交の本能を没却し、時には左動右揺、殆んど一定の方針を立つる能はざるに至ることもある。〔中略〕民衆が例へば開戦を絶叫し、多数の力にて遂に国を之に駆り入れしめたりとせば、其の開戦は形式に囚へられたる民衆主義の結果で、真個に各階級の意見を洽く綜合し、洽く之に満足を与ふべき民衆主義の真髄とは甚だしき距離があるを知らねばならぬ。(27)

信夫にとって、民主主義の伸展は外交政策遂行にとって必ずしも好ましいことではなかった。民主主義への留保の根底には明確な愚民論があり、外交の民主的統制にも否定的であった。それでも信夫は、国民外交を「実際動かす可らざる現代の趨勢」とし、「外交当局者が動もすれば外交を以て民衆の容喙すべからざる政府の専有物と妄信しつゝある間に、時勢は一歩先に進み、外交も之に伴ふて国民的に進化し、即ち国民思潮を離れては如何なる外交も其の効果を挙げ難いといふ世運に進んで居る」(28)とし、国民外交とはなにかを説いた。

国民外交とは国民全体が寄つてたかつて囂々焉と、喧々焉と騒ぎ立つる外交と解さば大間違いである。盲動浮薄の群集心理に依りて行はるゝ市井の外交論は、その結果に於て百害あるも一利ない。(29)

つまり、先述のような扇動的な意味で使われる国民外交などは論外だというのである。では、真の国民外交とはいかなるものなのか。

其の一は、国民の時代思潮を酌み、国民の対外的自覚を代表して政府の行ふ所の外交即ち Diplomatic nationale で、其の二は、国民が政府の形式外交と離れ、対手国の国民との間に互いに誠意を披瀝して意見を交換し、意思の疎通を計り、将た特定の行為に由りて友情を表彰し、依つて以て国交の親善に寄与するといふ謂ゆる People's diplomacy である。(30)

信夫は、国民外交が「軽跳的国民」の意見を外交に反映させるのではなく、時代思潮をわきまえて「利益が国民全般の懐中に落下すべきを要求する」ものであることを強調した。しかし、時代思潮を酌むことは簡単ではない。専門知識を必要とする難解な外交と一般民衆をつなぐ存在として信夫が重視したのが「識者階級」であった。「国民の識者階級が世界に於ける自国の地位を自覚し、外に対して其の存立及び向上を合理的に要求するに於て、茲に外交上に謂ふ所の国民の自覚なるものを認めることが能きる」からである。

ところで、「識者階級」が考える時代思潮と民衆の時代思潮が一致するという保障はない。この点、信夫は楽観的であった。

国民外交に要する識者階級の後援は、議会が健全なれば議会に現はれ、新聞紙が健全なれば新聞紙に現はれ、其の言論は天の声、神の声として当局有司の外交画策に共鳴せずんば已まない。〔中略〕一国の外交当局者の性格、抱負、意図が国民の其れと合致し、国民の其れを最も正確に代表するときに於て、外交の成果は最も的確に挙げられる。国民外交の精神は実に此にある。(31)

「外交当局者の性格、抱負、意図」を国民に理解させるのが「識者階級」だということで、そこには「識者階級」こそが国民の先導になって当然とする選良意識があるのは明らかである。一方、「官府即ち国家、官吏即ち国民と妄想する」官僚外交については、国民を蔑視し、外交の自由討究を妨害し、責任回避に走るものだと信夫は厳しく批判した。自身も元外交官であり、「識者階級」との自負があったであろう信夫にとって、「天の声、神の声」を反映させない官僚が外交を独占することへのいらだちもあったにちがいない。先にあげた後藤新平も次のように政府を批判していた。

某政府外交当局の行動を熟視するに、所謂国民外交を以て国家の不祥事となし、機会ある毎に之を防圧抑制し以て機宜に適えりと為すものの如し。是れ活外交の変じて死外交となる所以なり。(32)

信夫や後藤の官僚批判は一理あるが、いずれも「識者階級」もしくは有力者の叡智を反映しない外交への批判であり、その点、中野正剛の悲憤と大差はない。官僚の独断専行では国民の時代思潮を反映させることができない一方で、「盲動浮薄の群集心理」に踊らされる外交がよくないとすれば、第二の意味の国民外交の担い手は、官僚以外の有力者にならざるをえない。渋沢栄一しかり、後藤新平しかりである。結局、信夫の国民外交は、「識者階級」の観点から考える国民の利益を追求する外交であり、民間交流の担い手も「識者階級」ということになってしまう。

もちろん信夫は、一般民衆を愚民のままにしておけばよいと考えていたわけではない。そもそも国民が外交に関心をもたないのは、「国民に外交は己れ等自身の物であるとの信念がないからである」。そこで重要になるのが、外交教育である。

真個の国民外交は国民の外交教育に俟たねばならぬ。国民の外交教育は、外交の実務に執掌し若くは外交上の知識、趣味、経験を有する朝野の先覚者が各種の手段に依り国民を斯道に啓蒙するに於て始めて効果を挙ぐるを得るのである。(33)

外交教育のことになっても、信夫が期待をかけるのは、「朝野の先覚者」すなわち「識者階級」に代表される選良たちであった。この選良が民衆を正しく導くためには、外交情報の公開が必要なのである。そうすれば「既に事実の真相をある程度に黙解する国民の知識階級は却つて当局者の苦衷を諒とし、復た道聴塗説に動かさるゝ筈ないやうになる」(34)。信夫の懸念は、「道聴塗説」が流布されて国民の時代思潮が誤った方向にすすむことであった。よって、「国民をして窮屈なる国家主義の桎梏より脱せしめ、新時運の国際主義に順応せしむるやうに利導しなければならぬ」(35)し、黄白人種の対立に憤り大アジア主義を説くことなどは「実は我が将来の外交を誤り、且徒らに欧米諸国民の反感を挑発せしむる以外に何等実益なく、我が将来の国民外交として最も排斥せざる可らざるもの」(36)なのである。

信夫の国民外交論は、外交教育にも目配りした精緻なもので、いわんや国家主義を鼓吹するものでもなかったが、民主主義の伸展が不可避であることを前提にしながら、大衆を愚民視することから抜け出ることができなかった。他方で、信夫淳平は、国家主義の桎梏より脱して国際主義に順応した後に、国民外交をこえた「社会外交」の時代になることを期待していた。

国民外交は、〔中略〕外形上に於ては国民といふ政治的団体の対立を前提として居るものであるから、人類共栄の理想との間には尚ほ甚大の距離がある。〔中略〕政治は自国の国民にのみ価値ある許りでなく、併せて世界の人類に取りても価値あるに於てその意義がある。乃ち国際政治にありては、其の主体は国家であるが、客体は国民のみでなくして、同時に世界人類の一社会であらねばならぬ。故に外交も国民協力を主眼とする国民外交よ

り も更に人類協力の社会外交に進化すべきは当然の趨勢である。(37)
信夫は、ある種のコスモポリタニズムを説きつつも、足もとの日本社会の平等実現には関心が薄かった。民主化を世界の大勢と唱えつつ、愚かな大衆に外交統制の資格なしと断じる。ここに「大正デモクラット」の限界があった。(38)「識者階級」が多数の民衆を愚民視して、いかにして国民の時代思潮を酌みとることができるのか。信夫が信頼する「知識階級」が示す方針を民衆が支持しなければどうするのか。

もちろん、民衆は愚かだと決めつけるだけでは議論の進展はなく、国民の総力を動員することも不可能になる。そこで、外交教育の重要性が縷々述べられることになったが、もし大衆が狭隘な民族主義や国益第一主義に向かいだせばどうすればよいのかという問題が浮かんでこざるをえない。また、民主化が国民形成を促すものである以上、国民という集団を支える「神話」である民族意識の高揚も避けられず、その場合、国民外交は民族外交に変容する可能性がある。民族意識を鼓舞し、短絡的な国益に固執する外交を民衆が望んで民族外交になれば、それはやはり広義の国民外交といえるのか。一九二五年に男子普通選挙法が成立していた日本にとって、大衆の政治参加をどう考えるのかは喫緊の課題であったのである。

次節では、国民と民族の境界線で揺れる外交論を追っていきたい。

三　国民外交と国際協調主義の限界

1　国民と民族の間

本来、近代国家による囲い込みで形成された「国民」と、人種や歴史を共有するとされて想像された「民族」とは別の概念である。しかし、英語ではどちらも「ネイション」(nation)と表現されるため、国民外交の「国民」を「ネイション」と置き換えることで、国民外交が民族外交をも意味するという混乱が生じることになる。これはたんなる修辞上の問題をこえて、現実の政策論でも、国民と民族の境界線を不明確にすることにつながった。(39)

たとえば、国際連盟が民主的な「国民本位」の組織だと論じた蜷川新の論文では、「国民」に「ネーション」とふりがなをつける一方で、「民族(ネーション)」とも表記し、民族は近代国家の枠組みにおいて国民と同義になると主張した。(40) たしかに、現在でも一般的には、日本人と表現したとき、それが日本国民であるか日本民族であるか、そこにどのようなちがいがあるのか意識せずに用いられており、その意味で、蜷川の主張は必ずしもまちがいではない。しかし、蜷川の民主的な国民本位という立場を離れれば、国民が民族や国家と混同され、国民本位が自民族中心主義や国家主義を意味することもありえたのである。

この国民と民族の境界線のわかりにくさにかんして、次のような議論が現れた。浅野利三郎は、典型的愚民論の立場から国民外交を論じたが、そこで民族の起源を以下のように論じた。

即ち民族なるものは其の形成の過程に於て多くの異なれる種族の混成されたるものなるも永き歳月の経過と共に社会的同化作用行はれ其の民族が本来同一血族より成立するものなりとの信仰発生するに至り茲に所謂民族意識なるもの発達し、斯くて近代外交の特徴たる民族国家間の外交関係を生ずるなり。(41)

注目すべきは、さまざまな種族の集まりが長年の同化の結果、同一の民族だと信じられるようになるのだから、民族概念は「信仰」にすぎないと認識されていたことである。ただし、民族がしだいに形成されたとして、それが近代国家形成によって完成されるのか否か、どこまでが異なる種族の混成期で、どこからが固定した民族と考えられるのかという点に関して、浅野に限らず注意は向けられていなかった。(42)

こうした論調のなかにあって、民族と国民の関係、その二〇世紀における意味にかんし、注目すべき議論を展開したのが、蠟山政道である。(43)蠟山は、「現に存する所の民衆的国民感情の基因には、その国家の教育方針によって授けられたる経験的知能的作為の存することを認めざるを得ない」として、近代国家による人工的な国民形成を指摘し、「国民主義」を次のように定義した。(44)すなわち、国家の領域は「自然概念としての民族なる共同団体を中心とせねばならぬ」こと、構成員は同一民族であること、「統治機関に就いては、民族全員の参加を認め、代議政体によって之を実現する」ことの三点である。ここでの「国民主義」とはナショナリズムのことだと考えられるが、民族が神話である、国民が人工物であるとしても、国家が自然概念としての同一民族で構成されるのであれば、やはり民族と国民の境界線は簡単に乗りこえられてしまい、偏狭な民族主義が国際対立を生んでしまう。そこで蠟山は民主主義の進展が、そもそもナショナリズムを無意味化すると議論をすすめた。

一九世紀は、強制的同化による立国主義的な国民主義が主流であった。しかし、立国とそれに伴う国民統合には民主化が必要になる。民主主義は、国家の構成員である国民を平等無差別に扱うのであるから、同一の民族であることで差異化をはからずとも、たんなる市民として政治参加すればよい。他方で、帝国主義は、一民族の領域以上に国家を拡大させるのであるから、その発展は国民主義の自殺行為にほかならない。こうした二〇世紀の情勢を考えれば、国民主義は存在理由を失い、国家は職分団体による多元的組織になり、国際主義が支配的になるというのが蠟山の認識であった。

この論理ですすめば、国民外交の振興により大衆の総力を結集して日本の国際社会での地位向上をめざすというような信夫の議論も無意味となるはずであるが、蠟山は、「しかし乍ら、これは欧州諸国のことである。我が国に直接至大の関係にある極東諸邦又は太平洋沿岸諸邦の事情はかれと異なる。寧ろ極東諸邦にとりては、二十世紀は国民主義の時代」[45]であると切り返す。蠟山によれば、第一次世界大戦後、国際協調主義が新原則となったが、その協調とは、中国における列強の利権について、互いに譲歩して中国の利権回収を認め合うことだという。いわゆる「文明国標準」をもちだして中国の国民国家形成に懸念を示しつつも、蠟山は国民主義の高まりを無視しえないと主張するのである。明言はしていないが、蠟山が述べたかったことは、日本が国民主義を掲げる以上、中国の国民主義も認めなければならないということであったと考えられる。

ところが、当時の日本にとって、中国が自国同様の「文明国」、つまり近代国民国家になることは、既得権益の喪失につながる問題であった。日本を含めた列強諸国は、中国を半植民地化して権益を得ていたが、その正当化の根拠は、中国が近代国家として自立できていないことだったからである。たとえば、蠟山が国際協調による中国の利権回収承認の端緒としてあげている新四国借款団も、その内実は中国の国際共同管理を念頭においたものであり、国際協調主義は、依然として文明国間の利益分配政策の意味合いが強かった。もちろん、「新外交」が謳われた一九二〇年代は、あからさまな帝国主義や軍国主義をとりえず、民主主義を否定することもできなかったが、だからこそ、列強の権益維持を正当化するためには、民主化も含めた近代化達成までの保護・管理の対象となる中国は「非文明国」でなければならなかったといえる。中国は近代国家たりえないとする「非国論」は、内藤湖南や矢野仁一ら中国研究者が主張したのみならず[46]、たとえば松原一雄のような国際協調主義を重視する国際法学者も同調していた。松原は「国に非ざる」というような不正確な表現を避けて「無政府国」としているが、「支那の所謂国民運動 nationalism」の混迷状況のなか「徒に有力なる政府の確立を求むるも無益」だと論じた[47]。

こうしてみてくると、中国の国民主義を認めよという蠟山の主張は、国際協調主義の弱点を鋭くつくものだったといえる。ここまでみてきたように、国民外交論を唱えた論者は、国際協調主義を支持し、そのためにも外交の民主化が必要であると唱えていた。しかし、信夫淳平をはじめ彼らは、教育された従順な大衆が国際協調主義を重視する選良に従うことを求め、政治過程の民主化が外交政策に反映されることには否定的であった。そこでの国民とは、熱狂的なナショナリズムとは一線を画した存在で、蠟山が想定する「市民」と近いものだった。冷徹な利益分配をおこなう現実的な国際協調主義者にとって、ナショナリズムは外交の障害であり、当然、他国のナショナリズムにも理解を示さなかったのである。政治的民主化から国民の公平・平等をめざす社会的民主化へ、さらに民主化から社会主義へ。急速に展開していた社会思想状況のなかで、国民外交論は政治的民主化にすら留保をつけるものであり、その意味では限界を抱えていた。そしてそれは同時に国際協調主義の限界にもつながるものであった。

結局のところ、選良の考える国民と、実際の大衆とは乖離したものだったのか。国民が「民族」として暴走するのを止める手立てはないのか。次項では、大正デモクラシーの旗手であった吉野作造の議論を手がかりに考察したい。

2　吉野作造の国際民主主義論再考

吉野作造は、本章が扱う一九二〇年代、もっとも影響力のある政治学者の一人であり、国際問題にかんしても多くの論評を発表していた(48)。民本主義の提唱者として、吉野は、国内と同時に国際社会でも民主主義が促進されるのが「世界の大勢」であるとしたが、それは外交の民主化の一つの極点ともいうべき徹底した国民本位の対外政策推進をめざしたものであった。国民外交論の意義と限界を探るための指標として、吉野の国際民主主義論を検討してみたい。

つとに指摘されているように、吉野の民本主義論は、主権者が天皇であるという日本政治の実情を俎上にあげず、政治の運用面における民主化を訴えるものであった。しかし、国際問題にかんしては、天皇主権の問題に直接ふれずにすむこともあり、「民主主義」の語を使用し、第一次世界大戦後の国際社会の各国民の平和志向の拡大と影響に大きな期待をかけたのである。吉野は国民主体の外交運用は空想ではないと考えていた。

民本主義的外交とは外交の事を専門外交家の秘密の取扱から国民の手に、之を奪還する事を意味し、民主的講和とは、講和会議には専門外交家の外所謂平民階級の代表者をも、参列せしめるといふ要求を意味し、又国際上の民主主義とは、各国に於けるオートクラシーを打破し、民主主義の上に政治組織を改めしめ、之を基礎として、国際社会を建設せん事を要求する者と考えて居る。オートクラシーを打破して、広く政権を一般国民の手に帰せしむる新たなる世界を作らんとする事が、戦争目的の一つである考ふるものである。(49)

オートクラシー打破を官僚外交批判と考えれば、この点、吉野と信夫の国民外交論に大きな懸隔はない。しかし、吉野の議論はさらにすすみ、平民階級の外交参加を求め、他国の干渉を受けず「国民的生存の権利」を追求するようなことは「民族自主」(50)（民族自決）のことであって、独裁を防ぐために国民が直接・間接に政治を監督できる制度こそが重要なのだという。前節で紹介した信夫淳平の、民主主義は国民本位であるのだから、国民の福祉を向上させるために選良が外交を担うべきだとする意見とは明らかに異なった見解といえる。こうした国民の監督を受ける政府をもつ国々が国際社会を形づくる方向に世界は歩んでいると吉野が確信を込めて語った演説録が、有名な論説「帝国主義より国際民主主義へ(51)」である。

皇帝を戴く国による外交政策を帝国主義というのではない、共和主義を広めようとするのを国際民主主義というのではないと、基本的な語句上の解釈から吉野は説きはじめる。国際民主主義とは、国家間の関係を自由平等にすることである。平和のための国際道徳や国際法も戦争となれば破られるとあっては、結局一九世紀は弱肉強食の世界であり、帝国主義が支配する国際秩序であった。しかし、第一次世界大戦を経験した以上、こうした煩悶から抜けだそうとの気運が高まり、「所謂国際民主主義にならねばならぬと云ふことに、どうしてもならねばならぬ」。こうした気運を生むきっかけとなったのが、ウィルソン主義とロシア革命、くわえてドイツ自身の反省であった。ウィルソンの平和原則は、ロシア革命の影響のなか、「戦争を終結すべき所の講和条件を予じめ実現した〔中略〕空前の事実」であり、そうである以上「西園寺〔公望〕さんが行かなくても、〔女性奉公人の〕お花さんが行つても」講和を可能にするものである。また、ドイツの「民心」もウィルソン主義に呼応して反省をしたことで戦争は終結した。一九世紀の煩悶とドイツの自省とが合わさった今、世界は国際民主主義になるしかない。以上が吉野の論説の主旨である。

吉野は、アメリカ、特にウィルソンの存在に多大の期待をよせており、アメリカが正義の制裁力となることで国際連盟も実現可能だと考えていた[52]。アメリカの軍事力が国際正義を実現させるのであれば、それはアメリカの正義のグローバル化であり、つまるところアメリカ帝国の是認につながるかもしれないという可能性は脇に置くとして[53]、西園寺でなくとも講和が実現できるという「お花さん」が国際民主主義に向かって行動しない場合はどうすればよいのだろうか。ここに吉野の苦悩がはじまる。

吉野はこの点を看過していたわけではない。国民の監督下にある民主的外交の実現には「民智の程度〔の〕高まり」が必要で、その「開拓」が肝要だと主張していた[54]。また、「凡そ自己に対して反対の運動が起つた時、之を根本的に解決するの第一歩は自己の反省でなければならない」と良心の発揮を求めてもいた[55]。吉野は、国民をどう導けばよいのかについて具体的方策を示さず、「世界の大勢」が世界の民衆に民主的志向を誘発すると楽観していたようである。ところが、「民智」が高いはずのアメリカ国民が、アメリカの国際連盟非加盟を支持するが、これは国際連盟の実態が国際民主主義の理想から遠いものであることを理解しているからであり、国際民主主義が否定されたのではないと解釈した[56]。ここまでくると吉野の強弁ともいえるが、吉野は民衆の意見が反映されることで外交があるべき姿に向かっていくことをどこまでも信じようとした。

政府の方では、外交問題になると、なるべく批評を避ける為に、その成行を秘密にする。而して何か起った時分に、国民の後援が無ければいけないといって、俄かに一部の人を使嗾して民衆の煽動を試みる。それでは国民外交にならない。これからは国民外交でなければいけない、国民の後援が無いと外交は成功しないというけれども、その外交を成功せしむる所以の国民外交は、国民の要求に基いて為さるる外交政策のことであります。(57)

ここで吉野がいう国民とは中国国民のことであり、吉野は、先に紹介した蠟山の議論と同じく、中国における「国民主義」の進展を重視していた。

支那には最近、従来の悪政を改革して、ここに新たなる一つの力を有って大いに勃興せんとする国民的要求が非常に著しいのであります。〔中略〕

日本の官僚は支那の官僚と結んで日支親善を図り得べしと考えました。しかし国民を眼中に置かない政策は、更に親善の実を挙げません。支那の民心は、いっこう日本の方に向いて来ないではありませんか。これ畢竟、我国官僚の対支政策が殆んど支那民衆の真の要求に触れる所がなかったからではありませんか。(58)

吉野は、中国国民の要求と日本の対中政策が一致すれば、日中の平和的共存が可能になると論じるが、日中の国民的要求が吉野の望み通りに一致し、それに向かって両国民が行動する保証はどこにあったのか。この点になると、吉野も「愚かな」民衆を嘆ずる姿勢に終始する。曰く「自ら反省するの余裕がない」「いったい我国には、何か事があると、それを一二少数の陰謀に帰したがる癖がある」「この考えよりして吾人は、国民に向かって対外的良心の発揮を力説するの必要、今日より急なるは無いと考うるものである」(59)。たとえば、吉野は、ワシントン海軍軍縮条約に反対する運動に対し、「示威運動其物は馬鹿気て居ると云ふのではない。やるならば理を極め義に杖つて正々堂々とやるが可い。軽挙妄動は寧ろ事の成功に遮げになる」(60)と諭すしかなかった。

ここにいたって、吉野の議論は「愚かな」民衆を教育するが、一方でその政治参加には慎重であった国民外交論と同じ地平に立つことになったのではないか。もちろん、吉野は民本主義の旗を降ろしたわけではないが、「軽挙妄動」はするなというのであれば、民衆は思い通りに行動できないではないか。自国の利益と国際道徳を勘案し、合理的で平和的な対外政策を支持する国民による外交は、信夫のいうPeople's diplomacyを実現するだろうし、蠟山の主張する民族という架空の観念に縛られない「市民」の支える国際主義をも実現するだろう。そうであれば吉野のいう国際民主主義も現実となりうるものであった。しかし、国民外交論者はもちろん、吉野作造ですら、思い通りにならない国民を前にして、上からの目線で外交教育が必要だと繰り返すのみであった。

おわりに

「知識階級」は、本当に「天の声、神の声」というべき言動をするのか。そうではないことを示したのが次章で論じる不戦条約をめぐる論争であった。一九二八(昭和三)年、主要国が署名した不戦条約に日本も調印した。その批准の際、条約内の「人民の名に於て」という文言をめぐって論争となった。「人民の名に於て」戦争放棄を宣言するということは、国民外交の時代にふさわしいことであった。しかし、日本国内の論争は、外交の民主化の当否ではなく、「人民＝pepoles」の意味する国民には天皇が含まれるか否か、含まれないのであれば天皇の外交大権干犯になるか否かといった枝葉末節の議論に終始した。帝国大学教授や外交官など、論争にくわわった「知識階級」は、英語や条約の衒学的評論を書きつらね、結果として条約に「人民の名に於て」の句が日本に適用されないとする、国際社会からみればまったく無意味な政府宣言をつけることになった。こうした無意義な論争をした「知識階級」のうち、条約賛成を唱えた論者は、「人民の名に於て」が外交の民主化につながる点を重視していた。たとえば、当時もっとも権威ある国際法学者であった立作太郎は、「人民の名に於て」とは人民の利益や感情に適応しているという意味であるとして条約を支持した、しかし、立は、外交の民主的統制には、偏狭なナショナリズムが反映されることになるとして反対の立場であった。

結局のところ、国民外交の好例となるはずであった「人民の名に於て」戦争を放棄することにおいても、「知識階級」が示したのは、自分たちの主導する高尚な国際協調外交を愚民は理解できないから、外交の民主的統制は好ましくないとする立場であった。日本版国民外交は、男子普通選挙の実現後も、外交の民主的統制の意味ではなく、渋沢の唱えたような外交遂行に国民を総動員する意味になっていったのである。

民本主義や天皇機関説の批判者でもあった憲法学者の上杉慎吉は、普通選挙を「政治上の国民総動員」と唱え、外交への影響を次のように述べた。

普選の下に挙国一致し、退嬰卑屈追従迎合、動もすれば国運を誤らんとする官僚外交、西洋模倣外交を一掃一新し、真乎国民的なる自主的外交を確立し、〔中略〕普選実施せられて、国民の自覚大いに起こり、国を挙げて、国是を定め、民族の大使命を果たすに至らんは目前に在り(61)

この国家主義を扇動する一文を国民外交の意義を説明したものだとしてもそれほど違和感はない。ただし、上杉にとっての国民は、外交から利益受ける客体ではなく、外交を国家のために「奮励努力」して支えるものであった。この上杉の論理でいくならば、民主化の伸展は、外交の民主的統制や合理的な国際協調外交をすすめるものではなく、「民族の大使命を果たす」ための挙国一致外交をすすめるものになる。すなわち、民主化がすすむほど、国民外交の本来の精神から遠のくという逆説がここに現出するのである。ただし、これまでみてきたように、日本における国民外交理解そのものに逆説を防ぎえない欠陥があった。事実、一九三〇年代以降、国民外交という言葉は、外交の民主化の意味ではなく、孤立する日本の対外政策を国民があげて支援するという意味に使われるのが一般的になる。(62)その際、合理的で盲動浮薄しないはずの「知識階級」は、「愚民」との距離を埋められないまま、時代の奔流のなかで沈黙を強いられていくことになるのである。

注

(1) https://en.wikisource.org/wiki/Fourteen_Points_Speech（二〇一八年三月三〇日閲覧）。
(2) 国民外交に着目した論考として以下のものがある。芝崎厚士『近代日本と国際文化交流』（有信堂、一九九九年）三五―三九頁、堀内暢行「一九二〇年代における「国民外交」論」（『国士舘史学』一五、二〇一一年）、片桐庸夫『民間交流のパイオニア渋沢栄一の国民外交』（藤原書店、二〇一三年）。
(3) 吉野作造「国家生活の一新」一九二〇年（『吉野作造博士民主主義論集』第四巻、新紀元社、一九四八年、七二―七三頁）。
(4) 吉野作造「帝国主義より国際民主主義へ」一九一九年（『吉野作造選集』第六巻、岩波書店、一九九六年）。
(5) 本章において特に参考としたのは、松尾尊兊『大正デモクラシー』（岩波現代文庫、二〇〇一年、初刊一九七四年）、太田雅夫『増補 大正デモクラシー研究』（新泉社、一九九〇年）、三谷太一郎『新版 大正デモクラシー論』（東京大学出版会、一九九五年）。
(6) 吉野の国際政治思想を分析した優れた研究として、藤村一郎『吉野作造の国際政治論』（有志社、二〇一二年）がある。
(7) 飯田泰三『批判精神の航跡―近代日本精神史の一稜線―』（筑摩書房、一九九七年）Ⅱを参照。
(8) 酒井哲哉『近代日本の国際秩序論』（岩波書店、二〇〇七年）。
(9) 有馬学「「大正デモクラシー」の再検討と新たな射程」（『岩波講座東アジア近現代通史第四巻 社会主義とナショナリズム』岩波書店、二〇一一年）。
(10) この時期の「国民外交」を論じたものとして、本章とは位相が異なるが、櫻井良樹「日中提携論者長島隆二の政界革新構想」（同『辛亥革命と日本政治の変動』岩波書店、二〇〇九年）。

(11) 渋沢栄一述『渋沢栄一自叙伝』(渋沢翁頌徳会、一九三七年)九四二頁。
(12) 故団男爵伝記編纂委員会編『男爵団琢磨伝』下(故団男爵伝記編纂委員会、一九三八年)一七〇頁。
(13) 後藤新平にかんしては、北岡伸一『後藤新平』(中公新書、一九八八年)。
(14) たとえば、後藤が「自ら進んで範を国民外交の上に示した」との評価がある(信夫淳平「外政家としての後藤伯」同『反古草子』有斐閣、一九二九年、二八一頁)。
(15) 中野正剛『講和会議を目撃して』(東方時論社、一九一九年)一九九―二〇〇頁。
(16) 同右、二四三―二六一頁。
(17) 「国民外交同盟会の覚悟」(『対支問題意見交換会演説筆記』一九一四年、折り込み記事所収)。
(18) 「対支連合会宣言」(同右所収)。
(19) Arthur Ponsonby, *Democracy and diplomacy*, Methuen, 1915. 邦訳は、小寺謙吉訳『国民的外交』(広文館、一九二一年)。引用は翻訳の一三・四六・二〇一―二〇三頁。
(20) Peter Brock and Nigel Young, *Pacifism in the Twentieth Century*, New York, 1999, 24-25.
(21) マーク・マゾワー(依田卓巳訳)『国際協調の先駆者たち』(NTT出版、二〇一五年)三〇頁。
(22) 臨時外交調査会については、雨宮昭一『近代日本の戦争指導』(吉川弘文館、一九九七年)第二章第二節、季武嘉也『大正期の政治構造』(吉川弘文館、一九九八年)第四章第三節を参照した。
(23) 小林竜夫編『翠雨荘日記』(原書房、一九六六年)二五六頁。
(24) 信夫淳平にかんしては、酒井哲哉「「古典外交論者」と戦間期国際秩序」(同『近代日本の国際秩序論』岩波書店、二〇〇七年、第二章)。
(25) 信夫淳平『国際政治の進化及現勢』(日本評論社、一九二五年)四〇―四一頁。
(26) 信夫淳平『外政監督と外交機関』(日本評論社、一九二六年)二六頁。
(27) 同右、四四―四五頁。
(28) 同右、四七頁。
(29) 同右、四八頁。

(30) 同右、五一頁。
(31) 同右、五五頁。
(32) 鶴見祐輔『正伝後藤新平』第七巻（藤原書店、二〇〇六年）六六一頁。
(33) 信夫前掲注(26)『外政監督と外交機関』三一五頁。
(34) 同右、三一六頁。
(35) 信夫淳平「新聞紙と外交教育」（同前掲注(14)『反古草紙』）七四頁。
(36) 信夫淳平「大亜細亜主義の謬妄」（同右）四五頁。
(37) 信夫前掲注(25)『国際政治の進化及現勢』四一―四二頁。
(38) 坂野潤治は、大正期の民主化の伸展のなかでも、政治的平等＝普通選挙に関心がよせられても、社会的平等＝格差是正は軽視されたと指摘している（坂野潤治『〈階級〉の日本近代史』講談社、二〇一四年）。
(39) 国民と民族の問題について、ここでは以下を参考にした。篠田英朗『国際社会の秩序』（東京大学出版会、二〇〇七年）第三章、塩川伸明『民族とネイション』（岩波新書、二〇〇八年）、オリバー・ジマー（福井憲彦訳）『ナショナリズム』（岩波書店、二〇〇九年）、福田歓一（加藤節編）『デモクラシーと国民国家』（岩波現代文庫、二〇〇九年）。
(40) 蜷川新「国際連盟と国民本位」（『外交時報』第三六五号、一九二〇年一月）。
(41) 浅野利三郎「国民外交の意義を論ず」（『外交時報』第四五三号、一九二三年一〇月）。
(42) この問題にかんしては、大杉栄「民族国家主義の虚偽」一九一八年、太田雅夫編『資料大正デモクラシー論争史』下巻（新泉社、一九七一年）所収の大山郁夫に対する批判を参照。
(43) 蠟山にかんしては、酒井前掲注(8)『近代日本の国際秩序論』第三章。
(44) 蠟山政道「国際政治秩序と国民主義」（『外交時報』第四五八号、一九二四年一月）。
(45) 蠟山政道「極東諸邦の国民主義的趨勢と日本」（『外交時報』第四七五号、一九二四年九月）。
(46) この点については、拙著『近代日本外交とアジア太平洋秩序』（昭和堂、二〇〇九年）第七章を参考にされたい。
(47) 松原一雄「無政府国の国際的地位」（『外交時報』第五一六号、一九二六年六月）。
(48) 吉野作造にかんし、ここでは以下の研究を参考にした。松本三之介『吉野作造』（東京大学出版会、二〇〇八年）、佐藤太久磨

「「国際民主主義」から「東洋モンロー主義」へ―吉野作造の国際政治思想―」（『ヒストリア』二二〇、二〇一〇年六月）、藤村前掲注(6)『吉野作造の国際政治論』。伝記としては、田澤晴子『吉野作造』（ミネルヴァ書房、二〇〇六年）。

(49) 吉野作造「民主的国際主義は空想的世界観なりや―姉崎博士に対する福田博士の批評について―」一九一八年（『吉野作造博士民主主義論集』第四巻、新紀元社、一九四八年、一八五頁）。

(50) 同右、一八四・一八六―一八九頁。

(51) 吉野作造「帝国主義より国際民主主義へ」一九一九年（同右所収）。

(52) 吉野作造「国際連盟は可能なり」一九一九年（同右所収）。

(53) この点にかんしては、拙著前掲注(46)『近代日本外交とアジア太平洋秩序』六四―六六頁で論じた。

(54) 吉野作造「秘密外交より開放外交へ」一九一八年（『吉野作造選集』第五巻、岩波書店、一九九五年）。

(55) 吉野作造「対外的良心の発揮」一九一九年（『吉野作造博士民主主義論集』第三巻、新紀元社、一九四八年）。

(56) 吉野作造「国際問題に対する米国の態度の矛盾」一九二〇年（『吉野作造選集』第六巻、岩波書店、一九九六年）。

(57) 吉野作造「支那問題に就いて」一九一九年（吉野作造（松尾尊兊編）『中国・朝鮮論』東洋文庫、一九七〇年、一九七―一九八頁）。

(58) 同右、一九八・二〇二頁。

(59) 吉野作造「対外的良心の発揮」一九一九年（同右所収）。引用は一四一・一四七・一五一頁。

(60) 吉野作造「外交に於ける国民的示威行動の価値」一九二一年（『吉野作造選集』第六巻）。

(61) 上杉慎吉『普通選挙の精神』（敬文館、一九二五年）四二―四三頁。

(62) 例外として、一九二〇年代後半の著作ではあるが、蠟山政道は、「国民外交とは、執政府の専断事項に属する外交を国民が統制することを意味する」、国民外交の本来の意味を明確につかんでいた（蠟山政道『国際政治と国際行政』巌松堂、一九二八年、一六二頁）。

第三章　不戦条約再考

――「人民の名に於て」論争の意味――

はじめに

本章の目的は、一九二九（昭和四）年に発効した「戦争抛棄に関する条約」（以下「不戦条約」と略す）についての諸議論、とりわけ条約中の文言「各自の人民の名に於て」をめぐる論争の考察から、当該期の国際協調を認める日本外交のなかにあって外交の民主化がどのような位置づけをされていたのかを探ることである。

不戦条約は、最終的に六三ヵ国が参加した重要な国際条約であった。しかし、実効的な戦争防止手段が不完全であった点、条約締結後数年で満州事変などの侵略戦争がおきた点から、日本外交史の文脈では、同じく戦争防止を目的とした国際連盟やワシントン会議の諸条約にくらべて、戦間期の一挿話として軽く扱われがちである。

たとえば、日本の外交政策のなかで不戦条約の意義を考察した大畑篤四郎は、「対華政策について列国協調を確保することに条約参加の目的があった」とし[1]、「人民の名に於て」との文言が政治問題化したことは、「条約の本質に触れる議論ではなく派生的な問題」で「党利党略」に利用されたと評価している[2]。また、内政史の観点からは、「倉富勇三郎日記」などを利用して枢密院の役割が解明されている[3]。こうした研究は、不戦条約締結過程を題材として外交問題をめぐる権力関係や政策決定過程を論じたものであり、条約の意義に深入りしたものではなく、条約を挿話的にとらえる従来からの視点の枠内にある。

一方、国際法思想・国際秩序論の研究では、戦間期の国際秩序認識の変化が重視されるようになるなか、そうした文脈で不戦条約の意義を積極的に評価するものもある。

国際法史の観点では、大沼保昭が、戦争違法化（owtlawry of war）運動の結実としての不戦条約を、「国家行動の違法性の認定基準」および「戦争違法観を再確認する積極的武器」になったと評価している(4)。また、篠原初枝は、国際法に規範性を求めるようになるアメリカ国際法学の流れのなかに不戦条約を位置づけ、瑣末な解釈に終始した日本とアメリカの平和と戦争に対する認識の差違を指摘している(5)。

三牧聖子の研究は最近でもっとも注目すべきものである。三牧は、アメリカにおける戦争違法化思想を体系的に解明するなかで不戦条約を論じている。条約は、戦争違法化の重要な画期として受け入れられたが、漠然と平和を誓った「諸国家のキス」と揶揄されたとし、アメリカの諸論者の不戦条約批判を紹介している。アメリカ政府は、モンロー・ドクトリンへの反省が薄く、ヨーロッパ諸国との共同軍事制裁行動へ消極的な「強制によらない平和」の理想を表明するにとどまったと論じている(6)。

また、国際秩序論の視点から、小林啓治は、第一次世界大戦とロシア革命により「文明国のみを法主体とする国際法の組替えを迫」られていた近代国際法体系の脈絡に不戦条約をおき、大陸政策をすすめるなかでの自衛権問題、対等な国家として条約に参加する中国との関係性、人民の名において条約を締結する発想と日本の国家体制について、日本が抱えた矛盾を指摘している(7)。伊香俊哉は、「満州事変に至る一つの流れは、第一次大戦後の戦争違法化への日本の適応拒否の蓄積」とし、不戦条約の適用を免れる自衛権の行使を「正当防衛的」なものではなく「自己保存権的」なものに解釈していき、対中武力行使を正当化したと論じている(8)。山室信一は、非戦思想の連環のなかに不戦条約を位置づけ、「制度としての戦争」を法体系から追放する試みはいったんは空洞化したが、日本国憲法第九条として再登場したとの解釈を示している。(9)

本章では、こうした研究成果をふまえ、改めて「人民の名に於て」という文言をめぐる論争に着目したい。大畑篤四郎が論じるように、この文言は、国策としての戦争放棄という条約の主目的には関係せず、政治的に利用する目的で問題視されたのであり、それゆえ賛成・反対を問わず、議論はおおむねあげ足とりの水掛け論にとなった。しかし、ことが天皇大権に関わるとされただけに、論争は激化して著名な国際法学者や政治学者が議論にくわわっていった。本章第二節でみるように、専門家の議論も、国際法や英語学の知識を衒学的に羅列したものが多く、さほど有意義なものにはならなかった。そうとはいえ、文言の支持派と反対派の間には、戦争の違法化や国際秩序についての認識のちがいがあることが、その言論から浮かび上がってくるのではないか。また、相違の本質にはなにがあったのか。これらを明らかにするのが、本章の主たる論点となる。なお、小林啓治は、「人民の名に於て」という文言は国際平和と人民の関わりかたについての新たな視点を提起するもので、日本の国家体制と鋭く矛盾したとしているが、(10)「新たな視点」が日本ではどのように認識されていたのか、それに対する古い視点とはどのようなものだったのかについても、憲法体制との関連ではなく、外交の民主化の観点から議論を展開していく。

ところで、不戦条約について、実効性のない理想をうちだしたものにすぎないという評価が一般的であった。「人民の名に於て」の文言反対派はもちろん支持派の多くも、戦争廃絶を掲げるかつて例のない国際条約を、これも例のない「人民の名に於て」締結することに違和感をもったのではないか。違和感をもったのは、日本が国際平和を望む国際世論や新しい国際法学の動向に鈍感だったからなのか。まずは、この点を明らかにするために、不戦条約がどのような意図で提起され、それを日本側がどう評価したのかについて論じていきたい。

一　不戦条約の意義

一九二八年八月二七日、パリの外務省「時計の間」で調印された不戦条約は、三ヵ条からなる簡潔なものであった。[11]第三条は発効手続きにかんする内容であるから、実質的には次の二ヵ条によって戦争放棄が規定されたといえる。

第一条　締約国は国際紛争解決の為戦争に訴ふることを非とし且其の相互関係に於て国家の手段としての戦争を拋棄することを其の各自の人民の名に於て厳粛に宣言す

第二条　締約国は相互間に起ることあるべき一切の紛争又は紛議は其の性質又は起因の如何を問はず平和的手段に依るの外之が処理又は解決を求めざることを約す[12]

ここでは、戦争を放棄して平和的手段によって紛争解決をはかることがうたわれているだけで、具体的な紛争処理方法や条約違反国への対処策は決められておらず、条約は国際的な平和宣言ともいえるものであった。

不戦条約は、一九二七年四月六日にフランスのブリアン（Aristide Briand）外相が「フランスは合衆国と、アメリカで言うところの「戦争違法化」に関する相互協定を締結する準備があることを公にする」とのアメリカ国民向けメッセージを送ったことに端を発した。[13]ブリアンの意図は、アメリカをヨーロッパの安全保障問題に巻き込んでドイツを牽制することにあったが、アメリカ政府は当初、戦争放棄に類する条約は現実的ではないとして否定的だった。しかし、当時のアメリカでは有力な知識人もくわわった戦争違法化運動がさかんであり、平和志向の強かった世論の動向にも配慮せざるをえなくなり、ブリアンの提案が具体的に議論されることになった。ブリアンがアメリカ国民に直接訴えたのは、こうした情勢を利用するためでもあった。[14]ここで確認しておきたいことは、不戦条約がその原点の段階から、具体的な外交政策というよりは、世論への対応策または迎合策という面が強かったことである。よって、二七年六月にブリアンが最初に提示した「米仏恒久平和条約案」の段階から「フランス国民とアメリカ国民の名において」(in the name of the French people and the people of the United States of America) という一般に条約には使用されない一節が含まれていたのも当然のことであった。(15)

その後、アメリカ政府は、ブリアンの隠された意図を排除するため、二国間条約を拒否し、多国間条約として不戦条約を成立させる方針を示した。多数国の了承を得るため、条約案は一層差し障りのない表現に改められ、自衛のための戦争は対象外であるという原則も確認された。たとえば、アメリカにとって、条約がいわゆるモンロー主義の障害にならない点は上院の批准を得るために重要であったし、イギリスにとっては、広大な植民地支配に必要な武力行使の障害にならないことが重要であった。すなわち、不戦条約を成立させるには、実効性がなく拘束力が弱いことが重要であり、立案者たちは戦争放棄や戦争違法化が言葉のみのものであることを了解していたのである。(16)

この点にかんしては、日本側にも同様の認識があった。たとえば、東京朝日新聞社の町田梓楼は、「不戦条約がたとへ米国の主張する如く単に米仏間の問題に止まらず、其他の大国の間に一般原則として纏るとしても、其の実際上の効果には重きをおくことが出来ない」とし、「米国が一方に不戦条約の一般化を提唱しつつ、一方に海軍の大拡張を計画する所に、甚しき矛盾が存在するけれども、私を以て之を見れば不戦条約そのものが一種の政治的遊戯に過ぎない」としていた。(17) 国際法学者の蜷川新は、「兎に角我等は血を好むと宣言する国民はなく、我等は侵略せざる可らずと宣言して戦争する国民もない。〔中略〕人間一個人の道徳によれば、一身を他の為めに犠牲にするのが君子の心掛であらうが、一国民（ネーション）は、そうは参らず、争わねばならぬことが生じ来り、戦わざる可らざる事件が突発し、又は徐々と生ずるのを浮世とする」のであり、「空想的外交論は理解し得ざるもの」と条約を批判した。(18)

一方、露骨な権力政治を是とする立場からではなく、より具体的に制度的な整合性の欠如という点からの批判もあった。当時、多国間の戦争防止策として国際司法裁判所における紛争の司法的解決を規定した国際連盟規約が存在し、一九二五（大正一四）年にはヨーロッパの現状維持と紛争の平和的解決およびヨーロッパ各国間の仲裁裁判条約締結を主軸とするロカルノ条約が結ばれていた。また、アメリカは、一九一三～一四年にブライアン（William Jennings Bryan）国務長官の構想による総括的かつ義務的な調停機関による紛争処理条約を主要国（日本は未加盟）と締結していた。こうした紛争処理構想で問題となったのは、いかなる機関がいかにして国家主権を制限して条約を守らせるのか、またそもそも国際紛争としてどこまでを管轄するのかという点であった。(19) これに関連して神川彦松は、不戦条約が「国際法律上に於ても亦国際政治上に於ても多大の意義を有する」としたうえで、次のように指摘した。

若し不戦条約が其の掲ぐる所の不戦目的を実現せんとせば、完全なる国際司法裁判所、国際仲裁々判所、国際調停委員会の設立を為さねばならぬのは当然の必要である。然るに不戦条約の提唱国たる米国は、国際裁判機関としては単にヘーグの平和条約による仲裁々判所を認めるのみである。調停機関としてはブライアン条約による調停機関を認めるに過ぎない。米国は未だ常設国際司法裁判所にだに参加してゐないのである。斯の如き現状を以て果して不戦条約の標榜する所の国際紛争の平和的処理を完うし得るものなりや否やは問はずして明であらねばならぬ。〔中略〕又或国家が国際法に反して侵略行為に出たる場合に於て之を懲罰するの実力機関が存在せねばならぬ。〔中略〕然るに不戦条約は制裁問題に関しては一言も触れてゐない、アングロサクソンの輿論は常に此の種の制裁制度に反抗の声を掲げて居る。(20)

国際紛争の仲裁もしくは司法的解決の問題点は神川の指摘の通りであり、条約文をみる限り不戦条約に実効性を求めるのは困難であった。

くわえて、不戦条約の提案に対する日本側の論調で多くみられたのは、アメリカの独善性を指摘するものである。アメリカの外交方針や不戦条約を全面的に否定する論者はともかくとして、戦争放棄に期待する立場からも、疑義が投げかけられた。不戦条約は軍縮や戦争防止のための各国間の安全を保障する制度になると評価した清沢洌は、アメリカの「得手勝手」として次のように批判した。

多辺的な条約を結ぶのであれば、すでに存在するところの国際連盟に加入し、これを利用して同じ目的を達するのが正道である。〔中略〕米国が非戦条約中に除外例を設くることは何としても許すべからざることである。米国は除外例の中にモンロー主義をあげていゐる。もし日本がこれに対して支那が東洋の問題なる故に、この非戦条約から除外せよといはば、米国はこれを承諾するだろうか。〔中略〕米国が国内問題――移民問題を非戦条約の中に含まし得ないことにより、日本に関する限り殆んど意味をなさない(21)

清沢は、不戦条約を無意味と決めつける論者とはちがい、理想実現の機会を損なうものとして右の指摘をしたのであるが、それは条約に実効性がないことを裏づけるものであったともいえる。

夢想のこととされていた戦争違法化を掲げた多国間条約が成立しつつあったが、実際に外交政策を担当する政治家や外交官は、理念や理想を利害関係が最重要視される現実主義のなかで換骨奪胎していき、従来の国際秩序と整合性を保とうとした。こうした不戦条約への認識は、評論家のみならず当然締結各国当局にも共有されていたと考えても無理はないであろう。当時の日本を代表する国際法学者であった立作太郎は、不戦条約が「戦争に訴ふるを総て非なりとするの絶対的宣言」ではなく、条約加盟国間での平和的紛争処理を約したにすぎないとし、次のように結論づけた。

不戦条約は、締約国間に於て戦争を行はざるの原則的の義務を定めたのでありますが、締約国間に於ても自衛権に関係する場合又は国際連盟規約等の既存条約に関係する場合等に於ては、強力を用ふるを得べきことが認められて居るのであります。〔中略〕不戦条約のみを取りて単独に之を見るときは、其の実効的価値の稀少なるを認めねばならぬのであります。不戦条約の実効的価値を加へしむる為には、別に国際紛争平和的処理方法の発達を致すの道を講じなければならぬのであります。(22)

立は外務省の事実上の国際法顧問であり、こうした不戦条約の解釈が、当時の日本の学界の主流となるものであり、政府見解に近い解釈だったといってよかろう。(23)

ところで、そうした点を逆手にとって考えれば、外交上の遊戯にすぎない無効力の不戦条約を認めたからといって日本の国益が即座に損なわれるおそれがなかったともいえる。たとえば、閣議では、自衛権の適用にかんして中国問題で出兵する場合に備えて留保をすべきだとの意見も出たが、森恪外務政務次官は、次のような理由から個別問題の留保は望ましくないと説明した。すなわち、留保をすれば「帝国現在の対支行動に対し疑惑を深め」ることになり、「自衛権なる概念は国際法に明確を欠くの短所あると雖同時に之れか為広汎なる解釈を立つるを得るの長所」があるので、「自衛権なる用語を以て漠然たる留保を為すに止め万一英米の間に論争を生したる場合には第二次の討論者として適当に我に有利なる結論に導くことに力を致すを得策と考ふ」というものであった。(24)寝た子を起こすようなことはせず、「英米に対しては我外交方針に付誤解なからしめ以て対支政策上飽迄も協調の態度を持続せしむる」ことが重要であり、(25)解釈によって不戦条約が妨げにはならないようにすれば問題ないとの認識であった。そのような思惑もあり、結局日本政府は「今般提示せられたる案文の儘本条約に署名」するとの対米回答を発し、(26)内田康哉枢密顧問官が全権として調印するにいたったのである。

規範的側面が重視されていく国際法体系の変化を重視する研究では、国際法学の先駆的立場の議論を取り上げ、その視点から不戦条約の意義を考察する傾向が強いが、少なくとも、日本政府はそうした国際法体系や思想の変化には無関心で、従来の国際条約に対するのと同様、国際政治の動向をみつめつつ自国権益を護持するという立場にあったことを確認しておきたい。また、戦争違法化の実現性を疑う見解は、専門家にも多くあったことにも注意を払わねばならない。

一方、戦争放棄に直接関係しないことながら、政府が当初から気にかけていたことがあった。一九二八年四月一三日と二一日、不戦条約のアメリカ案とフランス案が示されて間もない五月一日付けの外務省条約局での条約案研究で、「米案に"in the name of their respective peoples"とある処之は我憲法上穏当ならさるに付削除するを可とし〔へ〕し」との指摘がなされた(27)。六月七日に在米沢田節蔵代理大使にこの一節の削除を希望するのでアメリカ側の意向を確認するよう訓令が出され、一二日にはアメリカのオールズ(Robert Edwin Olds)国務次官から沢田に口頭で最初の回答があった。このときオルズは、「in the name of their respective peoples」は「専ら政治的考慮よりして一般人民の気受け好き字句を使用し度き希望」であり、字句変更は困難であると沢田代理大使に伝えた(28)。人気取りのためだとは、いかに内々の会談とはいえ露骨な表現だったが、これがアメリカ政府の本音であったことは、先にみた通りである。六月三〇日には正式に「人民の名に於て」の字句削除の申し入れが訓令された。

字義としては「名に於て」と云ふ以上「代表して」即ち「agent として」と解釈するの外なく斯くの如きは国家の主権は人民に在りとするの思想を前提とするものなるを以て我か憲法上の解釈としては容認し難き所なり〔中略〕仮りに政府に於て調印するも批准に際し枢密院に於て問題を生する虞あり(29)

この訓令で政府は、「in the name of」は「agent」に当たる、つまり代理関係を意味するとの解釈を示していた。また、「peoples」の訳語をそれまでの「国民」から「人民」にかえた。七月六日には、ケロッグ(Frank Billings Kellogg)

国務長官が日本の要求を認めれば、他国にもさまざまな変更を求められて面倒な事態になるため、字句変更は困難だとの見解を沢田代理大使に伝えた。(30)これを受けて政府は、「「国民の agent として」と云ふか如き意味に非す即ち条約を締結する主体を国民なりと解すへきに非すして単に不戦の趣旨を国民に徹底せしめんとする修辞的の目的を以て挿入せられたるに過きすとの」解釈に対してアメリカの了解をとりつけるよう訓令し、(31)ケロッグ国務長官も「日本国皇帝陛下が「其の国民の代理者として」署名せらるるの意にあらざる」との覚書を出した。(32)ちなみに、ここで再び「peoples」が「国民」に戻っており、訳語は不安定だったようである。こうした経過を経て、政府としてはとりあえず「人民の名に於て」問題は解決したとして、条約調印を決定したのである。

しかし、野党民政党や枢密顧問官らの字句を問題視する声は高まり、政府は事態の沈静化に追われることになる。次節では、改めて「人民の名に於て」問題を分析し、本節でみた不戦条約の特徴とどのような関係にあったのか考察をすすめていく。

二　「人民の名に於て」論争の分析

前節で述べたように、不戦条約について、権力政治を重視する立場や仲裁制度の不備を憂う専門家の批判をまつまでもなく、立案したアメリカ当局も日本政府も、条約がさほど実効性のあるものではないことを認識していた。条約中の一節「人民の名に於て」が天皇大権を侵す可能性があるという派生的問題については、アメリカ政府の了解をとりつけることで解決するはずであった。しかし、内田康哉全権がパリで条約調印後に、この問題は公然と非難されるようになり、内田が公的発言を控えなければならない状況となった。(33)国家主義者・右翼にくわえ、野党民政党や元外交官も政府批判を展開したうえ、条約批准の可否を審議する枢密院が政府の対応を批判する情勢となったことで、「人民の名に於て」問題は深刻化していき、条約の批准は遅延した。最終的には、調印から一〇ヵ月近く経た一九二九年六月二六日、「其の各自の人民の名に於て」の字句が日本国には適用されないとする留保宣言を付帯することでようやく諮詢案が枢密院で可決されることになるのである(34)。この間の政治過程についてはこれまでの研究にゆずり(35)、ここでは一見無意味に思われる字句解釈をめぐる論争について再検討していきたい。

「人民の名に於て」の字句が問題視されだすのは、一九二八年七月のことである(36)。同月一五日、民政党は緊急総務会を開き「不戦条約の条文は国体と相容れず」との立場を表明した(37)。批判の先頭にたった中村啓次郎の主張は以下のようなものであった。

> 我等は不戦条約そのものに苦情はない。〔中略〕米国の如き民主国に於ては「人民の名に於て」国家意思を表示するは適当なるべきも、我帝国に於ては条約又は法律に於てかくの如きは断じて容認すべからざることである。〔中略〕政府はその昨非を認めて今是の策を講ずるを知らず、敢て人民の為にとか、国民を代表しとか牽強付会の説を樹て、自らを欺き世を瞞むくは益々その罪を深くするものと云はねばならぬ。〔中略〕帝国は米国の提案に無条件に賛成したのではなく、英仏等と同じく自衛権を拒否せず、且つ国際連盟規約及びロカルノ諸条約に包含せられるものと諒解して賛意を表することとした次第であるから、政府に於て果してイン、ザ、ネーム、オブ、ゼヤー、レスペクテヴ、ピープルズの辞句が我国体と両立せざる不穏当の辞句であると気付いたならば、此時こそ修正に絶好の機会であったのである(38)。

批判の焦点は、条約の精神や内容ではなく、日本の政治体制には問題となる条文をどうしてそのままにしておいたのかという点にあった。尾崎行雄がおこなったことで注目された一九二九年三月の決議案「不戦条約批准奏請の件」

にかんする演説でも、「不戦条約其ものに付ては全部賛成の意を表するものである」と議論をはじめるが、政府の「国民のため」という解釈は受け入れられず条約の文言は大権を侵すものであり、もし政府が問題ないと考えるならば、なぜすぐに枢密院に批准奏請しないのかと主張した。(39)政府が現状では枢密院の審査が通らないことを危惧して奏請を躊躇しているのを逆手にとった政府批判であった。国際協調主義を掲げて田中義一内閣の外交方針を攻撃していた野党の政治家としては、不戦条約の精神は批判しにくかったため、どうしてもあげ足とりにならざるをえず、政略的としか思えない主張となった。よって、野党の批判が火付け役となったとはいえ、条約の適否や外交交渉の巧拙よりも、「in the name of」と「peoples」をいかに解釈すべきかという点について、相手をおとしめることを目的とするような非常に細かく衒学的な論争が主となっていった。

「in the name of」については、それが「people」が主体になって調印するという意味か、「on behalf of」すなわち「people」のために調印するという意味かが問題となった。「people」については、訳語は国民とすべきか人民とすべきか、すなわち前者の場合であれば天皇も国民に含まれるが人民ならば含まれないと解するべきかが問題となった。「in the name of」がたとえ文字通り「名に於て」の意味でも、「people」に天皇が含まれれば問題はない。人民と訳しても、「in the name of」が「ために」を意味するのであれば大権を侵さない。そもそも「in the name of……」の一節は、修飾的なものであって、誠実に条約の精神を守るといっているにすぎない。大要を簡単にまとめても辟易するような理屈が、過去の条約文や英語辞書の用例などを延々と列挙して、賛否それぞれの立場から論じられることになったのである。(40)

こうしたなか注目されたのが、有力な元外交官が不戦条約を厳しく批判した論文であった。一人は本多熊太郎元駐独大使、いま一人は石井菊次郎枢密顧問官である。

本多は、「人民の名に於て」の訳が正しいのであって、そうである以上、字義通りの意味をもつとする。「people」は「nation」と同義語ではなく、「人民の名に於て」が国家もしくは国民を代表してというような意味にはなりえない。また「条約第一条の文言は均しく主権在民の民主国間に恰当なる形式、即ち条約国各自の人民同士の共通的意思の声明と云ふ形式に特に立案せられたるものであることは疑を容れぬ所」である。アメリカの了解を得たということは条約の意義には関わりないことであって、「我政府が帝国外務大臣の名を以てする対米公文中此形式の儘条約署名に同意したるの一事、既に我国体に鑑み容易ならざる失態と評するの外」ない[41]。本多の議論は以上のような主旨であった。

これに真っ向から反論したのが、外交官の笠間杲雄である。笠間によれば、条約文は「peoples」と複数形で、その場合国民と訳してさしつかえない。「in the name of」は多様な解釈が可能であり、「の利益の為め」と解することもある。本多は「人民同士の約束」だというが、条約全文には「日本国皇帝陛下は〔中略〕条約を締結することに決し」とあるではないか。くわえて、本多の言い分に従えば、国体が「一片の修辞的用語や本多氏の所謂「一種の形容詞」で変更せらるる程脆弱なものであると認めることになる」。

率直に言へば私は一個の法学者として不戦条約の法律的効果は連盟規約や爾後の平和確保を目的として提案せられ又は議決せられた取極や決議の多数よりも薄弱であり。法律的に見て何等一歩を進めたものとは考へて居らぬ。併し乍ら国際政局の研究者たる立場からは此不戦条約が其目的とする道徳的効果に於ては偉大なる平和確立の思想に第一歩を進めたもので、〔中略〕日本が世界の平和を保障する大国の一として進んで原調印国に加はつたのは誠に至当の政策であつた[42]。

本多は幣原喜重郎に敵意を抱いており、政友会に近い立場だったが、田中内閣で外相の地位を得られなかったことで離反し、激しい田中内閣批判に転じていた。(43) 真偽のほどは不明だが、本多は自分の助言が伊東巳代治枢密顧問官を動かして付帯宣言つき批准となったと回想している。(44) 待遇への不満から外交政策に難癖をつけた観のある本多の議論は、事態を複雑化させるものではあったが政策決定過程に直接影響しなかった。政府にとって一層深刻だったのは、外相経験者で枢密院の審議にくわわる顧問官石井菊次郎の条約批判であった。

石井は日本の国体が「世界独特」で「『人民の名に於て』なる字句は〔中略〕国体に触れたる重大なる問題」と議論をはじめる。石井も世界平和への努力は否定しないが、前節で紹介したものと同様の観点から、条約が実効性をもたないことを指摘する。一つには、条約に仲裁もしくは司法裁判制度が欠如している点である。いま一つは、違反国への制裁規程がない点である。制裁を忌避するのは「人を殺すことを罪とするからには殺人犯を罰するため犯人を殺すは法律の自殺なりとする死刑反対論者と同一の筆法」の理想論で、「現今世界平和を樹立するための不戦条約としては一定の制裁を設くることが必要」と論じている。この主張はほかの論者と大差ない一般的なものといえる。石井の特徴は、条約成立の背後にアメリカの不戦条約期成同盟の存在を強調したことであった。石井は、この団体に「レフェレンダム」すなわち人民の直接投票によって問題を決すべきとの思想があり、それが条文中の「人民」に込められ意味だとする解釈を示す。石井は、レファレンダムが「良民の義声は暴民の喧囂裡に葬り去らるる」制度だとして次のように述べるのである。

如何に考へても国家和戦問題の如きは民衆政治殊に人民親裁に適せずとの結論に到着せざるを得ない。抑国際戦争が人道の上のみならず交戦国の国利民福に及ぼす影響は頗る複雑多辺であつて、夫は到底思慮単純なる民衆の速断し得る所ではない、〔中略〕其複雑多辺なる終局の結果を洞見するは非凡なる政治家外交家の遠謀深慮に待たねばならない。

よって、レファレンダムの思想を背景にもった不戦条約は、「国体を毀け得べき危険性を有するもの」であるから、もし留保宣言が受け入れられなければ「条約より脱退するも可なり」というのが石井の結論であった。(45) 不戦条約期成同盟の影響力の真否はおくとして、民衆の判断が外交に影響を与えることが国体を傷つけるというのは論理の飛躍がある。石井の論旨は、民主化の進展によって、少数精鋭の外交官による秘密外交が、いわば素人外交に転化することを危惧する議論と、レファレンダムが明治憲法体制にそぐわない制度だとする別の議論が混在したものであった。

石井に対して反論の筆をとったのは、立作太郎であった。立はまず国体擁護の意味について次のように論じた。

対外的に考へたる国体擁護問題が、概言すれば国家興廃の問題と相一致すべきことを悟らざるときは、真に国体擁護上必要なき場合に於ても、故に異を立て、濫りに他を排し、列国の誤解を招き、外人の猜疑を致し、終には国際場裡に孤立するに至り、却りて国体の安全に対する危害を招くこと無しとも断言し得ないと思はるる。此点に於てドイツの失脚の事跡が、憂国の士の一顧すべき点全く無きに非ざるが如く思はるる。〔中略〕私は真に外国に於て国体に毀害を加ふる意図なき以上は、共存共栄の大旨の光被を計り、雅量を以て外国に接し、我国の国体及国利を尊重せしむると同時に、他国民の主義、精神を理解するを力め、是の如くにして、誤解又は猜疑に基く国際平和の障害を去るに力むることは、真に国運の発展と国体の安固を計る所以なりと信ずる。

国際問題に国体論をもちだすことは、国際関係において日本の立場を損なうことになるとの論旨であるが、立は、日本に独特の国体があるという議論の無意味さを訴えているのであろう。すべての国に特有の歴史的背景なり建国の神話なりがあって、特異性を言い立てれば外交は成立しない。立の国体論は、こうした当然の理を忘却したかのような外交界の長老の主張への皮肉であろう。また、石井自身がかつてワシントンの墓地に献花をした折の演説にふれ、「我が人民の代表者として(as the representative of my people)」と述べているが、そのときに天皇を含む日本国民全体のために、もしくは代わって献花したのではないかと問うている。つまり「people」は状況によって人民とも国民とも国家ともなる語で、「文章中に用ひらるる一切の字句の解釈に当り、合理的なる意義を求むべき」だとした。また立は、不戦条約期成同盟がレファレンダムの思想が影響にしているという議論もまったく根拠がなく、そのことは期成同盟の関係者でもあるボーラ（William Edgar Borah）上院議員の一九二七年の決議案に、レファレンダムの思想が現れないことからも明らかだと論じた。それぱかりか、ボラー決議案には、わざわざ「聚団的人民――即ち国家又は国民」という一節があり、集団としての人民は国家や国民と同義ととらえることが可能で、このことからも石井の問題の字句に対する解釈は成り立たないとしたのである。(46) ちなみに、立自身は「人民の名に於て宣言すると為せるは、一に厳粛に宣言する旨の語と同じく、宣言の語気を強むる為めであるが、一は不戦条約の約束を以て、締約国の全人民の利益及び感情に適合するものとして声明し、条約の遵守が人民全体の支持を受くべき旨を高調せる趣意を有するもの」との立場であった。(47)

ところで、立の石井批判論文では、条約の有効性や外交の民主化については言及がないが、立自身の解釈は、前節でみたように、戦争廃絶の意義、自衛権解釈、既存の条約との関係について、いずれも不戦条約に不備があることを指摘するものだった。すなわち、戦争の違法化とは、戦争を国際法の権利の外におくという意味だが、それは条約締結国にのみ適用され、普遍的に戦争を違法化したものではない。また、どのような自衛戦争が違法化の対象外なのか、国際連盟規約やロカルノ条約の違反に対する武力制裁は戦争ではないのか、これらの点の明瞭さに欠けるという解釈である。(48)

くわえて立は、外交に国民の意見が反映されることにも批判的だった。「外交の民衆に依る直接の処理または監督」は、「国民的利害、勢力又は名誉に関する国民の意見」が戦争をまねくことを考えれば、「之が実行に反対」との立場

であった。すなわち、偏狭なナショナリズムが外交政策に直結するため民衆の関与は望ましくないということである。(49)

実のところ、石井と立は不戦条約の意義や「人民の名に於て」という語句の背景にある外交の民主化については、ほとんど意見の相違がないのである。国体論は政治的な議論であり、そのうえ内容は条約解釈や英訳をめぐる枝葉末節から浮かんだもので、争点は、世界の大勢に従って条約に加盟すべきか否かという単純なものだったといってよい。この点は、本多と笠間の論争も同じであった。条約によっては死活的国益に関わることもあるが、不戦条約は実効性がないとの認識は一致しており、加盟が国際平和希求の表明にすぎないととらえる点でも相違はなかった。むしろん国際平和構築は重要課題だったが、不戦条約の精神を称揚することでも意見は一致していた。結局、いずれの論者も、人民の総意により平和を希求するのではなく、日本の場合は天皇の外交大権によって条約が締結されるべきだとしており、問題の語句が天皇大権を侵すか否かに争点がしぼられることになったのである。「人民の名に於て」論争は、これまで指摘されているように党利党略という面があったが、本多熊太郎の言動から透けてみえるように、引退してもなお発言の場を求める元外交官の感情論に起因する、より低次元のものもあった。

では、そもそも「人民の名に於て」の真意はどこにあったと考えられたのか。次節では、外交の民主化という観点から不戦条約を評価した議論のもつ意味を考察していく。

三　外交の民主化と不戦条約

「人民の名に於て」論争は、外交に人民の意見が反映されることをどう考えるのかをめぐるものではなく、その否定を前提としたうえで、条約の語句が外交大権を侵すかどうかというものだったことは、前節でみた通りである。そのため、議論は深まらず、水掛け論に終始した。他方、人民の名において条約を締結することこそが重要だとする意見もあった。すなわち、外交の民主化が進展する時代にあって、人民の総意で戦争を廃絶することの重要性を問う主張である。本節では、外交の民主化を肯定し、条約の意義を積極的に認める論理を分析していきたい。

一九二九年五月に刊行された小冊子『不戦条約中「人民の名に於て」の問題』(50)は、美濃部達吉が編集した東京帝国大学法学部教授（立作太郎、高柳賢三、高木八尺、神川彦松）の意見を集成したものである。

立は、前節でみた通りの見解、すなわち「「人民の名に於て」は先述の如く、「人民の利益及び感情に順適するものとして」の意義を有するに外ならないのであって、人民の主権の思想を含むことなく、かくの如き字句がわが国の金甌無欠の国体を毀傷するに足らないことは、明白である」としている(51)。

これに対して、「人民の名に於て」という語句の背景にある思想を取り上げて評価したのが、高柳・高木・神川である。

高柳は、「民意を尊重せんとする近代政治の風潮の外交の方面における一表現」で「この文句が本条約に特に挿入せられた真の意味がある」として、「天皇の名において」の代わりに「人民」の語があると解釈すべきではないとした。つまり、「in the name of」が代理関係を示すかどうかではなく、民意尊重のためにおかれた語句だとの解釈である(52)。

世界大戦後に於る外交の経過並に不戦条約締結の経過等を研究して居る者にとつては、所謂「国民外交」的傾向の事実と、他の条約に先例を見ない「人民の名に於て」の文句が本条約に挿入せられた事実との間に不可分離の関連が存するのであることは殆ど疑いの余地なき迄に明かな事柄である。〔中略〕

国内的に民意に基いた政治を行はせらるゝことは益々国体の精華を発揮する所以でこそあれ、之を傷付くるも

のではないと信ずるのである。(53)

高木も「天皇、世界の公論の趨向を叡慮し結ひ、国民人心の帰趨を洞察し給ひ、「国民の名に於て」戦争の廃拒を宣し給ふ」(54)ということだとした。神川もまた同様に「今日の国際通念においてはこの語句は国際連盟の思想と国際連帯の観念と並に国際デモクラシーの思潮に合致するものと見るを得べく、国際上においては何等奇異の感を惹起せざるふつうのもの」(55)と論じた。

このように、「人民の名に於て」が、外交の民主的傾向や国際民主主義の反映だと解釈する論者にとっては、訳語はそのままで一向にかまわないということになる。前節の論争と大きなちがいは、民主的傾向を積極的に評価している点であるが、日本が民主主義であるとの解釈は三者とも慎重に避けて、民意を酌みとることが天皇の叡慮の現れだとしている。

この点に一歩踏み込んだのが編者の美濃部達吉である。美濃部は、「過去現在将来を通じて国家を構成する人々の全体から成る国体は即ち国家それ自身」として、ピープルズを「国家」と訳すべきだとしたが、(56)より興味深いのは、民主主義が日本の国体に反しないとした点である。

近代的の民衆政治の思想は、日本の憲法に於いても等しく採用せられて居る所で、それは「万機公論に決する」の思想であり、帝国憲法発布の上諭に於いて、畏くも「其の（臣民の）翼賛に依り與に倶に国家の進運を扶持せむことを望み」と宣たまはせたのも、同じ思想の現はれと拝察せらる。民衆政治の思想は決して主権在民を要点とする思想ではなく、専ら専制政治に反対して、国民の意向を以て政治の基調とする思想である。〔中略〕天皇が各国と共に戦争の廃棄を宣言したまふに当り、それを日本国家を構成する総ての人々の意向であることを宣言したまふのが、如何にしてわが国体に抵触する所があらうか。(57)

周知のように、美濃部の帝国憲法解釈は、当時もっとも規範的なものとして権威があった。いわゆる天皇機関説をとる美濃部は、天皇は国政を総攬するが、それは天皇の独裁専制を意味せず、国民の代表機関である議会を中心に政治をおこなうのが、立憲君主制である帝国憲法に適しているとしていた。[58] よって、人民の名において不戦条約を天皇が締結するのを否定することは、「日本が今も専制主義非国民外交主義の国なることを世界に告白せんとするもの」[59]で、その方が国体を傷つけるという論理であった。

一方、不戦条約に効力がなく無意味だとする意見に反論したのが信夫淳平だった。信夫は早くも一九二八年に二三〇頁をこえる『不戦条約論』を刊行し、条約の意義を詳細に論じた。[60] この本では、不戦実現の可否、従来の戦争防止策、不戦条約の背景と他の条約との関係などが詳細に論じられており、信夫の論点こそが議会や専門家が本来考察をくわえるべきものであった。本章の目的は不戦条約の国際法上の位置づけを評価することではないが、第一節でもふれた条約の有効性に関係する範囲で信夫の議論を紹介しておきたい。

信夫は『不戦条約論』の結論部で、不戦条約に対する六点の批判への反論をあげた。まず、不戦条約が不要だという意見については、「土用の折にも、悪感に冒されれば浴衣の上に褞袍を重ねることも」必要という。また、アメリカの国際連盟加入を求めるのは「狸の皮算段と択ばない」。次にアメリカの動機に疑いがあるとする意見もあるが、ある国に平和主義と覇道主義が同居するのは一般的なことで、「社会の先覚者にして努力倦まずんば、結局化して一の健全なる国論を形成せしむること決して困難ではなく」、「提議それ自身の価値を正視するのが望ましい」とする。紛争を仲裁裁判にかけるとしても、日本に不利な判決になるのではないかという危惧に対しては、「そは余りに人を不信用視するもの」と退けた。こうした意見は、信夫の希望的観測にすぎず説得力に欠けることは否めない。

ただし、信夫は無根拠に希望を表明していたのではなく、ハーグ平和会議で決まった常設仲裁裁判所設置（一八九九年）、アメリカ国務長官ブライアンの提案した包括的・義務的仲裁裁判所案[61]、国際連盟の常設国際司法裁判所、ロカルノ条約と繰り返されてきた、戦争防止のための枠組みづくりの試みを評価してのことであった。これらの諸条約は、政治的妥協に終わる仲裁にすぎないもの、司法的であっても管轄範囲が限定され応訴義務がないものなど、多くの欠陥を有していた。しかし、こうした歴史を無意味だとして、不戦条約もまた無効力だと決めつけるだけでよいのかという問いかけを信夫はおこなう。

外交は今日とても正義がその基礎でなく、国家本位の権略であるから、不戦条約など到底実行の能きるものではない、というやうな論である。〔中略〕けれども、その故を以て外交は正義を基礎にせぬものなりと断定するのは、決して正しき判断とは称し難い。〔中略〕世間は詐欺やペテンのみ、交際に徳義も人情もあつたものに非ずと云へば、而して実際にそう信ずるならば、交際は全然能きず、その人は一人の友をも得ないで一生孤立するの外ない。又世間は、決してそんなに片寄つた筈のものではない。外交とても、今日の外交を支配するものは一国の利害のみでなくして、実に国際の輿論である。国際の輿論を無視する国家本位一天張りの外交は、之を行はんとしても行へる筈なく、一時は行へるにしても長へに成功する理がない[62]。

この一節からも明らかなように、信夫は国際世論の力を重視しており、「国家又は政府の名に於てする外交に非ずんば外交に非ずといへる旧来の外交観念は既に時代錯誤に落ち、時代は名実共に人民外交――耳慣れたる語で云へば国民外交（People's diplomacy: Diplomatie nationale）――の世に移りつゝあるを知らねばならぬ」のである[63]。よって、第六の批判点、不戦条約がアメリカ中心の新たな国際連盟のようになることを危惧する意見にも、それは「国際的嫉妬」であり、「自ら省みて之を凌駕すべき実力を養ふ」べきで、こうした自覚と見識をもてば、不戦条約がいかに意義のあるものであるか理解できるとした。ちなみに、信夫が「人民の名に於て」にかんしては、この訳語のままで問題なく、立と同様、厳粛さに宣言するのと同義の形容語句にすぎないとしたのは、[64]その立場からして当然といえる。

白熱した「人民の名に於て」論争は、条約の評価や国際協調主義の重要性については意見のちがいが小さく、外交の民主化をいかに考えるかという点こそが、決定的な議論の分かれ目だったのである。信夫と同様に不戦条約の意義を高く評価した松原一雄は、「人民の名に於て」が正しい翻訳だとしたうえで、ケロッグ国務長官の発言を引きつつ次のように主張した。

〔ケロッグは〕不戦条約の背後には世界の輿論があること、輿論を背景として不戦の宣言はなされたこと、不戦条約の力は世界の輿論にあることを反復力説して居る。氏の謂う如く「世界の輿論を後援とし背景とすること」(backed by the public opinion of the world)、之れが問題の語句「人民の名に於て」の真の意味である。〔中略〕不戦条約を生かそうとする人は――之を破壊しようとか、之を法律的につゝき壊はさんとする人は別であるが――不戦条約を法律的にほじくるより政治的に（但し内政的の意味ではない）取扱ふべきこと、制裁の有無を論ずるよりも世界の輿論に重点を置くべきことを指摘して居る。[65]

すなわち、国際法上もしくは外交政策術上で不戦条約に欠陥があったとしても、民意を基礎においた外交政策の推進が求められる時代になりつつあることを見通せば、人民の名において戦争放棄が宣言された意義はあるととらえうる。しかし、外交の民主化を重視する論者の見解は、「人民の名に於て」論争のなかで矮小化され、本格的な論戦には発展しなかった。

不戦条約は、従来の研究が着目してきた実効性の問題やいかに政争の具にされたかという点ではなく、外交の民主化が重視される国際環境にあって、日本の「国体」をいかに調和させ、かつ外交における衆愚政治と民主主義のバランスをどう調整するのかという点で、画期となる意味をもつはずであった。また、総論では国際秩序への順応と平和希求の精神を称揚するなかにあって、国民外交を肯定した論者と目を背けた論者との懸隔は、古典外交によってたつ国際協調主義の行方を占うものでもあったともいえるのである。

おわりに

ここまでみたように、日本における不戦条約をめぐる議論は次の三点に集約されるといってよい。第一は、不戦条約が戦争放棄もしくは違法化に効力を発揮するのか否かという点。第二は、条約中の文言「人民の名に於て」が、天皇大権を侵すか否かという点。第三は、国際世論や国内世論の力によって、国際平和の重要性を訴えるというような外交を評価するか否かという点である。

このうち、もっとも議論がさかんだったのは、第二点目の「人民の名に於て」をめぐるものであった。野党民政党などがこの語句は天皇大権を侵すものだと主張したため、枢密院での条約批准が遅滞し、結局留保宣言を付帯することで決着がはかられた。しかし、米国提案のまま調印した内田康哉全権は面目をつぶされることになり[66]枢密顧問官を辞任した。こうした政争を背景にしたものであっただけに、「人民の名に於て」論争はいっそう激化した。しかし、大権侵犯か否かで激しく対立した論者間では、条約の精神には異論がない点、条約の効力が小さいと考える点、民意に関係なく天皇大権が行使されるという点では一致してした。語句じたいは、条約の本質に関わる部分ではなく英語学論争になってしまい、国際協調か国体擁護かという点も程度差の問題で、双方決定的な説得力をもたなかった。その意味では、これまでの諸研究が指摘してきたように、「人民の名に於て」論争は不毛なものであった。

一方、国民外交もしくは外交の民主化の時代が到来していると認識した論者は、「人民の名に於て」という一節こそがその現れだと評価した。「people」は「人民」と訳して問題なく、人民の意思を天皇大権によって実現することは、なんら国体に反しないという意見だった。一国内の世論を反映しそれを連動させ国際世論として戦争廃絶を掲げる政治的効果を重視するのであれば、制度的な問題はありつつも、不戦条約は有意義なものとなるのは当然のことで、信夫淳平はそうした立場から積極的に条約を肯定したといえる。

本来の内容からいって、不戦条約で論ずべきは第一と第三の点であった。ところが、信夫のような条約評価はむしろ少数で、大方の意見は条約の効力を認めないものであった。よって、日本の対外政策に影響はでないとされ、中国大陸における日本の軍事行動が、はたして不戦条約の禁じるところとなるのかといった点で議論は深まらなかった。(67) 第一節でふれたが、不戦条約締結国はそれぞれの事情から、自衛権の範囲には注文をつけた。なにより提案国であったアメリカ自身、モンロー主義は不戦条約に抵触しないとの立場であった。条約評価派であった信夫は、自衛権の濫用を戒めることを主張しつつも、「自衛行為は、必しも敵国の我が領土に現に襲撃を加へた場合のみとは限らず、我が死活的権利利益の侵迫に対する凡ゆる平和手段に求め、而も対手国が誠意を以て之を迎へず、甚しきは恫喝以て我れを屈せしめんとするが如きに対し、我れ已むなく救済を干戈に訴ふるのは、これ亦明かに自衛戦を以て論ずることが能きる」と拡大解釈も可能な理解を示していた。(68)「死活的権利利益」とはなにか、相手国のどういう行動が自衛の根拠になるのかなど、論じるべき点は多々あった。しかし、政府は日本が自衛権の問題をもちだせば、かえって疑念をまねくとして消極的態度をとった。ところが、満州事変の勃発により、まさに自衛権の問題が日本の国際的立場を決することになるのである。

これにくわえて本章で重視したのは、第三の点である。民主化の進展と外交政策の関係をどう考えるのかは、政党政治が定着しそうであった当時の日本にとっては喫緊の課題であったはずである。しかし、民主化にふれると、天皇大権や国体に話題が及ぶため、議論はおよび腰のものになる傾向があった。不戦条約は、その国際平和を希求する精神には多くが賛同し、かつ日本の国益を侵害するほどの効力がないと思われていただけに、外交の民主化や民意と天皇大権の関係を冷静に議論する絶好の機会であった。それにもかかわらず、実際は政争に端を発した無意味な語句論争にあけくれた。この点を指摘したのが官僚から社会政策学者となった永井亨である。

問題といふのは何も条約の内容に関する実体上の問題ではなく、たゞの声明の形式に関する字句の問題に過ぎなかつたのだ。〔中略〕しかもそれは民政の名を冠する政党所属の人々によつて指摘された問題である。民主政治を行はんための政党の間に論争された問題である。嘗ては憲政の神とまで民衆に推されたところの一議員の質問にかゝる問題である。世界の大勢に最もよく通じてをるべき筈の外交官の間に論戦された問題である。〔中略〕
畢竟みなこれ国際条約の声明形式に関する字句が帝国憲法条章中の字句と抵触するや否やの問題とみればこそいかやうにも諒解し得たのであらう。問題の存するところはそこではない。旧来の主権論や君国論に囚はれて「人民の名」を云々することが——君主と人民とを峻別せんとのかゝる思想が——果して日本の国体の真義を誤まり憲政の発達を阻み累を国体に及ぼす虞なきや否やにあつたのだ。(69)

永井は君民一体の政体である日本社会では、君主と国民は対立関係ではなく、民主主義は問題なく実現されると論じるが、ここではその当否が問題ではない。日本における民主化のありかたに深入りせず、政治家・官僚や知識人が皮相な国体論をもちだして政争の具にする「「人民の名」を通じて現はれた世相」が問題だとする指摘こそが重要なのである。その意味で、「人民の名に於て」論争は、中身の無意味さにもかかわらず、国際協調主義者さえ民主化の進展に伴う国際秩序や外交政策の変容に無理解であったことを改めて示唆するものだったといえる。外交の民主的統制は、いわゆる「新外交」の眼目の一つであった。そのことに鈍感なままで、いかにして欧米諸国との協調を維持していくのか、またいかにして中国などの新興国のナショナリズムに対応していくのか。国際協調主義者は満足のいく回答を出せないままに終わった。くわえて、戦争放棄の内実にかんする議論、自衛権の範囲についての議論にも正面から向き合うことを回避したことは、この後の日本外交混迷の一因となる。大権干犯問題に揺れたロンドン海軍軍縮条約締結や「民意」に支持される満州事変は目前に迫っていたのである。

注

(1) 大畑篤四郎「不戦条約と日本―田中外交の一側面―」(『国際政治』二八、一九六五年)八三頁。
(2) 大畑篤四郎「不戦条約中の「人民ノ名ニ於テ」の問題」(『早稲田法学』第四四巻第一・二号、一九六八年)二七頁。
(3) 川上寿代「不戦　条約問題と枢密院」(『日本歴史』第五六五号、一九九五年)、竹内桂「不戦条約の批准問題―田中義一内閣と枢密院との交渉過程を中心に―」(『駿台史学』第一三四号、二〇〇八年)。
(4) 大沼保昭『戦争責任論序説』(東京大学出版会、一九七五年)七〇―九七頁。
(5) 篠原初枝『戦争の法から平和の法へ』(東京大学出版会、二〇〇三年)第三章。
(6) 三牧聖子『戦争違法化運動の時代』(名古屋大学出版会、二〇一四年)第四章。
(7) 小林啓治『国際秩序の形成と近代日本』(吉川弘文館、二〇〇二年)第三章。
(8) 伊香俊哉『近代日本と戦争違法化体制』(吉川弘文館、二〇〇二年)序章・第一章。
(9) 山室信一『憲法九条の思想水脈』(朝日選書、二〇〇七年)一八五―二〇六頁。
(10) 小林前掲注(7)『国際秩序の形成と近代日本』一四二―一四三頁。
(11) 不戦条約にかんする基本的史料の集成として、柳原正治編著『国際法先例資料集　不戦条約』(上)(下)(信山社、一九九六・一九九七年、以下『資料集』(上)もしくは(下)の如く略記)がある。日本の対応の概略は、堀内謙介監修『日本外交史一六　海軍軍縮交渉・不戦条約』(鹿島研究所出版会、一九七三年)第三章、柳原正治「解説」(『資料集』(上))。条約成立の欧米間外交の詳細については、Robert H. Ferrell, *Peace in Their Time: The Origins of the Kellogg-Briand Pact*, Yale Uni. Press, 1952, Stephen J.

Kneeshaw, *In Pursuit of Peace: The American Reaction to the Kellogg-Briand Pact, 1928-1929*, New York, 1991 がある。

（12）条約第三条は次の通り。

第三条　本条約は前文に掲けらるる締約国に依り其の各自の憲法上の要件に従ひ批准せらるへく且各国の批准書か総て「ワシントン」に於て寄託せられたる後直に締約国間に実施せらるへし。

また、英文は次の通り。

ARTICLE I The High Contracting Parties solemly declare in the names of their respective peoples that they condemn recourse to war for the solution of international controversies, and renounce it, as an instrument of national policy in their relations with one another.

ARTICLE II The High Contracting Parties agree that the settlement or solution of all disputes or conflicts of whatever nature or of whatever origin they may be, which may arise among them, shall never be sought except by pacific means.

ARTICLE III The present Treaty shall be ratified by the High Contracting Parties named in the Preamble in accordance with their respective constitutional requirements, and shall take effect as between them as soon as all their several instruments of ratification shall have been deposited at Washington.

（13）*Foreign Relations of the United States, 1927*, II, p. 612.『資料集』(上)、資料五、一一〇頁に当時の和訳がある。

（14）Ferrell, *op.cit.*, CP. 6-7.

（15）*Foreign Relations of the United States, 1927*, II, p. 616,『資料集』(上)、資料八、一二二—一二三頁。

（16）Ferrell. *op.cit.*, CP. 8-10. 条約にかんする英米関係については、Patrick O. Cohrs, *The Unfinished Peace after World War: America, Britain and the Stabilization of Europe 1919-1932*, Cambridge Uni. Press, 2006, CP. 24.

（17）町田梓樓「不戦条約の価値」(『外交時報』第五五六号、一九二八年二月)。

（18）蜷川新「不戦条約は有名無実」(『外交時報』第五五七号、一九二八年二月)。

（19）国際紛争解決のための仲裁裁判制度の外交史上の意味については、拙著『近代日本外交とアジア太平洋秩序』(昭和堂、二〇〇九年)第二章を参照。

（20）神川彦松「不戦条約の価値批判」(『外交時報』第五七二号、一九二八年一〇月)。

(21) 清沢洌「日米不戦条約に対する一提案」(『外交時報』第五五七号、一九二八年二月)六九—七〇頁。
(22) 立作太郎「不戦条約の国際法観」(『国際法外交雑誌』第二七巻第一〇号、一九二八年二月)一八—一九頁。
(23) 立作太郎の国際法学分野での影響力については、一又正雄『日本の国際法学を築いた人々』(日本国際問題研究所、一九七三年)一一四—一二三頁。
(24) 『資料集』(上)、資料三八「不戦条約ニ関スル対米回答中ニ対支行動ノ自由ヲ留保スルノ得失」(一九二八〈昭和三〉年五月二五日の閣議における森政務次官の説明)一九五—一九六頁。
(25) 「内田全権への訓令」一九二八年八月九日(『日本外交文書』昭和期Ⅰ第一部第二巻、二三一頁)。
(26) 「不戦条約に対する我が方の対米回答提出について」(同右、二〇七頁)。
(27) 『資料集』(上)、資料二八、一六八頁。
(28) 在米沢田代理大使より田中外務大臣、一九二八年六月一二日(『日本外交文書』昭和期Ⅰ第一部第二巻、二七二頁)。
(29) 田中外務大臣より在米沢田代理大使、一九二八年六月三〇日(同右、二七三頁)。
(30) 在米沢田代理大使より田中外務大臣、一九二八年七月六日(同右、二七五—二七六頁)。
(31) 田中外務大臣より在米沢田代理大使、一九二八年七月一六日(同右、二八一頁)。
(32) 在米沢田代理大使より田中外務大臣、一九二八年七月二五日(同右、二八八—二八九頁)。
(33) このあたりの外交やアメリカへの対応の混乱については、沢田壽夫編『沢田節蔵回想録—外交官の生涯—』(有斐閣、一九八五年)一一一—一一三頁。
(34) 以下に留保宣言書を引用する。

政府宣言書　帝国政府は千九百二十八年八月二十七日巴里に於て署名せられたる戦争抛棄に関する条約第一条中の「其の各自の人民の名に於て」なる字句は帝国憲法の条章より観て日本国に限り適用なきものと了解することを宣言す

(35) 注(3)を参照。
(36) 七月一〇日に外務省情報部編纂の『国際時報』第三巻第一三号(外務省外交史料館所蔵、情一九)に仮訳として「各自の人民の名に於て」と示された。
(37) 『東京朝日新聞』一九二七年七月一六日。

(38)『民政』第二巻第一〇号、一九二七年一〇月、二一―二三頁。
(39)『資料集』(下)、資料三六四、六二一―六三二頁。
(40)賛否のさまざまな議論は、「戦争抛棄ニ関スル国際会議及条約関係一件」第八巻・第九巻、JACAR(アジア歴史資料センター)Ref. B04122264700・B04122266300(外務省外交史料館)に収録されている。
(41)本多熊太郎「不戦条約中「問題の文句」に関する研究」(『外交時報』五八二号、一九二九年三月)。
(42)笠間杲雄「本多熊太郎氏の不戦条約問題に関する研究を評す」(『外交時報』五八四号、一九二九年四月)五二―五三頁。
(43)高橋勝浩「本多熊太郎の政治的半生」(『近代日本研究』第二八巻、二〇一一年)。本多熊太郎「幣原外交の失敗と田中外交の失態」(『外交時報』五六七号、一九二八年七月)も参照。
(44)本多熊太郎『人物と問題』(千倉書房、一九三九年)一―三五頁。
(45)石井菊次郎「不戦条約論」(『外交時報』五九七号、一九二九年一〇月)二一頁。
(46)立作太郎「不戦条約と国体擁護(石井子爵の不戦条約論を読む)」(『外交時報』五九九号、一九二九年一一月)三―四頁。
(47)立作太郎「国際条約中に用ひられたる人民の語」(『外交時報』五九四号、一九二九年九月)。
(48)立前掲注(22)「不戦条約の国際法観」。
(49)立作太郎「普通選挙と外交の民衆化」(『外交時報』五〇〇号、一九二五年一〇月)。
(50)美濃部達吉編『不戦条約中「人民の名に於て」の問題』(日本評論社、一九二九年)。
(51)立作太郎「国体毀損の虞れはない」(同右所収)。
(52)高柳賢三「「人民の名において」について」(同右所収)。
(53)高柳賢三「「人民の名に於て」について北昤吉氏に答ふ」(同右所収)二三・三一頁。
(54)高木八尺「人民の名に於て」(同右所収)三六頁。
(55)神川彦松「「人民の名に於て」の論争に就て」(同右所収)四四頁。
(56)美濃部達吉「不戦条約字句の問題」(同右所収)。
(57)美濃部達吉「不戦条約の字句再論」(同右所収)六三―六四頁。
(58)美濃部達吉『現代憲政評論』(岩波書店、一九三〇年)、同『議会制度論』(日本評論社、一九三〇年)。なお、注(56)(57)の評論

は、『現代憲政評論』にも所収されている。

(59) 美濃部前掲注(57)「不戦条約の字句再論」六五頁。

(60) 信夫淳平『不戦条約論』(国際連盟協会、一九二八年)。なお、信夫については、酒井哲哉『近代日本の国際秩序論』(岩波書店、二〇〇七年)第二章を参照。

(61) ハーグ平和会議の常設仲裁裁判所、ブライアンの提案については、拙著前掲注(19)『近代日本外交とアジア太平洋秩序』第二章で論じた。

(62) 信夫前掲注(60)『不戦条約論』二二一頁。

(63) 信夫淳平「不戦条約研究上の諸問題」(『国際知識』第九巻第四号、一九二九年四月)。

(64) 同右、七―八頁。

(65) 松原一雄「不戦条約の解釈について」(『外交時報』五八七号、一九二九年五月)九―一〇頁。

(66) 伊藤隆・広瀬順晧編『牧野伸顕日記』(中央公論社、一九九〇年)三六四頁。

(67) 信夫淳平は、「不戦条約と満蒙自衛権」(『外交時報』五九一号、一九二九年七月)で、自衛権で満蒙での治安維持のための武力行使を自衛権で説明できるかどうか、「例の『人民の名に於て』の問題に於けると均しく、当初の取扱振りに於て聊か慎重を欠けるの誹を免れない」と指摘している。

(68) 信夫前掲注(60)『不戦条約論』一三―一八頁。

(69) 永井亨「「人民の名」を通じて見たる日本」(『外交時報』五九三号、一九二九年八月)引用は、前段は一七頁、後段は二六頁。同「国民外交に就いての一考察」(『外交時報』五八四号、一九二九年四月)、同『日本思想論』(早稲田大学出版部、一九二九年)、第五章〜第八章も参照。

第二部　移民と文明国標準

第一章　移民か棄民か

――「文明国標準」の移民観――

はじめに

太平洋沿岸地方在留日本人一般の状態は尚甚だ賞すべからざるもの多く従来動もすれば誇称せられたる太平洋沿岸に於ける大和民族の大発展という語の価値に疑いを懐かしめ吾人をして失望せしめたるもの少なからず。抑も斯る種類の人民をして帝国の一般人民を代表せしむるは国家の不得策不見識なるのみならず此上更に下級労働者の渡米を自由ならしむるに於ては右の如く賞すべからざる状態は、益々増長すべく〔後略〕(1)

一九〇八（明治四一）年、在米日本大使館勤務の二等書記官埴原正直は、在米日本人移民の視察報告書の結論で右記のように述べた。(2)埴原の報告書は、日本人移民が「下等」で「不健全」であることを批判し、日本人移民が日本の恥になると強調したものだった。埴原の同邦人に向けられた目はあまりにも冷たく、侮蔑的であった。移民政策の一端を担った外交官のこうした移民観の背景にはどのような思想があったのか。

序章でも述べたように、本書では移民問題を「文明国標準」の発想が国際社会のみならず日本社会の分断の一因になったとする観点から扱う。よって、本章では近代日本における移民の実態を明らかにすることではなく、「文明国標準」の観点から、日本社会の移民観を探り、なぜ移民が棄民視されることになったのか明らかにしたい。

ところで、「文明国標準」は、日本だけに影響があったわけではなく、一九世紀から二〇世紀前半の国際社会に、文明国と非文明国という階層を生み出した点で、国際的な文脈においても重要である。アジア地域で考えれば、中国は「文明国標準」に達しようとして近代化をすすめたにもかかわらず失敗し、東南アジア諸国は欧米諸国の植民地になって「文明国標準」に達する機会を失った。そのなかにあって、日本は比較的順調に西洋文明を受容し、アジアで最初の近代国家となった。よって、「文明国標準」による階層の論理のなかで、日本は、欧米諸国がアジア諸地域に臨むのと同様の視点で、アジアを蔑視するようになった。

一方、日本は、常に自国が文明国とみなされているかに注意をはらい、欧米諸国には西洋文明を学ぶ生徒であろうとした。その結果、日本は欧米諸国に向ける西洋文明の受容者という従順な顔と、アジアに向ける西洋文明の既得者という傲慢な顔と、二つの顔をもつことになった。韓国統監だった伊藤博文が一九〇五年におこなった演説はそのことをはっきり示すものである。

元来韓国人なるものは決して阿弗利加の黒人、亜米利加の土人、南洋馬来人種等と同一視すべきものに非ず、〔中略〕〔日本人と〕相敬し相親しみ共に発達して文明の恩沢に浴せんことを切望す。(3)

ここで伊藤は、人種を上下の階層で示し、日本と日本が植民地にしようとしている韓国とともに西洋文明のもとで発達しようと述べている。日本自体が文明の恩恵を受ける側でありながら、隣国に対し文明化の恩恵を受けさせてやるという態度である。本章では、こうしたいわばヤヌスのような近代日本の二面性が日本の移民観に与えた影響を明らかにしていく。

また、極東に位置する日本にとって、西洋文明を学べる者は限定されていた。外国語を学び、欧米の学問・技術を習得した者は、日本の選良として君臨した。西洋文明を修得した選良からみれば、西洋文明を知らない大衆は「野蛮」な存在であった。「文明国標準」の発想がもつ階層性は、国際社会だけでなく、日本社会の内部にも存在することになったのである。西洋文明の習得をめぐって生じた日本社会の選良と大衆の懸隔は、移民観にも大きな影響を与えた。このことも本章で明らかにしたい点である。

以上のことから、「文明国標準」という概念は、近代日本が抱えた移民問題の考察に不可欠のものであり、人種問題や国際関係にまで視野を広げて近代日本の移民問題を再考することにつながるのである。

本章では、近代日本の移民のありかたを整理し、外交官を中心とした選良の移民観を紹介し、「文明国標準」の与えた影響の大きさを考察していくが、その前に、従来の日本の移民研究の問題点と、近年の研究動向を紹介しておきたい。

一　日本における移民研究の問題点

近代日本は、移民送出国であり、海外における日系移民の存在はしばしば外交問題となった。よって、移民問題は外交史研究の重要課題でありつづけている。とりわけ、一九二四（大正一三）年のアメリカ合衆国での排日移民法成立にかんして、外交文書・日米両国の世相などを詳細に分析した研究は多い(4)。しかし、外交史の立場では、移民問題は外交関係に影響する一つの変数であり、移民の実態や日本社会における移民問題の意味などが主題にはなりにくい。

一方、政治過程より移民そのものに注目した研究は、移民研究として一つの分野を形成している(5)。戦前のほとんどの移民研究が大日本帝国の海外発展を鼓舞する文脈でおこなわれたことに対し、戦後の移民研究は、移民送出国とならざるをえなかった戦前の日本の経済構造や、大日本帝国発展の先兵として利用された移民の実態を研究することに焦点がしぼられた。その結果、経済史家・地方史家などが「日本史」の枠内で移民研究の成果をあげた。しかし、こうした諸研究は、マルクス主義史観の影響のもと、いびつな近代日本の経済構造のなかで資本主義と帝国主義が結びついた結果、弱者としての移民が帝国日本の犠牲となり、植民地の人々は搾取と抑圧に苦しめられることになったという「お決まりの」結論となりがちであった。その後、一九九〇年代になると、日本の歴史学界におけるマルクス主義の影響が低下するなか、日本人の移民先と日本との二国間関係史の研究が多く現れるようになり、帝国主義研究の枠におさまらない移民の実態や移民先社会への影響などが研究されるようになって現在にいたっている。(6)

ところで、従来の日本移民研究は、移民を主題にしている以上当然ではあるが、移民の存在が日本社会もしくは移民先の社会に与えた影響を強調してきた。しかし、日本の人口は、明治初めから太平洋戦争期にかけての七〇年間で約四〇〇〇万人増加したが、同期間の日本人移民数の累計は約一一〇万人に過ぎない。つまり、移民は近代日本社会の人口問題にとってそれほど大きく影響しなかったのである。人口増加の圧力が帝国日本の領土拡張政策を後押ししたという議論に反して、近代の日本政府には帝国拡大を目的とした一貫した移民政策はなく、海外情勢の変化に合わせたその場限りの移民政策立案を繰り返したのである。すなわち移民の全体像を考察しても、日本社会への影響は小さいこともあり、日本の移民研究は、個別事例の詳細な分析が中心となり、政治学的分析や、移植民をめぐる思想的分析は等閑視されがちになってきた。

こうした傾向のなかにあって、最近の移民研究が強調するのは、日本という枠組みを問い直すことである。本来、人間が国境をこえて移動することは、たんに国際的《インターナショナル》なだけではなく、超国家的《トランスナショナル》な現象であるが、日本の移民研究の場合、「日本」という枠組みを自明のものとして、分析がすすめられがちであった。しかし、明治以降、日本や日本人という枠組みはしばしば人為的に変更された。台湾、朝鮮半島は、日本の植民地として、それぞれ一八九五年以降、一九一〇年以降は「日本」となり、現地住民はいわゆる大和民族と格差をつけられながらも「日本人」となった。「日本」という枠組みが変化したことを考えても、日本人移民研究とは、どの範囲で誰を扱うことなのか、改めて考える必要があるのである。

こうした点を重視した最近の研究としてまずあげるべきは、塩出浩之の研究である。塩出は移民研究を政治史のなかで捉えるべきだとし、次のように結論を述べている。

一九世紀末から二〇世紀前半にアジア太平洋地域で移住活動を行った日本人は、国籍や市民権などさまざまな条件の相違のもとで、日本やアメリカの帝国支配、各国における国民国家規範の形成と深く関わりながら、各地域で民族意識に基づく政治集団を形成し、民族間政治の一主体となった。出身地域と結びつきや人口構成が、日本による支配の有無や国境の変更を越えて、政治秩序に大きな影響を与えたのである。(7)

塩出は、移民を日本の中央政府の政策に影響されるだけの客体とせず、「日本人」という政治集団として主体的な存在であったことを強調し、そのことが日本やアジア太平洋地域の政治秩序の変動に大きく影響したとする。アジア系移民の存在がアメリカ合衆国の形成に与えた影響をグローバルな視点で再考すべきだと強調するエリカ・リーの研究も塩出の主張をアメリカ側の文脈でおこなったものといってよい。(8)

ここで重要になってくるのは、日本人移民を日本から送出された面だけで考えるのではなく、日本帝国内を移動させられた支配された人びとの動きや、日本人の移民先の国家との双方向の影響を考慮に入れることであろう。日本におけるポスト・コロニアリズムの隆盛を土台として研究をすすめる阿部純一郎は、次のように述べている。

日本人と原住民の〈移動〉と〈接触〉の管理こそが決定的な重要性をもっていたと主張する。そのためにはまず、「ナショナリズム」と「グローバリゼーション」を分析的に対立させる思考法や、「国民国家」時代の後に続くものとして「グローバリゼーション」時代を位置づけるような段階論的な歴史観を刷新しなくてはならない。(9)阿部自身は移民研究をおこなっているわけではないが、帝国日本の興隆期がナショナリズムの勃興と初期のグローバリゼーションの進展が同時並行した時代であった点を重視し、そのなかでの人の移動のもつ意味を分析しているのである。それまでの日本人が知らなかった日本統治下の原住民を見聞し比較することで、差異や序列を顕在化させることになったとする阿部の主張は、まさに「文明国標準」の階層性が日本国内に輸入される原点となるものだったといえる。

ところで、在合衆国日本人移民研究の決定版ともいえる研究として第一にあげるべきは、東栄一郎のものであろう。東は、間・国家的視点の導入を訴え、それが、「日系アメリカ人の歴史経験を、二つの国民国家、社会、文化にわたるものとしてみることに限定しない」として、次のように述べている。

日本人移民は太平洋を横断した結果としてトランスナショナルな空間に置かれたが、彼らはまた、アメリカ西部に点在するおのおのの地域社会に根差す政治的行動や闘争を通して、自分たちの関心事や課題を表現し、また自分たちの複合的帰属の問題や二元主義的ニーズとの折り合いをつける努力を行っていた。二つの国家間、アメリカ国内、そしてローカル地域における社会的位置を背景に、日本人移民は多種多様で地域ごとに異なるアイデンティティを、アメリカのマイノリティでありながら日本の民族国家にも属する集団的自己に、共時的に投影していたのである。(10)

東が主張していることは、塩出がいうところの民族間政治の主体となった日本人移民の存在を重視すべきだということなのである。いずれにしろ、近年の日本人移民研究には、従来の固定的で単方向的な「日本人」移民の移動の物語を否定する傾向が強い。

また、戦前から戦後にかけての南米移民を「棄民」政策としてまとめた遠藤十亜希の主張も興味深い。遠藤は、南米への移民政策が「欠陥だらけで必要性も疑わしい」ものだったにもかかわらず長期にわたって継続されたのはなぜかと問い、その本質を以下のように結論づけた。

南米移民政策の排除的側面――時の支配者が国内の好ましからざる人々を移民の形で国外に放逐し社会を浄化する経緯〔中略〕だが、移民政策の本質は人口の国外放出（exclude）で終わらない。政策は「ヤヌスの鏡」のごとく、もう片方に「包摂する（include）」性質を帯びていた。移住希望者を海外に移送した後も彼らとの関係を絶つことなく、むしろ、国境を越えた有機的関係を築き、母国の国益に役立てるという仕組みだった。(11)

ここで注目すべきは、東はもちろんのこと、塩出・阿部・遠藤が、日本の学界における狭義の「日本史学」の枠内で研究をしていないことである。日本における日本史学は、基本的に近代以前の古文書を精読分析することを第一義としてきた。日本史学の膨大な史料を調査した緻密な論証の成果を否定するつもりはないが、「日本史学」の枠内にある限り、移民研究は日本史学内における移民問題ということになってしまう。これは、日本史学専攻以外の移民研究にも当てはまることで、アメリカ史研究者が在米日系人を扱うと、アメリカ史のなかにおける日系移民問題となりがちなのである。こうした通弊を乗りこえるためにも、本書で強調する「文明国標準」の視点は重要となる。文明観は思想的なものであり、西洋文明は欧米諸国の力を背景に、非西洋圏各国の文化や伝統をこえてトランスナショナルな影響を世界中に与えたのである。一九世紀半ばから二〇世紀初期にかけて人種差別を伴う文明と野蛮を分けるグローバルなラインの存在も指摘されているが、(12)日本人を含む非白人の移動は、この文明のラインをこえておこなわれたのである。また、文明のラインは、地理的に存在するだけでなく、心理的にも存在するものだった。日本人移民が移動する際に、このラインをこえることがどのような意味をもったのか、本章で追求したい問題なのである。

二　文明国標準の移民観

西洋文明を基準として、世界秩序に階層を設ける文明国標準の発想は、日本社会における移民観、移民先による日本移民の立場に大きく影響した。日本の選良からみれば、社会の下層に属する場合が多い移民は「文明国標準」に達していない人びとの典型であった。よって、選良にとって移民は、日本の海外発展のために有用な人びとではなく、棄民とみなされがちになった。

ヨーロッパ経済が世界大に拡大し、蒸気船の登場などの交通革命を迎えた一九世紀後半から二〇世紀初頭にかけては、多数の人間が世界中を移動する「大量移民の時代」となった。移民の多くは、世界経済に組み入れられた華僑・印僑などのアジア人となり、約六〇〇〇万人ものアジア系移民がアメリカ大陸やオセアニアに受け入れられたのである。(13)

こうした、非白人の大量移動の時代に対応して、白人諸国では一層人種的な階層構造を強調するようになっていくのである。黄禍論はその典型だった。また、当該期は、欧米諸国で国民国家が確立されていく時期であり、国民への権利付与としての自由と民主主義が重視された時代でもあった。文明国標準の根幹である高度な価値観や政治制度を「劣った」有色人種が理解できるはずがないとされ、自由主義者や民主化推進論者までもが自由や民主主義を守るためとして、有色人種排斥を唱えたのである。

こうして、「大量移民の時代」には、白人社会の意識のなかに白人と有色人種を区別するラインが引かれ、環太平洋という地理的側面でも、北米大陸太平洋岸とオーストラリア・ニュージーランドを「劣った」人種の侵入から守るためのラインが引かれていった。アジア太平洋秩序のなかで、グローバルなカラー（肌の色による区別）のラインが、差別する側と差別される側双方にとって、政治・外交・社会にとどまらず思想や文学のような心性に関わる領域も含んで、重要な意味をもつにいたったのである。(14)

ライン、すなわち線引きは、近現代史において重要な意味をもつ。国民国家の確立により、国境線が強調・固定化されて自国民と他国民との境界を設けられたこと。その過程で国民統合に不都合な特定の民族・人種を排斥するための線引きがおこなわれた一方で、帝国形成に好都合であれば、異民族を国境線内に無理やり統合したこと。グローバル化の進展のなかで先進国と途上国、もしくは国家内の富裕層と貧困層を区別するラインが強調されていったこと。いずれも、世界システムとその変動から生ずるものであり、線引きによって不可視のものが可視的に表され、区別や差別が強化されていったのである。(15)

文明国標準も、まさに文明国と野蛮国、白人と有色人種とを区分するラインの概念であった。近代西洋文明が生み出した諸制度や価値観を唯一の正しい文明として、欧米諸国とそれ以外という形で線引きをした。しかし、これだけでは西洋文明を受容・習得したものを排除できない。よって、変えることのできない肌の色（カラー・ライン）を強調することで西洋文明を非白人には乗りこえられない境界線としたのである。(16)

くわえて、いま一つ重要な点として、ヨーロッパ世界の拡張としての世界秩序において、アジアや太平洋という地域を表す線引きが、西洋諸国によって規定されたということである。この点は、日本がどこからみて「極東」「東アジア」なのかということを考えても明らかである。近代世界の太平洋は、「欧米の（EuroAmerican）太平洋」であって、「アジアの（Asian）太平洋」ではなかった。これは、言説だけの問題ではなく、地域秩序の形成においても欧米の論理が優先され、そこに生きる人びとも、与えられた地域概念を前提にしてアイデンティティを形成せざるをえなくな

った点で、決定的に重大なことであった。(17)

文明国標準の達成を国是とする日本にとって、アジア太平洋秩序は「欧米の太平洋」の枠組みを前提としたものであった。問題は、欧米諸国がグローバルなカラーラインを日本にだけ適用せず、日本を文明国として扱ってくれるか否かであった。日本も帝国になって異民族支配をする以上、文明国標準のラインを否定することはできず、日本だけを白人と対等の側に立たせるためにも、白人と日本人の間にではなく、日本人とほかの有色人種との間に明確なラインを引かねばならなかった。

日本人の海外進出は、幕末からはじまったが、当初は芸人や娼婦が少数いたのみで、明治新政府は、移民の送出には消極的であった。一八八四年からのハワイ王国への官約移民が、労働力としての本格的な移民のはじまりとなった。その後、アメリカ合衆国への移民数が増加し、毎年一万人以上がハワイを含む北米に移民するようになった。しかし、日露戦争後、アメリカで日本脅威論が高まり、一九〇八年の日米紳士協定で、日本人の合衆国への移民は大幅に制限されることになった。その後も合衆国での排日論は弱まらず、一九二四（大正一三）年にいわゆる排日移民法が成立し、ここに合衆国移民は全面的に禁止されることになった。排日移民法が日米関係にもたらした影響は大きく、後の日米戦争に遠因になったともいわれる。

北米への移民が困難になるなか、かわって注目されたのがブラジルを中心とする南米であった。南米移民は、排日移民法成立後激増したが、一九三〇年代になって日本の軍国主義の高まりを受け、ブラジルでも日系移民が制限されることになった。

これに対し、東南アジア諸地域への移民は、この地域が欧米の植民地であったこともあり、アメリカ大陸にくらべてわずかな人数にとどまったのである。また、一九三一（昭和六）年の満州事変以降、日本政府は満州の占領を既成事実とするため、満州への移民を重視しはじめた。一九三六年に、ときの広田弘毅内閣は「二〇カ年百万戸送出計画」を策定したが、敗戦までの移民数は結局二七万人にとどまった(18)。

ここからも明らかなように、日本の移民は、政府・民間ともに場当たり的にすすめられたものであり、移民問題が内閣の重要課題となることも少なかった。

一方、日本人が海外に行く理由は、次の三点に整理できる。

①　移民＝植民や年期労働者。海外に移住した家族・知人に呼びよせられる者。結婚を目的とする者。

②　海外勤務＝外交官やビジネスマン。

③　留学

②と③は、時期が限定され、海外での定住は考えておらず、移民研究の対象にはならない。ただし、海外勤務者や留学生は、基本的に選良であり、彼らが伝える移民のイメージは、日本国内に大きな影響を与えた。

次に、日本人の行き先によって整理すると、次の四点となる。

A　日本より「文明化」されている国＝アメリカ合衆国など。

B　独立国だが、欧米諸国の影響下にあり、「文明化」の度合いでは日本と変わらないと考えられている国＝南米、ブラジルなど。

C　欧米諸国の植民地＝東南アジア各地など、戦前の日本で「南洋」と呼んだ地域。

D　日本の植民地・勢力圏＝台湾・朝鮮・満州・南洋群島など。

Aの場合、日本人は、西洋文明の受容者として行動する。Aにいる②・③の人びとは、移民のありかたが日本の恥になっているのではないかと危惧を示すことが多い。

Bの場合、日本がBと同等の「文明国」とみなされれば問題はない。Cの場合、現地民のことは、「土人」と呼んで蔑視した。日本が敏感だったのは、日本人移民がCの現地民と同格とされることであった。日本人は、植民地を支配する欧米人より下位であることは仕方がないが、日本人が現地民と同じ待遇を受けることは認めたくない、ということであった。

もっとも複雑になるのが、Dの場合である。日本の植民地・勢力圏では日本人移民は支配者になる。朝鮮や満州で日本農民が現地の農民から土地を奪ったのは、その現れである。ところが、「日本人」のなかにも格差があった。たとえば、満州と朝鮮の国境地帯には多くの朝鮮人が住んでおり、現地中国人との紛争が絶えなかったが、日本政府はそこの朝鮮人が中国から受けた被害を「日本人」への被害として介入したのである。満州事変の導火線となった万宝山事件はその典型である。[19] 一方で、日本からの独立運動をおこなっていた朝鮮人も、この国境地帯で活動をしたが、日本政府は、彼らを「不逞鮮人」と呼んで弾圧した。また、日本の委任統治領であった南洋群島には沖縄の人びとが多く移民したが、日本では差別されていた沖縄の人びとが南洋群島では支配者として横暴なおこないをしたこともあった。[20] すなわち、Dの場合、日本人のヤヌスの一面である非西洋人に対する「文明人」として傲慢な顔が現れるだけでなく、大和民族から差別される「日本人」であった人びとの「抑圧の委譲」ともいうべき現象もみられたのである。

日本にとって、非白人であることを理由に文明国標準に達していないとして差別されることは、耐えがたいことであった。制度や学問・技術は習得することはできるが、人種や肌の色は変えることができないからである。ところが、興味深いことに、日本政府は、白人が人種によって差別していること自体を否定していなかった。一九〇一年にオーストラリア連邦結成にあたって、移民制限法が制定され有色人種のオーストラリア流入が厳しく制限されたが、その際、日本の外交官は次のような抗議をした。

文明国標準の帝国に属する日本人は、カナカ人・黒人・太平洋諸島人・インド人、またほかの東洋人より、はるかに高度である。よって、日本人を同様の観点から考えることたいしては、肌の色が影響しているという事実では正当化の根拠にならないのであって、非難の目を向けざるを得ない。[21]

ここで抗議されているのは、有色人種を差別することではなく、日本をほかのアジア人種と同等に扱うことなのである。その後も、日本はオーストラリアの白豪主義政策と衝突したが、そのたびに日本は、白豪主義は批判しないが、日本だけは「文明国」であるので特別扱いして欲しいとの主張を繰り返した。

こうした日本の姿勢は、植民地支配に批判が強まる戦間期に現れた植民地や半植民地に対する国際共同管理論への対応で明確になった。日本は、第一次世界大戦で獲得した赤道以北の南太平洋の諸島（南洋群島）を国際連盟の管理下にある委任統治領として支配したが、日本の責務は南洋群島を「文明化」させることであった。日本は教育などで過剰なまでの統治をおこなったが、それは、「帝国が苟も南洋群島の委任統治を引き受けたる以上何等か世界文明に貢献」せねばならず、国際管理を成功させることが「帝国の威信を発揚するの道」だったからである。一方、島民の保護は必要としながらも、「劣等種族たる南洋土人が次第に人口を減じ究極滅亡の道を辿らんとするの傾向を示すは之自然淘汰にして天意とも見るべ」きものと典型的な社会ダーウィニズム論で「土人」を見下すのが一般的だった。[22]

中国の扱いについても、日本は文明国標準の視点を重視した。福沢諭吉は、中国や朝鮮を「悪友」として日本だけで近代化をめざすべきだと論じたが、[23]こうした「劣った」中国イメージは「中国非国論」、つまり中国が近代国家に脱皮する能力がないとする議論として定着していった。新四国借款団（一九二〇年）前後の中国共同管理論の盛り上がりに対して、日本は中国非国論の観点から欧米諸国の議論に同調することで、権益を維持拡大しようとした。[24]もちろん、中国への単独進出をめざす動きもあったが、これはアメリカのモンロー主義との対比として主張されたのであり、いわゆる「新外交」方針の定着による勢力圏をめぐる大国間協調の変化の過程でも、中国非国論が否定されたわけではなかった。(25)

より興味深いのは、一九三〇年代以降の日本の立場である。周知のように、満州事変以降、日本社会は急速に軍国主義的・国家主義的雰囲気を強めていき、東亜新秩序声明（一九三八年）、大東亜共栄圏建設のための大東亜戦争へと歩みをすすめた。(26)この過程で強調されたのが、欧米（白人）の支配からアジアを解放し、従来の秩序にかわって皇国日本が盟主となって「八紘一宇」の世界平和を実現することであった。一般に、大東亜共栄圏の思想については、アジア主義を背景として、天皇の支配原理を国際関係に拡張させた発想であるとされ、日本的超国家主義の論理の特殊性が指摘される。しかし、国際秩序論の観点からみれば、大東亜共栄圏の思想は、主権の相対化と多元的国家論の国際関係への応用という点でヨーロッパの国際政治思想の影響を強く受けたものであった。イギリスのコモンウェルスを直訳すれば「共栄」となるのも偶然ではなかった。

また、大東亜共栄圏で日本の優位を示す際、深刻な矛盾が生じた。最近の大東亜共栄圏研究が指摘している点であるが、すでに欧米の植民地支配を受けていた東南アジア諸地域で、日本は近代化の先駆者として自国の優越を誇った。くわえて、現地人を下位におく基準は、本書での表現を使えば、文明国標準の到達度が日本より低いことにあった。日本は、欧米の価値観や世界秩序を否定しながら、文明国標準によって共栄圏の盟主たるゆえんを説明せざるをえなかったのである。スローガンなどの表層は別にして、明治以来の文明国標準の階層秩序から抜け出すことができなかったといえる。(27)従来の日本の特殊性を追求する視点も重要であるが、どこまでも文明国標準に束縛されつづけた側面も同時に考察する必要があろう。

なぜ日本は文明国標準に基づく差別を容認したのか。日本にとって、文明国標準の階層構造を否定することは、同時にアジアにおける日本の優位を否定することになったからである。日本が、アジアのなかで特別な地位にあるのは、文明国標準に達しているためであり、だからこそ、開発や近代化促進を理由に台湾・朝鮮半島・中国大陸への侵略を正当化できたのである。日本にとって、文明国標準は卑屈にならねばならない不快な論理であると同時に、有色人種間で日本の優位を証明する格好の道具であったのである。

次節では、文明国標準に固執する選良たち、特に外交官の移民へのまなざしを紹介し、その特徴を探っていきたい。

三　外交官の移民観

日本の選良、特に外交官の懸念は、日本人移民の行動が日本国の体面を損なうのではないかということだった。官約移民の初期、日本からの移民をハワイに連れて行く際、ある領事が伝える移民の姿は次のようなものだった。

衣服は先ず農夫に於て中等とも可申木綿物にして銘々「ブランケット」一枚と柳行李一二個つつ携えたるのみ頭は多く断髪なるも頰冠り位にて帽子を戴く者甚だ稀少又其所穿くは下駄草履にして洋靴を用ゆるは五分の一に過ぎざる可く(28)

帽子をかぶらず靴を履いていないことが悪いかのような口ぶりであるが、外交官が移民の服装に神経質になったのは、和装や人前で肌を露わにする日本人の容姿や態度が「文明的」でないとされ、欧米人から批判されていたからであった。服装より領事が気にしたのが、日本の農民の風俗であった。

外人の耳朶に触れ本邦結婚の乱雑不法なる事を嘲笑せらるるに立至候段何共以慨嘆千万の至に存候。固り此輩賤民の間には右等の弊風格別奇異にも有之間敷候へ共海外に在ては御国辱の一端とも相成候。(29)

日本人の風俗の乱れが問題なのは、外国人に知られて日本の恥になるからである。この領事の関心は外国人の評価にあって、風俗の乱れをいかに正すかにはないのである。西洋文明の習慣からして奇妙な服装をし、奔放な性行動をするというのは、後に日本人が「未開の土人」にもつ典型的イメージとなる。「文明化」できたと思っていた日本人が「野蛮」な人びとに向けたのと同じまなざしがここにあるのである。本章の冒頭で紹介した報告書で、埴原は、移民が稼ぐ外貨が重要だとする意見に以下のように反論した。

之等移民の多数が恥を国外に曝して如何に国民の声価を損傷し且累を国交に及ぼしつつあるを知らざる者の如く然吾人恥を外国に売りて迄も国家の収入を増やさざるべからず理由を解せざる(30)

「下等な」日本国民を海外に移民させることは国辱になるとする発想からは、移民消極論も生まれることになった。

大局より打算して労働者渡米の禁止は当分止む能はざるものあるべしと観念し空論を排し堅実進取の気を鼓舞し独力を以て自家境涯の親善に努めんとするもの漸く多きを加ふるに到りたるを以て此気運に乗じ一方下級移民の渡米禁止は断固として之を継続し彼我両国民の社会的接触は先つ成るへく双方の比較的上流社会より施して漸次一般に及ほすの方針を執ると共に一面には又適当なる領事又は其他の機関に依り現在留者を適宜に指導せは在米日本移民の声価を回復し向上せしむること決して難きにあらすして所謂移民問題は此間に於て自然に根本的解決を見るを得へし(31)。

「下級移民」は日本の恥になるため、アメリカに適応できる高い能力をもった移民が生まれるのを待つべきだというのである。日本人移民の排斥は人種差別意識が根底にあるもので、本来ならば日本の外交官としては反対すべきものであったが、「文明国標準」の階層のなかで日本の地位を保つため、またその階層的発想を自国民に適用したため、排斥もやむをえないという結論になったのである。くわえて、この報告書の論調は、国民外交を唱えた選良とよく似ており、「愚民」を教育すれば問題解決につながるという発想だった。

ところが、自国民への批判を繰り返す外交官にとっても、日本人が中国人と同等視されるのは許せないことであった。当時、アメリカをはじめ、世界中に中国人労働者「苦力」（クーリー）がいた。日本人移民が中国の苦力と同じ待遇であることがしばしば問題となった。

次の史料は、オランダ領インドネシアにおける日本人の待遇にかんするある領事の報告である。

日本人は東洋諸外国人に非ずとの規定を見ば総ての取扱ひ改変致さるべく之に反して新条約の儘なれば依然支那人と同様の不利を蒙らざるべからずと一方ならず憂慮致し居り候。(32)

オランダ領インドネシアでの日本人移民は、前節のCの場合に当てはまる。ここでの日本人の地位は、アジア人種として中国移民や現地住民と同じ待遇にされがちだったが、それは日本政府には認められないことだった。東南アジアには日本人娼婦が多くいたが、彼女たちが支配者である白人や日本人に売春することはまだしも、中国人や現地民に売春するのは、日本人の立場を貶めるものとして、強く非難された。

一方、アメリカ大陸では、苦力に対する排斥がはやくからおきていたため、日本人と中国人とまちがえられるのは困ったことであったのである。

日本人は外国人の目より見るときは斬髪洋服の支那人と大差なきが故に支那人排斥熱は延て日本人を含める東洋人排斥の声となるところあり。(33)

一八九四年の日清戦争に勝利によって、日本社会には中国を蔑視する傾向が強まった。アジアで日本のみが文明国標準に達しているという誇りが高まることに比例して、日本人はほかのアジア人と同等視されることを避けるようになるのである。

外交官は、日本社会のなかで文明国標準を習得した選良であり、移民となる階層の日本人とは懸隔があった。その結果、外交官は、欧米人がアジア人をみるのと同じ意識で自国民をみていたのである。彼らの意識が、多くの日本人と乖離していたことは、排日移民法成立に激昂する日本の世論への次のような批判からもうかがえる。

カリフォルニヤと布哇との間の交通が段々頻繁になりますと排日的空気が布哇へは這入らぬとは言へないのであります、で日本としては又あちらに居ります日本人としてはどこ迄も亜米利加人と協力し亜米利加人のやることに出来るだけ助力を与へて共存共栄と云ふ方針でやらなければならぬと思ふのであります。(34)

このホノルル総領事の発言は、不当な法律への批判ではなく、事を荒立てずにすませるべきだとするもので、沸騰していた日本の世論とはまったく雰囲気の異なるものであったし、排斥に苦しむ移民への同情もない。東南アジア・南米各地の領事を歴任したある外交官は、日本人の心構えを次のように説いた。

如此我々日本人は、米国人より劣等人種として侮辱せられ、迫害せられ、意気地なしとして軽侮せられ、内心痛苦は難堪と雖も、此際悲憤慷慨したりとて、徒らに相手を激せしむる結果となり、詮なければ、宜しく隠忍自重して〔中略〕我々の欠点とする所の道徳経済及知識上の改善に向て、鋭意努力し、我々の国家をして、国際間に推しも推されぬ地位に進むることを念とすべく、真面目なるべきなり。(35)

移民問題に苦労重ねた外交官のこの卑屈ともいえる言葉こそ、日本がいかに「文明国標準」に敏感であったかを示すものである。しかし、こうした発言で日本人移民が救われなかったことも事実であり、外交官にとっては、移民を救うことが日本の国益にならなければ、棄民にするのも「隠忍自重」しなければならないことなのであった。

おわりに

本章では、近代日本において、日本人移民が軽視されたことの背景に文明国標準の思想が根強くあったことを論じた。文明国標準は欧米諸国とほかの有色人種諸国との階層をつけただけでなく、西洋文明を学んだ社会のなかにも、文明を習得した選良と庶民の間にも同様の論理の階層を設けることにつながった。この点を移民研究に適用すれば、近代日本の移民観は、帝国日本の拡張の先兵というものではなく、文明国標準に達しない人びとであり、日本の国威高揚の障害にならなければよいという存在だったことがわかる。

先の第一部第一章の渋沢栄一の移民問題への対応や、後に第三部第三章でみる金子堅太郎の移民問題への取り組みなど、いずれも日本人移民の実情には目が向けられなかった。その関心は、もっぱら移民の扱われかたが日本の体面を傷つけることに集中したのである。

余おもえらく、日本人なるの地位を超越して中立の地位より観察する時は、ローズヴェルト氏の日本労働排斥主義は米国経世家当然の態度として観るべき事情なきにあらずと。もしこれに反して日本移民の来るままに放任せば、啻に米国の国難の増加すべきのみならず、日米国際の関係上日本の感情利益を害する重大なるは、労働排斥と日を同じくして語るべからざるところならん。(36)

日露戦後、日本人移民排斥が本格化しはじめた時期、エール大学で比較法制史を研究していた朝河貫一(37)は、帝国主義の「旧外交」に縛られ、アメリカへの理解不足のまま、外交をすすめる母国を危惧して、移民問題について『日本の禍機』のなかで、右記のように述べた。朝河の主張は、全体としては現在でも傾聴すべきものだが、「日本人の地位を超越」できるのは、ほんの一握りの人でしかなかった。アメリカの立場になれば、日本人排斥も理解できるではないかといわれて、実際に差別にあっている移民や、そのことに悲憤慷慨する日本人に共感を得られたとは思えないのである。その点、朝河の立ち位置は、文明国標準の階層構造の上にあった。朝河は、文明人が非文明人をみる視点で、母国の「禍機」を嘆じていたといえる。このような姿勢は、次章で論じる原勝郎においても同様の指摘が可能である。

こうした「文明国標準」の思想が生んだいびつなトランスナショナルな構造は、近代日本だけでなく、日本と欧米、日本とアジアの関係に影響した。日本人移民は、ときには日本の国辱となる「棄民」とされ、ときには帝国日本の支配者の立場となった。移民は、トランスナショナルな西洋文明の思想連鎖のなかで翻弄されていったのである。

注

（1）『日本外交文書　対米移民問題経過概要』二三五頁。
（2）埴原は、後に外務次官となる。駐米大使時代に排日移民法に抗議した書簡が威圧的だと問題になり、責任をとって帰国した。
（3）内藤憲輔編『伊藤公演説全集』（博文館、一九一〇年）二八〇頁。
（4）排日移民法をめぐる日米関係の代表的外交史研究として、簑原俊洋『排日移民法と日米関係』（岩波書店、二〇〇二年）、同『アメリカの排日運動と日米関係』（朝日新聞出版、二〇一六年）がある。
（5）日本における移民研究の動向を知るには、移民研究会編『日本の移民研究』Ⅰ・Ⅱ（明石書店、二〇〇八年）がもっとも包括的である。
（6）一例として、田川真理子『「移民」思潮の軌跡』（雄松堂出版、二〇〇五年）、米山裕・河原典史編『日系人の経験と国際移動』（人文書院、二〇〇七年）、同編『日本人の国際移動と太平洋世界』（文理閣、二〇一五年）。
（7）塩出浩之『越境者の政治史―アジア太平洋における移民と植民―』（名古屋大学出版会、二〇一五年）四二〇頁。

（8）Erika Lee, *The Making of Asian America*, New York, 2015.

（9）阿部純一郎『〈移動〉と〈比較〉の日本帝国史―統治技術としての観光・博覧会・フィールドワーク―』（新曜社、二〇一四年）六頁。

（10）東栄一郎（飯野正子監訳）『日系アメリカ移民―二つの帝国のはざまで―』（明石書店、二〇一四年）引用は、先の部分は二一頁、後ろの部分は二五―二六頁。

（11）遠藤十亜希『南米「棄民」政策の実像』（岩波書店、二〇一六年）引用は、先の部分は一七六頁、後ろの部分は一八〇頁。

（12）Marilyn Lake, Henry Reynolds, *Drawing the Global Colour Line*, Cambridge, 2008.

（13）杉原薫「近代世界システムと人間の移動」（『岩波講座世界歴史一九　移動と移民』岩波書店、一九九九年）。

（14）Lake, Reynolds, *op.cit.* また、藤川隆男『人種差別の世界史』（刀水書房、二〇一一年）。

（15）こうした議論を考えるにあたって、戦後の日本人と朝鮮・韓国人の国境線の再設定を論じたTessa Morris-Suzuki, *Borderline Japan*, Cambridge, 2010 からも示唆を得た。

（16）Lake, Reynolds, *op.cit.*, CP. 7.

（17）Arif Dirlik, "The Asia-Pacific Idea: Reality and Representation in the Invention of Regional Structure," in Dirlik ed., *What is in a Rim?*, Rowman & Littlefield, 1998.

（18）以上、日本人移民の歴史については、岡部牧夫『海を渡った日本人』（山川出版社、二〇〇二年）を参照した。

（19）万宝山事件については、長田彰文「万宝山事件と国際関係」（『上智史学』五二、二〇〇七年一一月）。

（20）Mark R. Peattie, *Nanyo, The Rise and Hall of the Japanese in Micronesia, 1885-1945*, Honolulu, 1988.

（21）永瀧シドニー領事からバートン豪首相宛書翰（『日本外交文書』一九〇一年、七九一―七九二頁、原文英語）。

（22）詳しくは、拙著『近代日本外交とアジア太平洋秩序』（昭和堂、二〇〇九年）第五章を参照。引用は、末次信正「南洋群島統治に関する所見」「大正戦役　戦時書類」巻五四南洋群島三九、JACAR: C10128195200（防衛省防衛研究所）。

（23）福沢諭吉の「脱亜論」については、坂野潤治「解説」（『福沢諭吉選集』第七巻、岩波書店、一九八一年）、松本三之介『近代日本の中国認識』（以文社、二〇一一年）。

（24）拙著前掲注(22)『近代日本外交とアジア太平洋秩序』第七章～第九章を参照。

(25) 一九二〇年代の日本外交の位置づけにかんする最近の研究動向ついては、藤岡健太郎「「容喙拒否」の論理—国際連盟・ワシントン会議と門戸開放主義・モンロー主義—」(『史学雑誌』一一六—一〇、二〇〇七年一〇月)、中谷直司「第一次世界大戦後の中国をめぐる日米英関係」(小林道彦・中西寛編『歴史の桎梏を越えて』千倉書房、二〇一〇年)、杉田米行編『一九二〇年代の日本と国際関係』(春風社、二〇一一年)。
(26) 以下の大東亜共栄圏と文明国標準の関係については、拙稿「大東亜共栄圏研究の一視角—共時性としての西洋—」(『京都橘大学研究紀要』三九、二〇一三年一月)を参照。また、河路絹代「「東亜新秩序」をめぐる思想の交錯」(梅森直之ほか編『歴史の中のアジア地域統合』勁草書房、二〇一二年)からも示唆を得た。
(27) この点について、河西晃祐『帝国日本の拡張と崩壊』(法政大学出版局、二〇一二年)、中野聡『東南アジア占領と日本人』(岩波書店、二〇一二年)が指摘している。
(28) 安藤総領事より青木外相「ハワイ移民渡航中の情況報告の件」(『日本外交文書』一八八六年、四七三頁)。
(29) 安藤総領事より青木外相「移住民の倫理錯乱防止方注意あり度旨等報告の件」(同右、四七六頁)。
(30) 『日本外交文書　対米移民問題経過概要』二三八頁。
(31) 同右、二四〇—二四一頁。
(32) 藤田シンガポール領事より小村外務次官「蘭領ジャワに於ける本邦人取扱振りに関し稟申の件」(『日本外交文書』一八九七年、一四七頁)。
(33) 赤塚正助書記官の中南米視察報告(『移民調査報告』第六、一九一一年、JACAR: B10070471500〈防衛省防衛研究所〉、九頁)。
(34) 山崎馨一ハワイ総領事の講演(『近藤記念海事財団講演第二輯』一九二五年、五三頁)。
(35) 藤田敏郎『海外在勤四半世紀の回顧』(教文館、一九三一年)二一三頁。
(36) 朝河貫一『日本の禍機』(講談社学術文庫、一九八七年)一九八—一九九頁(初刊一九〇八年)。
(37) 朝河貫一については、山内晴子『朝河貫一論』(早稲田大学出版部、二〇一〇年)が詳しい。

第二章　京大教授原勝郎の南洋観

――「文明国標準」のライン――

はじめに

一九一三（大正二）年一二月、京都帝国大学で西洋史を教える原勝郎教授が南洋視察に旅立った。当時、日本では南洋[1]への関心が高まっており、経済的進出論はもちろん、南洋の地政論・文化論や視察談などが、書籍や雑誌論文として多く発表されていた[2]。原の旅行記も翌年の九月に『南海一見』として公刊された。

さなぎだに南洋に関する出版物の多き此頃、更に無用の一長物を加ふる恐れなきにあらねど、読者若しこれによりて、政治とも経済ともつかず統計学的数字にもよらざる南洋の一班を会得せらるゝとせば、これ著者の志幸とする所なり。（九＝『南海一見』中公文庫版のページ数、以下同じ）[3]

大正時代の歴史学者が、学術的な観点からではなく、専門とも関係のない南洋になにをみたのか。本章では、原勝郎の南洋観[4]をてがかりに、その歴史観との関連を探り、さらには当時の日本がアジア太平洋地域において、どのような立場であったと規定しうるのかを考察していく。

原が南洋視察に赴いた時期は、いうまでもなく第一次世界大戦勃発の直前であった。日本は、後発の帝国として、近代国家建設をすすめつつ、日清・日露戦争を経て、台湾・南樺太・朝鮮を植民地に、満蒙を勢力圏にしていた。この後、大戦後に赤道以北の南洋群島を委任統治領とすることで、アジア太平洋戦争期を別にして「帝国」日本の勢力範囲が確定した。日露戦争に辛勝して「一等国」の仲間入りをしたと考えていた日本であったが、満州の地は寒冷であり、期待したほどの経済利益・農業移民送出はできなかったうえ、日露戦後は不況がつづいていた。こうした状況で、北進の代替として南洋に目が向いたのである。

東南アジアは、ゴムや麻の生産にくわえ、錫や鉄鉱石の鉱山資源にも恵まれ、綿製品の輸出先としても有望であった。しかし、シャム（タイ）をのぞいて東南アジア各地は欧米列強の植民地になっており、宗主国に気をつかいながらの経済的進出となった。大戦で獲得した南洋群島（内南洋）の経済的価値は小さく、宗主国の活動が低下した東南アジア（外南洋）との経済関係が強まったが、大戦景気の活況のなかで南進への関心はむしろ低下していった。よって、第一次大戦期の南進論は具体的政策として語られることは少なく(5)、経済進出でさえもお伽話的なロマンを強調するものが多かったのである。こうした過程で、日本社会には印象論的で茫洋とした南洋イメージが形成されていくことになる。

本章では、「帝国」日本の拡大といった文脈ではなく、史論と文明論の観点から原の南洋観を分析する。そこから、この時期に形成される日本人の南洋観の背景を探るためである。もちろん、京都帝大教授で留学経験もあった原は、大衆とは知識の面でも意識の面でもかけ離れた存在だったはずである。ただし、原の活躍した時代は、海外旅行が一般的なものではなく、海外経験じたいが貴重なものであった。また、南洋移民は一部の代表的な事業家などを除いて、その見解を発表する場はなく、そもそも改めて意見を聞く以上、社会的地位の高い知識人が求められたのは当然のことであった。その意味では、原の感想に大正期の南洋観の一類型をみるのはあながち無理なことではない。また、こうした著名な知識人の論評が、一般的な南洋観形成に影響を与えていったと考えられるのである。

そこで、まず、『南海一見』の内容を紹介し、つづいて、原の歴史観がどのようなものであったのかという点を考察する。これは同時に、国民帝国形成期の日本の歴史学の役割を探ることにもなる。原の南洋観は、単純な植民地主義ではなく、露骨な帝国拡張論でもなかったが、文明国標準主義を前提にしていたことはまちがいない。そこにある「文明と野蛮」「選良と大衆」といった固定的な対比の意味を探りたい。最後に文明国標準の発想が、なにをどこで線引きするものであったのか試論を提示し、近代日本と、南洋を含む環太平洋地域の関係性について検討したい。

一　一縉紳の南洋観

『南海一見』は、一九一三年末から一四年にかけて、原勝郎が東南アジア諸国をめぐった旅行記である。どういう経緯で原が旅行に出たのか不明であるが、自序に「此書たるや帰朝匆々大阪朝日新聞の為に起稿」（九）したとあるため、あるいは新聞社の依頼だったのかもしれない。原は、西洋史・日本史に関しては幅広く研究をおこなっていたが、南洋については『南海一見』以外に著作・論文はない。よって、原の南洋観は、学者の専門的見解ではなく、一知識人の所感にすぎないともいえる。原を紹介した小伝でも、(6) 南洋視察についてはふれられておらず、『南海一見』はいわば余技と位置づけられよう。そうしたなかにあって、矢野暢は近代日本の南進論のなかに『南海一見』を位置づけ、以下のように評価している。

この本は、ほんとうになにげなく、日本の南方関与の転換の方向を見事に暗示しきっている。つまり、日本の関与の対象である「南洋」がもはや内南洋ではなく外南洋であること、そして、その外南洋はヨーロッパの諸列強の植民地であり、日本はやがてそういう諸列強との関係を気にしなくてはならなくなること、外南洋の土着文化との異和感に日本人が苦しむだろうこと〔中略〕(7)。

矢野は、原の視察が、日本の南進が南洋群島ではなく東南アジアになることを暗示するものだとしているが、深読みのしすぎであり、日本占領前で関係の薄かった南洋群島に行かなかったというだけのことであろう。

原の旅程は、次のようなものであった（地名は、現在の一般的表記に改めた）。

香港↓広州湾↓ハイフォン↓ハノイ↓サイゴン↓バンコク↓シンガポール↓バダヴィア↓ジャワ↓マレー半島↓英領ボルネオ↓サンダカン↓北ボルネオ↓ザンボアンガ↓フィリピン↓帰国

公的なものではなかったにせよ、帝国大学教授の視察ということで、行く先々で各国の植民地官僚や日本領事・日本人移民の代表者などに案内されての旅であった。ここでは、旅程は追わず、原の南洋観を全体としてまとめるかたちで紹介していきたい。

中国南部を海岸沿いに南下し、仏領インドシナに入った原は、サイゴンで名誉領事サリエージから印象的な言葉を聞いた。「植民地が出来ると真先に、英人は銀行を建築し、仏人は劇場を建築する」というものである。原は「すこぶる急所に適中した名言であると思う」（五二）と感心している。イギリスが「銀行」帝国主義、フランスが「劇場」帝国主義ならば、各地に神社を建てた日本はさしずめ「神社」帝国主義といえるかもしれないが、本章が注目するのは、原の歴史学者としての「急所に適中」した感想である。

まず、植民地統治についてみてみたい。原は、インドシナ統治におけるフランス人と原住民の関係に疑問を呈している。

一見すれば印度支那にある仏人は、大いに土人と接近している。日曜日に西貢の寺に参詣した時、土人が着飾った仏蘭西の淑女たちと相雑りて、堂内のよい席に坐しているのを見て、実に意外の感があった。〔中略〕しかしながら大体から考えると、この土人に接近するということは、土人を誘導し、向上せしめて、もって己れらに接近せしめるのではない。むしろ仏蘭西人の方から下降して、もって土人に親しむのである。（五七）

国際社会のなかで、文明国の一員と認められなければ、対等に遇せられないことは、西欧列強が中心であった一九世紀後半以来の世界の現実であった。原は、統治者であるフランス人はどこまでも文明国人として被治者を向上させ、同化するのであれば徹底しておこなうべきで、そのためには家父長主義的な文明化でなければならないと考えていたようである。よって、たとえば、アメリカ統治前のスペインのフィリピン統治を、圧政だったとしながらも、混血を厭わず、植民地を「著しく母国に類似したもの」（一九〇）にして関係性を深めたことに一定の評価を与えるのである。

英国は、世界第一の植民国と言われているが、その植民地は英国風ではあるけれども、英本国そのものとはすこぶる趣きが違う。然るに西班牙の植民地となると、著しく母国に類似したものが出来る。西班牙の苛政に堪えかねて独立した南米諸国でも、独立後今日に至るまで、母国の西班牙との親密な交際を継続しているのは、即ち母国との間に呼吸の通うところがあって、これが断ち難い連鎖をなしているからである。さればもし植民地ことにその土人に及ぼした影響の深浅をもって、植民政策の功過を計る尺度とし得るものならば、西班牙ほどの成功を収め得た国はまたとあるまい。（一八九―一九〇）

ただし、原は、文明化する側のスペインじたいがすでに衰退しているとし、そのようなスペインに文明化された「土人」のありかたにはきわめて悲観的であった。

西班牙は欧州においても老国である。ここにおいて比律賓人の西班牙化が、幼弱の者の老人化したような状態を呈することとなったのも怪しむに足らぬ。〔中略〕比律賓人は一種の惰民である。情が激してくると、一時は己を忘れて驚くばかりの活動をなすが、しばらくすると弛んでしまう。独立のために一致興奮した者も、幾もなくして内訌を生ずるのはこれがためである。未婚の女子は勤勉に働くけれど、一旦人に嫁ぐと懶惰になるというもこれがためである。会合燕遊を好むというもこれがためである。親類縁者を食いつぶすというのもこれがためである。呂宋に既墾地の荒廃に属した所が多いのもこれがためである。(一九三)

スペインが文明として遅れているか否かは別にして、原は、フィリピン人を「幼弱」「一種の惰民」と決めつけており、いまだ文明化の対象であることじたいには疑いを抱いていなかったようである。同様に、インドネシアにおけるオランダ統治にかんして次のように述べた。

植民地の人民を開発してその独立の準備をしてやるということは、その人民の母国と同種なる場合においてすら、実際的政策として既に宋襄の仁たることを免れない。況んやその人民の多数が母国人と種族を異にする場合においてはなおさらであるから、かかる政策の実行をもって爪哇の蘭人に望むのは、全く無理な注文であると言わねばならぬ。(一〇六)

なぜならば、「概して言えば爪哇人というものが、人に駆使せられなければ働くを欲せぬものであることは、争い難い事実であると思う」(一〇七)からであった。東南アジアの人びとを怠惰な「土人」とするイメージは、この時期に日本社会で固定化されていく。「土人」という用語は、本来「その土地の人」という意味であったが、近代になってアイヌの人びとを「土人」と呼ぶなかで、「未開」の人を指す蔑称となっていった。(8) たとえば、一九一四年に開催された東京大正博覧会では、インド人・マレー人が南洋館で暮らしぶりの再現や踊りの余興を演じたが、「人喰い」の習慣があるなどと紹介され、見物者は「土人」の「野蛮」さを興味本位に騒ぎ立てたのである。「土人」は性に奔放で怠惰だと決めつけたが、当時の日本でも売買春はさかんであったことを考えれば、性に奔放だから「野蛮」なのではなく、「野蛮」であることを前提としてイメージが再生産されていったといえる。[9] その点、原も当時の「常識」から自由ではなかったのである。

こうした原の見方を現在の視点から批判するのは簡単である。いわく、さまざまな生活・文化・慣習を対等に評価する視点がない、強者の圧政を結果的に肯定する見方でしかないなど。しかし、たとえば原に文化相対主義を望むことは、歴史学的に意味があるのだろうか。繰り返すが、当時の世界は、西洋文明への近接こそが、新興の非西洋諸国独立の唯一の道であり、日本自身が必死に国民帝国を確立しつつあったのである。アジアの「文明国」である日本の一知識人にとって、勤勉な民衆を育成し文明化することが植民地支配からの脱却へとつながると指摘することは、「良識」からくる発言であり、文明化のために宗主国が確固たる文明国標準によって「土人」を同化していくことが、現実的な施策であったのではなかったのか。むろん、原は植民地支配の圧政を支持していたわけではないが、一方でフランス人の現地人との馴れ合いを批判しているように、文明人としての矜持をもって「土人」と接することを重視していた。よって、たとえ西洋人であっても、品位のない行動をする者に対し、原は厳しい目を向けた。

「提督ネイイー」号に同乗した先客のうちで、甲板の散歩によく見かけるけれど、食堂には決して出て来ぬ仏蘭西人があった。然るにその仏人は、船が西貢に近くなると、怪しげな服装をした安南女と甲板を闊歩しだした。時としては見るに堪えぬ醜態を演ずる。（五七）

乗合いの米人と言えば、多くは比律賓で満期になった兵隊上りである。〔中略〕上甲板で手洟をかむ者もある。ベテルを咬んで所嫌わず糟を吐き出す者もある。食事の準備中に食卓から摘み食いをやる小児を見ぬ振りする親もある。（一五〇）

もちろん「野蛮」な東洋人にも冷淡であった。

支那その他東洋諸国を旅行して土人の生活状態を知悉すると、一般の東洋人に対する欧米人の軽蔑にも、無理からぬ点のあるのを発見せざるを得ない。〔中略〕少なくも東洋諸国にある日本人の生活状態が、西洋人と同等の域に達するまでは、苦情を言うも詮なかるべしと思われる。（七八）

ここで注意すべきは、原は自分自身が東洋人として差別的な扱いを受けることには「不愉快の念を禁ぜぬわけには行かなかった」（七八）ことである。

そもそも東洋の植民地に来ている西洋人の中には、到るところ土人を駆使するに慣れたため、これを対等の人間として扱うことが、己らの体面を傷つけるものだと考える輩が多く、かつ彼らはこの軽侮をもって単にその勢力下に立つ種族に臨むのみならず、これを東洋人一般に推し及ぼさんとしている。しかしてこの点においては、日本人とても全く例外に待遇せらてある訳ではない。〔中略〕稠人広坐の中に立つと人目を憚って、ややもすれば傲岸な態度をとり、己れは日本人などに近づきのあるような下等なものではないと言ったような風をする。（六一）

オランダ船での待遇の悪さにも憤った。食堂で同席させられたのは、「蘭人の子守たる混血娘（あいのこむすめ）」や「髪の毛縮れ、耳が前の方に向い立った黒ン坊」（七七―七八）であったと。待遇への不満を示すためであろうが、『南海一見』のなかでも露骨な表現が目立つ箇所である。つまり、原は、西洋人＝文明人、非西洋人＝野蛮人とは単純には考えておらず、文明国標準の作法を身につけた者を文明人とし、日本の選良たる我が身は、日本人であっても、「野蛮」な西洋人をみくだす文明人であるはずだった。

文明国標準とは、西洋文明国と非西洋国の差異化をはかるために利用されたが、同時に、同人種内・同国内であっても適用されるものであった。むろん、社会のなかで選良が大衆をみくだすことはいつの時代でもある。しかし、文明国標準をめざしていた当時の日本では、原のように欧米留学をして京大教授をつとめる選良と大衆の格差は、帝国による植民地支配の国際秩序と連動しながら、文明と野蛮の対比となって現れてくるのである。

原が旅の最後に訪れたフィリピンは、スペインの徹底した欧化政策により、「日本人や支那人を除き、東洋諸民族のうちで、いずれが最も知識が発達しているかと問うならば、将来はいざ知らず、現今まず指を比律賓人に屈せざるを得ない」（一九二）状態に達していた。それにもかかわらず、フィリピンの独立国家としての存立には次のような理由から危惧を表明している。

比律賓人中には代議士として相当な者もあり、行政官として適材もあり、ことに弁護士としては堪能なものが多い。然れども健全な国家は官吏や代議士や弁護士ばかりで維持することが出来ぬ、必ずや勤勉なる民衆の存在を必要とするのである。米国が比律賓に独立を許すかどうかは大疑問であるが、仮りにこれに独立を許すとしても、もし中流下流の人民の状態が今日のままであるならば、その独立し得た比律賓というものの有様も、推測するに難くないと思われる。比律賓人にとっての急務は、独立よりも社会改良にあることは、予の深く信ずるところである。（一九七）

大雑把な印象論だけで現地人を怠惰と決めつけ、ヨーロッパへの同化を前提にしている点など、原の南洋観は、現在の植民地論などからすれば、まったく評価に価しないものかもしれない。しかし、「比律賓」を「日本」に変えれば、不安定な国民帝国であった大正期の日本も、同様の危機にあったのかもしれない。『南海一見』の結論ともいえるこの部分は、独立を保ち西洋文明化に先んじていた日本の知識人として、フィリピンへの切実な忠告を含んでいたととらえるべきではなかろうか。文明と野蛮の構図にあった植民地支配から抜け出すために、文化相対主義的な議論をもちだすことは机上の空論でしかなく、とにかく文明国標準に達するしかないと考えるのが現実的であった。原の南洋紀行からうかがえるのは、選良としての矜持からくる当時の価値観における「良識」である。

一方、たとえば代表的南進論者であった井上雅二[10]の議論は、次のようなものであった。

所謂大日本主義、是れ即ち日本膨張主義にして、我建国以来の大方針である。是れ即ち優者強者適者たる唯一の道である。〔中略〕

南洋人の血を受けて、是を醇化したる日本人が、未だに未開の間に徨うてゐる南洋人を、その儘にして置けるであらうか。彼等を指導し開発し、自他の幸福を増進するは、所謂王道を蛮夷にも布くので、而も日本よりすれば、神武以前の故郷に帰るといふ愉快なる意味をふくんでゐると思ふ。[11]

威勢はよいが支離滅裂な議論である。日本が膨張主義をとるのは神武天皇以来の伝統で、かつ日本人は南方から来たのだから、南洋を支配するのは覇道でなく王道だというのである。南洋の現地民を野蛮視することや日本人の起源が南方にあるとする考えかたは原も同じだったが[12]、勢いや根拠のない大国願望から南方進出を誘うようなことは『南海一見』では主張されない。膨張主義的な南進論は、現地が欧米列強の植民地であっただけに、日本の外交的立場を悪化させ、かえって南洋進出の妨げになるものであり[13]、神武天皇をもちだして日本の立場を正当化することなど学術的には成り立ちえない。

「倉皇として船に乗り百三十一日振りで日本の土を踏む」頃には「一見した南海の印象はますます茫漠を加うるのみ」と、どこか詩的に寂しく紀行文は擱筆される。原の代表作『東山時代に於ける一縉紳の生活』になぞらえれば、それは「大正時代に於けるある一縉紳の南洋観」とでもいうものであった。

次節では、原の南洋観から離れ、「帝国」日本の構造をみるためのより大きな枠組みから、その歴史観と文明国標準のつながりを検討する。

二　原勝郎の歴史認識

原勝郎は、一八七一（明治四）年、盛岡の旧南部藩士の家に生まれ、帝国大学文科大学史学科で学んだ。当時の史学科は、ルートヴィッヒ・リース（Ludwig Riess）や坪井九馬三によりドイツ実証史学が導入され、原を京大に誘った内田銀蔵など、次々と有望な研究者を世に送り出していた。(14) 一八九六年、原は志願兵となり、一八九九年除隊して第一高等学校教授に着任した。一九〇六年から一九〇九年には英・仏・米に留学して、帰国直後に京都帝国大学文科大学教授となり、一九二二年から文学部長を務めたが、一九二四年一月在職のまま死去した。

原は、京大では西洋史の講義を担当し、中世から同時代問題まで幅広い分野にわたって業績を残したが、むしろ現在まで読まれているのは日本中世史にかんする研究である。(15) 一九〇六年に刊行された『日本中世史』は、第一巻で執筆が途切れ未完に終わったが、文化の衰退期と考えられていた中世史像を転換させた名著として高い評価を受けている。原は、平安王朝文化を「懶惰と驕慢と婬肆との念によりて維持された」(16)と批判し、「一国としての日本の発展は此政治上の変革〔鎌倉幕府の開設〕の為めに、凡ての方面に於て尽く妨げられたりとは、決して信ずべからざる事に属す」(17)とした。では、なにが中世日本社会発展の特色であったのか。それを新仏教の登場と全国にわたって広く文化の伝播があったこととしたのが、原の日本中世史論の要点であった。

文化の伝播により領域内に一定の文化的伝統があるとの認識を得ることが国民創造に重要な役割を果たすことは、現在の国民国家論の通説といえるが、そのことははやくも岩倉使節団の報告書でも指摘されたことであった。(18) 原も、鎌倉時代になって、京都と東国間のみならず、鎌倉を起点として東北地方、瀬戸内海海運を通じて西国・九州にまで交通の便が発達したことを重視し、足利時代になって守護大名の群雄割拠となったことで、さらなる文化の伝播が促進され、京都文化が日本全体に広まっていったと論じた。[19] こうした状況で、新しい仏教の宗派が生まれ、全国に布教されたことが重視された。

我国宗教革新の、重大なる現象たる所以は、那辺に存するか。事々しく述べるまでもなく、階級的なものが平等となり、平民的となり、装飾的、学究的なりしものが、実際的になったことである。約言すれば宗教が宗教らしくなったことである。[20]

これに対し原は、天台・真言の平安仏教が「何らの信念もなくして綾羅錦繡をまとひ、生民の膏血を竭して経営せる玉殿伽藍の裡に翺翔し翩々として心にもなく経文を囀」るものに堕落したと批判した。[21] すなわち、行き詰まっていた王朝政治と旧仏教に、関東から興った尚武的な武家政権と改革的な新仏教を対比させ、中世社会の登場が日本国家の発展に有益だったという構図を描き出したのである。

こうした原の中世史論の意図は、日本にもヨーロッパ世界同様の歴史的展開が存在したことを示すことにあった。原は、封建制度を「諸民族が其発達の経路に於て一度は経由せざるべからざる一の社会的状態」とし、西洋中世の封建制は特殊なものではなく、日本も比肩しうる社会制度が存在したと考えていた。[22] くわえて、日本が西洋と同様の発展経路をたどるのであれば、日本にも宗教改革が必要であったが、それを鎌倉新仏教の登場とみたのである。

若し我邦の歴史に於て、彼の西暦第十六世紀に欧羅巴に起つた宗教改革に類似する現象を求むるならば、それは鎌倉時代に於ける諸宗勃興の外にあるまい。法然上人其他諸宗の開祖たる人々に依つて遂げられた宗教上の革新運動は、実に我邦有史以来未曽有の盛観と称すべきであつて、鎌倉時代が我国の歴史に特別の意義を有する所以は、素より一にして足らざれど、其重なるものを挙げむとせば、先づ此の宗教上の大変動を算へなければならぬ。[23]

ヨーロッパ世界同様に封建制があり宗教改革があるのならば、日本にルネサンスはなかったのか。原は、代表作『東山時代に於ける一縉紳の生活』で描いた公卿三条西実隆をめぐる時代が日本のルネサンスであると考えた。

約言すれば、足利時代は京都が日本の唯一の中心となった点に於て、藤原時代の文化が多少デカダンに陥ったとはいいながらともかく新な勢いを以て復活した点に於て、而してその文化の伝播力の旺盛にして、前代よりもさらに普ねく都鄙を風靡した点に於て、日本の歴史上に重大な意義を有する時代であるからして、これを西欧の十四、五世紀に於けるルネッサンスに比することも出来る。(24)

原は、内実を伴わなくなった平安の京都に、中世の関東の武家政権を経て、再び政治の中心が戻ったこと、貴族文化が政権基盤の弱かった足利幕府のもと、割拠する守護大名を通じて全国に広がっていったことをもって、日本版ルネサンスとみたのである。

原の解釈は、現在の研究水準からみれば、鎌倉時代以降の土地制度に西欧の封建制との類似性を強調する点に疑問があるし、鎌倉新仏教を革命的ととらえるべきではないとする反論もあろう。しかし、原の目的は、細部の検討によって日本と西洋のちがいを示すことではなく、むしろ、細部を演繹して日本と西洋の類似性を浮かび上がらせることにあった。(25)それは、欧米諸国からの「遅れ」を常に意識していた当時にあって、日本の近代化は不可能ではないことを示すためにも必要だった。世界システムが現れる前の段階において、西洋史における「中世」という時代区分を用い、時代的特徴の類似点を用いることは、時代像を歪曲させる可能性の強い西洋中心史観である。(26)しかし、西洋と日本を平行させることこそが、原には重要だったのではないか。このいわば「文明国標準の日本史観」がより明確になるのが、一九二〇年に英語で公刊された日本の通史 *An introduction to the history of Japan* である。(27)原はこの本の冒頭で、次のように訴えた。

本書は、日本の過去と未来を今少し探究してみたい欧米人向けのものである。日本は、静謐と奇妙さと絵のような不思議さを見世物にするために何も変えないでおくためだけに価値のある国ではなく、自ら向上しようと必死で努力し、世界文明の共通の進歩〔the common progress of the civilization of the world〕に謙虚に貢献しようとする民族が住む国なのである。(28)

西洋世界との「共通の進歩」が可能であることを、日本の歴史から明らかにする。これが原の執筆動機であった。もちろん、ここでいう「進歩」とは、西洋文明の価値観を前提にしたものであろう。よって、原は日本史の転換点を強調し、かなり強引に西洋史の流れと結びつけていく。古代から中世、次にルネサンスへと向かう記述については、先述の邦語の著作の通りである。では、東山時代以降はどうか。原は、足利義尚の近江遠征失敗（一四八九〈延徳元〉年）から混沌の時代となるとし、このあたりで中世が終わり、混乱のなかに進歩の契機をみる。戦国期の堺などの都市商人の発展はブルジョワの勃興。近代を準備した江戸時代の後、フランス革命に比定すべき明治維新となる。それでは、なにをもって発展とみるのか。ここに原の独自の視点があった。

前時代〔古代〕の古典主義は、後の時代、いわゆる暗黒時代の平民化された〔vulgarised〕文化にくらべてはるかな高度であったようにみえるかもしれないが、平民化を文明の後退と決めつけるべきではない。平民化は、広範な伝播と普及を伴いながら、その時代の真の社会情勢により適応していくことなのである。疑う余地のない頽廃と見下すべきではないのである。(29)

原が中世を「暗黒時代」ととらえなかった点は、そこに文化が大衆に受容され躍動していくさまをみたからであった。これは、江戸時代にキリスト教を拒絶して、宗教を統制してその神秘性を認めなかった点への評価にもつながり、宗教もまた世俗化されることで、無用な宗教戦争をさけて、明治維新を準備したというのである。(30) 庶民への文化の浸透、すなわち社会全体の文明化に進歩の鍵があるとするのが、原の歴史観の要点であった。『南海一見』中の、前述のフィリピンの独立にかんする「中流下流の人民」の怠惰さへの危惧も、こうした文脈で読めば、原の真意が明らかになるように思われる。

日本のルネサンスの担い手であった三条西実隆の日記を利用して書かれた『東山時代に於ける一縉紳の生活』を読めば、現在でも通用する十分な実証性があり、原が史料を基本として歴史を叙述することを軽視していたわけではないことがわかる。また、古代の日本文化が中国からの輸入文化そのものではなかったとの解釈に対し、「多少ショウキニズムの臭がある」としており、(31)客観性を欠いた日本史に批判的でもあった。そうであるならば、演繹的に日本と西欧の中世が平行すると主張するのは、日本も欧米諸国と同様の歴史があり、近代化に無理はないと暗示することになるため、やはり実証性に欠けた「ショウキニズムの臭」がする。しかし、その矛盾を原が意識していたようには思われない。ドイツ実証主義を学んだ原をはじめとした、明治の歴史学者にとって、西洋中心の歴史は当然の前提であり、日本史を西洋史の枠組みに当てはめて解釈することこそ、正統な歴史学であったのである。その意味でも、原の歴史観は文明国標準主義であった。他方で、実証主義を実践していたとはいえ、やはり原の著作には、どこかで明治以来の文明論の雰囲気があることも否めない。福沢諭吉の『文明論之概略』や田口卯吉の『日本開化小史』をあげるまでもなく、文明論は、開化もしくは文明化にはどういう歴史的条件が必要であったかを追求するものであった。そこにはかなり強引な歴史解釈があり、明示的ではなくとも、西洋史から演繹的解釈がおこなわれていたが、だからこそ文明論の叙述には勢いがあり、読むものをひきつけたのである。

原の位置づけにかんして、もう一点注意すべきは、留学からの帰国以降、その研究が現代史に向いたことである。陸軍軍人として日露戦争に従軍したこともある原は、日頃から軍事外交に関心をよせていたため、同時代の世界史的大事件であった第一次世界大戦研究に没頭した。[32]第一次世界大戦後も、「神経質な危機の時代」がつづいているが、「他国が歓迎しようとしまいと、日本は進歩せざるを得ない」。[33]よって、原は、日本が特別な国ではなく、西洋諸国と似た歴史過程を経てきたことを強調したのである。原の史観は、中世史学の観点から論じられがちだが、現代史研究から同時代の日本に直接の教訓を得ようとした一面を見逃してはなるまい。

ただし、ランケ史学を継承する原の現代史研究は、ヨーロッパ各国の地誌や外交文書が延々と書き連ねられているのみで、面白味に欠ける。それにくらべ、「新都の経営既に成りて、朱門は八荒に輝き、画棟は空に聳え、典章爰に具はりて、百官有司各其職を分かち」との『日本中世史』の書き出しは実に華麗であるし、一公卿の生活を史料と推論を織り交ぜながら叙述していく『東山時代に於ける一縉紳の生活』は読むものを飽かせない。ここに、文明国標準の歴史家原勝郎の真骨頂をみるのである。

おわりに

再び、原勝郎の南洋観に話を戻そう。前節でみたように、原の歴史観には、文明国標準の発想が色濃く反映されており、進歩を促すものとして、庶民への文化浸透・文明化を重視した。それにしては、原の東南アジアの「土人」や「下流中流」の人びとへの態度は冷淡だが、すでに文明化している側が「未開」「野蛮」な者を下にみるのは当然と考えるのが文明国標準主義なのである。そのなかにあって、東南アジアの人びとの文明化の可能性を見い出し、傲慢だったとはいえ、その独立に目を向けるのは、原なりの「良識」であった。

また、同じ日本人であっても、選良である原と移民である庶民とは別だと考えられた。だからこそ、一般論として、いまだ文明化の足りない日本人が差別待遇を受けることをやむをえないとしながらも、原自身が西洋人から下にみられることには憤慨したのである。西洋文明への到達度による区別には人種差別が伴ったが、非白人の選良である原の意識では、自身は白人社会の選良と同等の立場にあった。一方で、肌の色は変えられないため、有色人種であることを確認せざるをえない。その結果、非白人の選良は、一層自らの文明化度合いの高さを強調することになるのである。

「帝国」日本の発展に伴い、日本人移民への警戒が高まり、各地で摩擦が起きるなか、外務省は各地に外交官を派遣して、移民の動向調査をおこなわせた[34]。こうした調査報告で、選良たる外交官の移民への評価は、如上の文明国標準の発想を知る手がかりになる。一例として、ジャワで原を世話した蘭領東インドバダビヤ領事の浮田郷次[35]が、一九一二年から一三年におこなった蘭印東部諸島の移民視察報告には次のような一節がある。

土民は未た石器時代の野蛮人にして従て真の商業は未た行はれす僅に冒険的支那人等により煙草、切れ類、刃物等を以て彼れ等の獲物たる鳥類椰子等と物々交換をなすの現状にあり〔中略〕
今や帝国臣民は法律上欧州人対等の待遇を享有するに至りたるも彼の醜業婦の輩に至りては西洋人は勿論多くの場合に於て支那人及土人を顧客となすものなるか故日本人の軽侮を蒙るも亦自然の結果にして其他行商の如き玉転し業の如き決して国民の尊敬を博する所以の業にあらす〔中略〕日本の国力を頼み一等国民を標榜し挙止往々傲慢に流れ或は身に襤褸を纏ひ懐中無一物の身を以てして蘭国官憲に対し横暴なる言行を敢てし却て其怨を招き日本人に不利を醸せし等の例なきにしもあらす[36]

浮田にとって「石器時代の野蛮人」としかみていなかった現地民は問題の対象外で、中国人や「土人」に売春し、その売春婦相手の商売をする日本人を問題視しているのである。浮田に限らず、「娘子軍」とも呼ばれた売春婦に対する外交官の扱いは厳しかったし[37]、洗濯業や遊戯場経営をする移民も軽視されたが、それもひとえに文明国としての体面が傷つくからであった。前章で紹介した埴原正直外務書記官は以下のように記している。

〔移民からの送金を重視する意見に対して〕移民の多数か恥を国外に曝して如何に国民の声価を損傷し且累を国交に及ほしつつあるかを知らさるものの如く然り吾人恥を外国に估りて迄も国家の収入を増ささるへからさる理由を解せさる(38)

こうした主張を読むと、一体日本の外交官は誰の味方なのかと首をかしげたくなる。

原勝郎や外交官は、アジアの「一等国」である日本人として、文明化に遅れているほかの有色人種との間に線引きをしようとすると同時に、自国民に対しても、相手を「下流」とみれば、まるで白人が有色人種に接するような態度で臨んだ。注意すべきは、彼らが差別そのものを否定していない点である。原は、自分が白人の先客と同等待遇をされないことに不満ではあったが、「混血娘」や「黒ン坊」への差別待遇には鈍感だった。日本人移民排斥に対する外交官の対応も、差別を批判するのではなく、日本人がほかの有色人種と同等に扱われることを問題視したのである。(39)「文明国標準」の論理は、標準に達していないとされた国や民族へのあからさまな差別を容認していた。優劣があることで植民地支配を正当化することもできたのである。「帝国」日本は、アジアで特別な存在として勢力を拡張することを企図していた。朝鮮半島や台湾の植民地化は、日本が「文明国標準の帝国」であり被支配者が「未開」であるとして正当化しえたのである。よって、日本と欧米との間の差別は拒絶したが、文明国標準の論理による差別構造そのものは維持される方が好都合であった。

二〇世紀初頭のアジア太平洋は、中国・インド・日本などアジア系移民の大量送出と列強の国民帝国化の進展が絡み合い、それまで以上に人種間による排除と包摂がすすんだ時期であった。この過程で、アメリカの東海岸からオーストラリアにかけて、有色人種を排斥するための、地理的かつ理念上の「グローバルなカラー（肌の色による）ライン」が形成されることになった。[40] 文明国標準の発想は、人種間の階層的位置づけを前提としたものであったため、肌の色による線引きと文明国標準の線引きの基準は重なると考えられる。不可変の肌の色によるラインは変更できないが、文明化によって文明国標準のラインは変更しうるのではないか。近代日本が追求したのは、ラインの消滅ではなく、その変更であった。

原の南洋観は、基本的には文明国標準に沿うものだったが、東南アジア各地の「文明化」と独立の可能性を探っていた点で、「帝国」日本の支配論理とは異なっており、本章でその主張を「良識」とした理由である。この「良識」を失えば、日本は西洋文明という借り物に身を包んだアジアの支配者でしかなくなるのである。一般に、欧米の論理を否定しておこなったとされるアジア太平洋戦争期の「大東亜共栄圏」も決して「文明国標準」と無関係ではない。[41]

一方、西洋文明に従順でありつづけようとする態度は、卑屈なまでの欧米への妥協論も生んだ。前章でも紹介した東南アジアや南米での領事を歴任したある外交官は、アメリカでの排日移民法成立に対して、以下のように述べた。

如此我々日本人は、米国人より劣等人種として侮辱せられ、迫害せられ、意気地なしとして軽侮せられ、内心の痛苦は難堪と雖も、此際悲憤慷慨したりとて、徒らに相手を激せしむる結果となり、詮なければ、宜しく隠忍自重して〔中略〕我々の欠点とする所の道徳経済及知識上の改善に向て、鋭意努力し、我々の国家をして、国際間に推しも推されぬ地位に進むることを念とすべく、真面目なるべきなり。[42]

こうした認識でいる限り、少なくとも欧米諸国との協調は維持されるかもしれない。ところが、皮肉なことに、国際的地位向上のために文明国標準に向かってすすむほど、欧米の知識を得た選良と庶民の懸隔は開き、日本の非白人への態度は傲慢さを増し、欧米からの警戒は高まっていく。

いま一つ矛盾があった。原の選良としての「良識」は、日本人である以前に知識人として世界の文明人であるといったコスモポリタニズムに支えられていた。しかし、原が切望する社会全体の文明化によって日本が国民帝国として発展するほど、国民意識が強固になり、コスモポリタニズムやトランスナショナリズムの主張は、「平民的」ナショナリズムの抵抗を受けるのである。

我々が我が国の理想として心から望むことは、世界文明の進歩と福祉に貢献するために、我が国を先輩の西洋諸国と肩を並べて進んでいけるようにすることである。我々に対する外国の意見がどんなに変化していこうとも、私たちは来るべきこのゴールに向かって進んでいくのである。[43]

「隠忍自重」し「道徳経済及び知識上の改善」をすれば、多少の困難があっても、欧米と日本の間にあったラインは消えて、ともに「進歩」できるはずであった。しかし、日本は、文明国標準の歴史家原勝郎が欧米人に宣言したゴールには向かわなかった。屈折した感情と不満の鬱積は、原の選良主義の限界をもった「良識」すら失わせて、日本の対外政策をますます歪なものにしていくのである。

注

（1）「南洋」という地域概念の範囲は明確なものではなく、広義では、日本の南方全域をさして用いられることも多かった（清水元「近代日本における「東南アジヤ」地域概念の成立Ⅰ」『アジア経済』二八―六、一九八七年）。

（2）河西晃祐『帝国日本の拡張と崩壊』（法政大学出版会、二〇一二年）三四―四六頁。

（3）原勝郎『南海一見』（中公文庫、一九七九年、初刊＝東亜堂書房、一九一四年）。

（4）日本・南洋関係についての研究は多くあるが、本章では、矢野暢『「南進」の系譜―日本の南洋史観―』（千倉書房、二〇〇九年）、後藤乾一『東南アジアからみた近現代日本』（岩波書店、二〇一二年）を参照した。

（5）この点を通時的に概説しているものとして、上野隆生「近代日本外交史における「北進」と「南進」」（『和光大学現代人間学部紀要』第一号、二〇〇八年）。

(6)　原勝郎の小伝として、富士川英郎「解説」（原勝郎『日本中世史』平凡社東洋文庫、一九六九年）、矢野暢「解説」（原前掲『南海一見』）、樺山紘一「原勝郎」（今谷明ほか編『20世紀の歴史家たち（一）』日本編上、刀水書房、一九九七年）。
(7)　矢野前掲注(6)「解説」二〇三頁。
(8)　中村淳「〈土人〉論―「土人」イメージの形成と展開―」（篠原徹編『近代日本の他者像と自画像』柏書房、二〇〇一年）。
(9)　拙著『近代日本外交とアジア太平洋秩序』（昭和堂、二〇〇九年）八〇―八五頁。
(10)　井上雅二については、河西前掲注(2)『帝国日本の拡張と崩壊』四〇―四二頁。
(11)　井上雅二『南洋』（冨山房、一九一五年）三・一八頁。
(12)　原は、日本人の起源は北方や南方からのさまざまなルートがあったが、主たるものは南方であったとしている（Katsuro Hara, *An introduction to the history of Japan*, New York, 1920, pp. 21-49）。
(13)　後述の浮田郷次は、南進論の先駆けとなった竹越与三郎の主張を批判して、「さう云ふやうな意味の事〔南洋の日本領土化〕を言はれる為に蘭領では非常に日本に対して恐れを抱いて、日本人のする事、為す事色眼鏡を以て見ると云ふやうな状態になつて居つた」とし、国際情勢に無理解な日本人の言動に苦言を呈している（浮田郷次「馬来半島」文明協会篇『日本人の斧鉞を待つ暹羅と墨西哥』文明協会、一九二六年）。
(14)　酒井三郎『日本西洋史学発達史』（吉川弘文館、一九六九年）第三章第一節、三上参次『明治時代の歴史学界』（吉川弘文館、一九九一年）三四―三六頁。
(15)　原の中世史研究の日本史学上の位置づけについては、石井進「中世社会論」（『岩波講座日本歴史八　中世四』岩波書店、一九七六年）、今谷明「『一縮紳』をどう読むか」（原勝郎『東山時代に於ける一縮紳の生活』中公クラシックス、二〇一一年）。原の『日本中世史』の意義については、小堀桂一郎「国史上の「中世」について―原勝郎と平泉澄・二つの中世史の順序に纏る逆説―」（『新日本学』第一号、二〇〇六年）、山内昌之『歴史学の名著三〇』（ちくま新書、二〇〇七年）五二―五八頁。
(16)　原前掲注(6)『日本中世史』六一頁。
(17)　同右、九―一〇頁。
(18)　一例として、久米邦武編『米欧回覧実記』二（岩波文庫、一九七八年）一一四―一一五頁を参照。
(19)　以下の原勝郎の著作を参照。「文芸史上の鎌倉時代」「鎌倉時代に於ける人文の地方的伝播」（原前掲注(6)『日本中世史』）、原前掲注(15)『東山時代に於ける一縉紳の生活』五―一三頁。

(20) 原勝郎「法然上人と聖フランシス」(原前掲注(6)『日本中世史』)二五一頁。

(21) 原前掲注(19)「文芸史上の鎌倉時代」二〇九頁。

(22) 原勝郎『西洋中世史概説・宗教改革史』(同文館、一九三一年)八二―八四頁。

(23) 原前掲注(20)「法然上人と聖フランシス」二五一頁。

(24) 原前掲注(15)『東山時代に於ける一縉紳の生活』一三頁。

(25) たとえば原は、「予はひたすらに帰納を繰り返すことを以て史家の任務の第一だとは考えておらぬ」と述べている(同右、四頁)。

(26) 新田一郎『中世に国家はあったのか』(山川出版社、二〇〇四年)、Timothy Reuter, "Medieval: another Tyrannous construct?", in Reuter, *Medieval Polities and Modern Mentalities*, Cambridge Uni. Press, 2006, pp. 19-37.

(27) Hara, *op.cit.* なお、本書の邦訳には『原勝郎博士の「日本通史」』(渡部昇一監訳・中山理訳、祥伝社、二〇一四年)があるが、本章では引用の都合上、原文から著者が訳した。

(28) *Ibid*, p. xi.

(29) *Ibid*, p. 224.

(30) *Ibid*, pp. 347-354.

(31) 原前掲注(15)『東山時代に於ける一縉紳の生活』五―六頁。原は、Hara, *op.cit.*, pp. xi-xii でも、jingoism への危惧を述べている。

(32) 坂口昂「序」(原勝郎『世界大戦史』同文館、一九二五年)。

(33) Hara, *op.cit.*, p. xv.

(34) 清水元「近代日本の海外通商情報戦略と東南アジア」(『岩波講座「帝国」日本の学知六 地域研究としてのアジア』岩波書店、二〇〇六年)、安達宏昭「日本の東南アジア・南洋進出」(『岩波講座東アジア近現代通史四 社会主義とナショナリズム』岩波書店、二〇一一年)。

(35) 『南海一見』によると、「ホテルに落ちつくとすぐに出かけて、浮田領事を訪問し、爪哇内地の旅行について相談した」(八〇)とある。浮田郷次については、河西前掲『帝国日本の拡張と崩壊』第一章。

(36) 『移民調査報告一三』(外務省通商局、一九一四年)二八―二九・三七―三八頁。

（37）宮岡謙二『娼婦—海外流浪記—』（三一書房、一九六八年）には、売春婦と日本官憲の関係について、さまざまな事例が紹介されている。
（38）『日本外交文書　対米移民問題経過概要』二三八頁。
（39）たとえば、一九〇一年のオーストラリアでの移民制限法制定時の日本の対応が典型であった。この点について、当時の領事だった永瀧久吉の『回顧七十年』（非売品、一九三五年）一一二—一一六頁を参照。
（40）Marilyn Lake, Henry Reynolds, *Drawing the Global Colour Line*, Cambridge, 2008. 以下、線引きの意味については、前章を参照。
（41）詳しくは、拙稿「大東亜共栄圏の一視角—「共時性」としての西洋—」（『京都橘大学研究紀要』三九、二〇一三年）。
（42）藤田敏郎『海外在勤四半世紀の回顧』（教文館、一九三一年）二一三頁。
（43）Hara, *op.cit.*, p. 398.

第三章　島崎藤村の南米行

――「国民外交」の視点から――

はじめに

もとよりこの南米行にはいろいろな方面からの依頼を受け、その使命をも果たさねばならず、無事帰国の上はそれらの報告をも齎さねばならなかつたが、それとてわたしは強ひてするやうな意識を持たずに、おのづから眼に触れ耳に触るるものがあるだけにも満足して、多くの旅人と同じやうに、成るべく浅く浮びあがることを楽しみに国を離れたものである。わたしもこの年になつての旅であるから、家内引き連れ世界の巡礼にでも出掛けるやうな感が深かつた。(1)

一九三六（昭和一一）年七月一六日、藤村島崎春樹は、神戸から「リオデジャネイロ号」に乗船して南米に旅立った。アルゼンチンで開催される第一四回国際ペン・クラブ大会出席のためであった。六四歳になっていた藤村は、すでに大作『夜明け前』を書き上げ、文壇の重鎮として日本ペン倶楽部会長に就任していた。大会出席だけがこの旅行の目的でなかったことは、外務省から五万円もの旅費援助を受けていたことからも明らかで、(2)藤村はアルゼンチン・ブラジルでの移民視察や講演活動をおこなった後、北米からフランスをめぐって翌年一月に帰国した。

ところで、帰国直後の三七年二月、藤村は外務省亜米利加局内に設けられていた移民問題研究会で南米での見聞について講演をおこなった。これは『南米移民見聞録』として出版されたが、『藤村全集』にも収録されておらず、あまり知られていない。(3)一方、この南米旅行の紀行文は、一九四〇年に『巡礼』と題して公刊された。『巡礼』の記述は、日本の一知識人の対外認識を知ることができる部分もあるが、総じて散文的で、国際ペン・クラブ大会参加や南米視察の政治的背景を考えると、いささか違和感があることは否めない。冒頭に引用した「巡礼」としての旅行とは、大作家一流の修辞だったのか、それとも外交に利用されることへの反発だったのか。

本章は、藤村の南米旅行を、当時の日本の対外政策の文脈において再考し、いわゆる文化人の国際交流の外交的意義を考察するものである。藤村の南米旅行にかんしては、晩年に「国家主義的」となるなかでの国策協力としてとらえるのが一般的である。これに対して、より複雑な藤村の思想や周辺事情を指摘した目野由希と稲賀繁美の研究がある。(4)目野は、藤村の南米派遣が「実務より名義を活用するような国策的文化交流」の一環だったとし、藤村は必ずしも国策の路線に従わなかったが、その南米行が最晩年の「アジア主義的主張」を生む契機となり、「彼の不思議な〔中略〕ナショナリズムとインターナショナリズムのもつれと活力」につながったと論じている。一方、稲賀は、国際ペン・クラブへの参加が、クラブの精神である国際協調主義への同調と「国粋的な傾向を強める国家政策の補助」というジレンマを抱えるものであったが、「日本移民の寄る辺なき境涯に身近に接し、文学や芸術を拠り所に励ましと労わりの志を伝えること」が「公式任務に勝るだけの重みを宿した、文学者としての真摯なる責務へと成長していった」と指摘している。ここで注意すべきは、両者とも晩年の藤村を簡単に国家主義的と片付けることを留保している点である。特に目野は、日本ペン倶楽部をめぐる諸史料を丹念に発掘し、藤村の解釈にも新たな視角を提示した。すなわち、近年の外交史研究をふまえれば、一九三〇年代半ばは日本の外交当局は国際協調主義に戻ることを模索していた時期であり、藤村の南米行はその文脈で理解しうるものだというのである。(5)目野や稲賀の主張にはおおむね首肯するが、惜しむらくは、両者とも、藤村の立場が当時の対外政策のうえでいかなるものであったのかについては明確な結論を提示していない。

ところで、藤村評価が錯綜している一因は、「国家主義」「国際協調主義」などの当該期の政治外交上の立場を表す概念の混乱にあるように思われる。一例を示せば、国家主義については、一般的な意味でのナショナリズムと一九三〇年代以降の日本の超国家主義的志向を区別する必要がある。また、国際協調主義と帝国主義は、当時の外交戦略では相反するものではないし、国際協調主義とインターナショナリズム（国際主義）は同義ではない。平和主義・反植民地主義を基調とした現在の国際協調主義とは異質なものといってよい。(6) よって、文学解釈もしくは文化研究としての従来の藤村研究の成果をふまえつつも、依然として外交史の観点から藤村の南米行を再検討する余地は残っているものと考える。では、藤村の議論が国家主義でないとするならば、一体なんであったのか。国際協調主義の促進を秘めた南米行だったといえるのか。本章で明らかにしたい点はここにある。

第一節では、一九三〇年代半ばの日本の外交政策や移民問題にふれつつ、藤村の南米旅行の足跡をたどる。つづく第二節では、『南米移民見聞録』をもとに、藤村の言動の外交的位置づけを検討する。第三節では、藤村の南洋行が国民外交という概念で説明しうることを論じ、最後に文化人の国策協力を評価する際の問題点を指摘する。

一　藤村南米派遣の外交的意味

周知のように、近代の日本は、人口過剰と資源不足問題の解消を目的に、移民を大量に送出した。(7) 明治期の日本政府は移民政策に消極的だったが、第一次世界大戦での南洋群島獲得を機に、政府主導の移民送出に転じた。(8) よって、それ以後の移民送出は基本的に「国策」であったといえる。移民先は、日本の植民地・勢力圏をのぞけば、圧倒的に南北アメリカ大陸に集中していた。当初の移民は、ハワイと、そこからの再移民も含めて北アメリカが多かったが、日露戦後からアメリカ合衆国での排日の動きが強まり、一九二四（大正一三）年の排日移民法成立によって事実上対米移民の道は閉ざされた。これによりブラジルを中心とする南米移民は重要性を増すことになった。一九二一年から二五年に一万人強であったブラジル移民は、次の五年間には六万人弱、その次の五年間には七万人をこえたのである。

ところで、主たる移民送出先であったアメリカ大陸諸国は、日本の植民地や勢力圏ではなく、むしろ非白人である日本人が「遅れた」人種ではないことを強調しなければならない地域であった。アメリカでの排日運動の一因は、日本人移民が同化に適さないことであった。人種差別的な排日論に対する感情的な反発はあったが、日本の外交当局の基本姿勢は、日本が「文明国」であることを示し、日本人移民受け入れ国の批判をかわすことに終始した。これには、勢力を拡大する帝国日本への警戒感を緩和することが優先されたという事情もあったが、いずれにしろ移民をめぐる対外政策の基調は、欧米諸国との対立回避が主眼であった。すなわち、帝国日本の拡大をすすめるべく植民帝国間の利害調整をおこなうのがアジア太平洋戦時期をのぞく近代日本の国際協調主義の原則であり、満州事変以後の一九三〇年代であっても、中国大陸の権益にかんしない限りあえて列強と対立しないことは、当然ともいえる外交戦略であった。(9)

しかし、期待をかけていた南米ブラジルでも日本人移民に暗雲がたちこめることになった。(10)日本政府は、アメリカに代わる移民先としてブラジルを重視し、一九二四年には、移民に対して二〇〇円の船賃補助を開始し、一九三二年からは五〇円の支度金の支給もおこなった。これを受けてブラジルへの移民は激増したが、日本人に同化性がないことなどを理由に排日の気運が高まっていった。一九三四年にはいわゆる二分制限法が成立し、日本人移民数はブラジルに定着する日本人移民の二分（二%）に制限されることになったのである。

日本政府は、ブラジルにおける日本人観は誤解に基づくもので、日本・ブラジル間の交流不足がその一因であるとした。一九三五年一月には沢田節蔵が新任大使として赴任し、「対伯工作」（「伯」はブラジル＝伯剌西爾の略）にあたることになった[11]。その「工作」の一つが「ブラジルの識者、実業家、文化人学者等を日本に招致して日本の真相を知らせ、同時に日本からもその種の人物をブラジルに派遣して日本の紹介に努めさせる[12]」というもので、藤村の南米派遣もその一環であったと沢田は回顧している。

ここで、藤村の南米での足跡をたどってみたい[13]。

八五〇人あまりの移民とともに南米に向かった藤村は、一九三六年八月二九日ブラジルのサントス港でいったん上陸し、国際ペン・クラブ大会に出席するため、すぐにブエノス・アイレスに向かった。九月五日から大会に臨んだが、その合間には、日本人小学校などを視察した。九月一七日、日本公使館でのレセプションでは、雪舟の絵を題材に「日本的なるもの」を講演した。九月二三日にはブラジルに到着し、サンパウロ周辺で、日本人農場見学や講演をおこなった。サンパウロ郊外では、藤村の筆になる和歌四首を刻む石碑の設置予定地も見学した。九月二九日にはリオ・デ・ジャネイロに赴き、沢田大使と会見、ここでも講演をおこない、ブラジル外相とも会談した。一〇月一日、イースタン・プリンス号に乗船、ニューヨークに向かった。この後も、アメリカからフランスをめぐる藤村の旅はつづくが、公的な色合いは薄れて個人旅行の観が強まった。

約一ヵ月間にわたる南米滞在中の藤村の行動は、文化交流のために訪問した日本の有名作家としてはとりたてて特別のものではない。現在でも、日本の著名人が公的立場で外国訪問をすれば、同様な行動になるであろう。他方、先行研究では、藤村の言動の背景に着目して分析がすすめられてきた。たとえば、稲賀繁美は、藤村は雪舟や芭蕉を取り上げることで、「前近代の日本に近代性の徴候を認めようと」したと論じる。藤村が意識的であったかは別にして、「文化英雄の国際的名声が、民族主義の鼓吹や、偏狭な国粋主義の増長にも容易に手を貸し、世論操作の道具に利用されがちなこと」を指摘し、藤村の言論に危険な要素が含まれていたとする。(14)また、日野由希は、一九四一年に皇紀二六〇〇年の記念事業として刊行された『ブラジルにおける日本人発展史』の巻頭写真に藤村の書いた歌碑が掲載されたが、第一回ブラジル移民の名が刻まれた面のみが紹介されていることを指摘し、これは、国策的国際文化交流において、藤村が「本質的には対等な協力者ではありえない」ことの示唆だとする。(15)こうした議論の可否は後述するが、言説・表象分析の段階にまで及ばない表層をみれば、藤村の言動は、なんら奇異なものではなく、穏やかな文化交流の一コマを演出したものであったといえよう。

ここで注意すべきは、そもそも日本の外交当局は、藤村の言動に、国粋主義の強調や帝国日本の礼賛を期待しなかったはずだという点である。植民地や勢力圏をのぞく海外移民の場合、受け入れ国との友好関係促進は当然のことであった。先述のように、日本の権益に反しない国家と対立する必要はなく、国際協調のため、大作家が穏当な文化活動をおこなってくれればよかったのである。また、「棄民」扱いされがちな日本人移民を励まし「文明国」の国民としての自負をもたせるべきだということも、移民問題に関わって明治期から主張されており、それは国粋主義高揚のためではなく、日本の体面を保ちつつ受け入れ国民と日本人移民の無用な対立を回避するために必要だった。雪舟解釈に含まれる問題はあったかもしれないが、重要だったのは日本文化の表面的な紹介であったろうし、石碑に藤村がなにを刻むかでなく、なすべきは日本人移民の存在を示すものを設置することであっただろう。

実際、国際協調と文化的雰囲気のなかで友好親善と移民激励がおこなわれたことを、アルゼンチンでの藤村の扱われかたからみてみよう。アルゼンチンの日系新聞『亜爾然丁時報』は、国際ペン・クラブ大会と藤村の言動を大きく報道した。藤村の来亜は、「思想表現の自由、国民民族間の相互的尊敬理解の確保を基調とするペンクラブ大会」の精神に則り、「偏狭なる民族主義より解放されたる文化日本人の真の姿を示」す「側面外交」になるとの期待が表明された。[16]これに応えるかのように、藤村の次のような談話が掲載された。

私は今爾ペンクラブ大会に非常な期待を抱き喜こんで私の使命を果すためにやつて来た。〔中略〕「東は東、西は西」とよく謂われてゐるが、〔中略〕ペンクラブの精神との間に介在する左様な暗影は凡て時代の力によって取除かれるものと私は信じてゐる。斯ういふ信念を持つてゐる私は今爾ペンクラブの結構な招待をお断りする事は出来得なかつたのである。[17]

そのほかにも、日亜文化協会主催の歓迎会や、ブエノス・アイレス文化大学における講演「日本に於ける近代文学発展の経路」（九月一七日）、小学校訪問などの記事が掲載された。藤村の長男楠雄の「亜爾然丁へ行く父を見送りて」とのエッセイも『週刊朝日』から転載され、子どもの目からみた藤村像も紹介された。[18]九月一三日の日本人小学校訪問で「桃太郎」を語ったことは、ほほえましいエピソードとして記事になったが、藤村もこのことは印象深かったようで、『南米移民見聞録』・「巡礼」など随所で回想している。[19]

いずれにしろ、藤村にかんする報道は、日本からの著名人来訪歓迎一色で、報じられる限りの藤村の言動も無難に徹しており、予定調和的なものに終始している。母国の大作家をめぐる華やかな行事をつつがなくおこなうこと。それがアルゼンチンの藤村に求められたことであった。

二　『南米移民見聞録』

前節でみたように、南米での藤村は、歓迎に応えて、少なくとも表面的には無難な行動、すなわち著名人の国際交流の典型を演じた。また、それが資金提供をしていた日本の外交当局の意向でもあったことが容易に想像できることも指摘した。しかし、そうであるならば、「巡礼」で南洋行の「使命」を「強ひてするやうな意識を持たず」と書いていることとの温度差が気にかかる。キプリングの「東は東、西は西」とのことばを批判的に引いて[20]、ペン・クラブへの意気込みを語ったのは虚飾であったのか。もちろん、「巡礼」は文学作品であり、その表現は実際の藤村の「側面外交」活動とはある程度引き離して考えねばなるまい。そこで改めて注目されるのが、講演録の『南米移民見聞録』である。既述のように、この記録は、帰国直後に外務省内の移民研究会でおこなわれた講演に基づくもので、その内容が正確なものであるのか、中略となっている部分など刊行に際して藤村もしくは当局の手がどの程度入っているのかを確かめることはできない。その点を割り引いても、「巡礼」にくらべて一般の眼にふれることが限定され、外務省内での講演であったことを考慮すれば[21]、藤村が公的「使命」をどうとらえていたかを知るための史料的価値はあろう。

『見聞録』は、六〇頁のパンフレットである。「はしがき」には、「島崎藤村氏が渡亜されるに際し、帰途ブラジルに立寄り、在留邦人社会の実情視察、殊に同胞の情操の涵養、思想の啓蒙等に就いての研究を委嘱した」とはっきり書かれている。また、「外務省は必ずしも氏の見方をその儘是認するのではない」ともことわっている[22]。以下、冗長になるが、まずは『見聞録』の記述の大要を箇条書きにして記したい。

・乗船した「りおでじゃねいろ丸」には、八五〇名あまりの移民がいたが、「南米に行って濡れ手で粟を摑むやうな工合に楽しい生活が出来る」わけではない。「向うへ行つても相当骨が折れるが、郷国に居る時と同じ気持ちで働けばそれだけの甲斐があるといふ風に」移民を勧誘すべきだ。（移民歓送と移民勧誘書＝括弧内は見出し、以下同）。

・シンガポールで小学校を訪ねて「外国に居て自分らの子供をいかに育てたらいいか」が問題であることに気づいた。（邦人父兄の悩み・第二世の教育）

・シンガポールで南米移民は「棄民」だとの悲観論もあった。（新嘉坡邦人の南米移民観）

・移民は、「近頃では余程改善されて」「他の国へ行つてもさう恥ずかしくないやうな服装をして」いる。アルゼンチンなどへの移民は、支配地に植民するのとは異なる。（二十年前の移民と今日の移民）

・南アフリカで「オンリイ・ホワイトとしてある喫茶店」にも日本人は入れる。日本人は「立派になつたやうな気がする」。「或る英国の教会に属する女学校などに家内などと一緒に参観に行つたこともございましたが、さういふところに、大へんキリスト教的な人の道といふもの、ヒユマニテイといふものが説かれて居ると同時に、また一面では、アフリカン或は黒人、支那人などに対して、さういふ者を賤しむ気持ちといふものは非常に深刻でございます」。（ケープ・タウンでの感慨）

・「一人宛に二百円ほどの補助金を持つて行つても、それで十年経つて自費で郷国へ帰ることの出来る者は先づ成功者の側だらうで」ある。（車窓に見る移民の姿）

・「鬼ヶ島にもだんだん鬼は居なくなつて、人の住めるやうな土地に、土地を耕し花を植えて、恐らく今日の桃太郎であつたらば、さういふ遠い島へ渡つても、昔は鬼の住んだやうな荒れた場所をも、人の住み得る土地と変へ

るであらう」。（幼稚園で桃太郎の話）

・「ヨーロッパの方でルネッサンスと謂はれる頃に吾々の国にもかういふ雪舟の如き大きな天才があった」と「知らせるだけでも意味があると思つて」公使館のレセプションで話したら、アルゼンチンの人だけでなく在留日本人にも「かなり印象を与へた」。（喜ばれた「山水長巻」）

・「その国ではその国の文化もあり、その国の教育もあるわけですから、それで日本人のみに特に変つた教育をされては面白くないと、ブラジルの当局の人が申すのは当然かもしれません」。一方、日本人二世が日本語を学ぶことは、外国文化の刺激となって「ブラジルの言葉を豊かにすること」を述べるとブラジルの記者も同意した。（ブラジル記者との問答）

・ブラジルへの移民は日本人とドイツ人が多く、ブラジル政府は「植民地となることを怖れ」ているため、「排日というやうな事も起るわけでございます」。（日本人とドイツ人）

・ラジオ体操のようなことは目立つので、「ああいふ風なことだけでも少し注意して見たらどうだらうか」。排日の一因になっているので、「あまり働きすぎるのもどうかと私は思いました」。（勤勉すぎて――）

・粗末な家に住むことは、「どうしてもそこに本当に根が生へて住まはうといふ気持ちがしない」。（住居を構はぬ日本人）

・「近頃のやうに日本主義といふやうなことが唱へられるやうになりますと、あちらの方に居りまして、今までは、お前はどこの国の者だと子供が訊かれると、俺はブラジルの者だといふ風に答へたさうでございますが、最近では、俺は日本人だと言ふやうな風になつて来たさうでございます」。「兎に角ただ移民は送り出せばいいといふやうなものでなく、本当に末の末まで世話をするといふ気持ちが欲しいと思つて帰つて参りました」。（母国の出来

事に敏感な同胞）

先に、「巡礼」と比較して『見聞録』の史料的価値を強調したが、右記の内容は「巡礼」と大差ない。おそらく講演の原稿が「巡礼」にいかされたのであろう。最後の数頁のみ、日本人移民問題に対する全体的感想が述べられているが、「勤勉な日本人」、移民の将来を考えなければならないなど、内容はいたって平凡である。つまり、外務省でおこなった講演も、広く世間に発表する作品と変わりない次元でしかなかったということである。他方で、この点は、藤村の南米での言動が当たり障りのない文化交流以上のものではなかったことの傍証にもなる。

雪舟をルネサンス文化と同格においている点は、やはり隠しきれない国家主義・国粋主義の表れなのか。稲田繁美が指摘するように、日本の過去の文化に中国と同等もしくは凌駕する面を見い出そうとするのは、「日清戦争戦勝にいたるまで、日本人の心性のなかに深く刻まれてきた劣勢複合の島国意識の、いわば裏返しでもあった」[23]。西洋と同格のものを見い出そうとするのも、日本は西洋諸国に劣らぬ文明国であることを示したいがためであったといってよい。

ただし、『夜明け前』で扱われる国学思想が、武家政権を否定し、中近世を暗黒時代ととらえたのに対し、雪舟評価の文脈は中世を再評価している点は注意を要する。中世は暗黒時代ではなく、爛熟頽廃した平安貴族文化を刷新する武士による活力ある時代だと最初に強調したのは、前章でみたように、歴史学者の原勝郎である。原は、西洋史研究者であったが、『日本中世史』（一九〇六年）や『東山時代に於ける一縉紳の生活』（一九一七年）などで、鎌倉新仏教を宗教改革に、東山文化をルネサンス文化に擬して、新たな時代像を提起した[24]。原勝郎が、日本中世史上のできごとを西洋史上の事件と並列させたのは、日本も西洋と同じ経路をたどってきたのだから、西洋諸国と同等の「文明国」になれることを強調するためであったと考えられる。西洋文明を基準にして、それへの近似が進歩であり、正しい経路だとする、典型的な文明国標準の発想だった。後発国だった日本の場合、こうした議論に自国の近代化や勢力拡張を願う強烈なナショナリズムが伴う。しかし、こうした「文明国標準」の考えかたは、神である天皇が治める日本は西洋諸国に優越し、天皇の御稜威がいきわたって、日本が世界を支配するのだとする皇道論や、主権国家に基づく世界秩序を否定し、国家を「超える」新秩序をめざす超国家主義とはまったく異なるものである。また、近代的枠組みを重視するもので、それを超克しようという発想とも対立するものである。

藤村は、一九四一年のエッセイで、「父等には中世の否定といふことがあつた」として、『日本中世史』の序を引いて、原のように中世を評価するという見方に立てば、「父等が、国学を活かし得る路」があったろうとして、次のように述べている。

あたかもわたくしたちの器官が生活に必要な程度に於いて発達すると言はれるやうに、国民生活の上に於いても必要は一切のものゝ母であつて、日本の開国に伴う急激な国際関係の変化は先づ西洋技術の摂取を急務としたであらう。どうして西洋が物質的で、東洋が精神的といふ風に、さう一概に片付けてしまへるものでもなからう。(25)

晩年の藤村は国学に傾倒したが、東洋もしくは日本を西洋と対峙させ優劣を論ずるという姿勢は、右記の口吻からうかがうことはできない。急速に軍国主義・国家主義が広がっていくなかでの文化のありかたの問題は別にして、少なくとも、ブエノス・アイレスで雪舟を同時代の中国や西洋にも卓越した存在として持ち上げたことだけをもって、藤村を国家主義と断ずることには無理があるし、いわんや「国策」を意識して国粋主義を宣伝したとはいえまい。

『見聞録』中の南アフリカの部分では、人道主義と人種差別の矛盾を少し指摘しているが、この時期にはこうした欧米諸国の矛盾と抑圧を指摘して厳しく批判するといったお決まりの言辞はみられず、日本人は対象外になるほど「立派に」なったとするだけである。一九二〇年代あたりまでは、日本が問題にしたのは「文明国」の日本人が差別されることであり、植民地支配に伴う差別そのものは批判しないのが一般的だった。この点でも、藤村の論理は、それまでの「文明国標準」的なものに近い。

むしろ目立つのは、藤村が日本の移民政策に批判的な点である。南米での生活の見通しが立たないまま移民を送出するのは「棄民」にほかならず、厳しい現実を移民希望者に伝えるべきだというのだ。二〇〇円の補助金を与えても、渡航後の移民が成功する例は少ない点も指摘している。『見聞録』からうかがわれるのは、国粋主義・超国家主義に傾く「国策」に忠実な右傾化した藤村ではないばかりか、国際協調を演出して移民送出を円滑にしようとする外務省の「国策」にも距離をおく藤村なのである。

三　藤村の「国民外交」

藤村は、日本ペン倶楽部会長として、副会長の有島生馬とともに、南米に赴いた。外務省依頼のブラジル移民の視察のついでに国際ペン・クラブ大会に出席したのではなく、大会出席じたいが、当時の外交政策の一環であった。日本ペン倶楽部は、一九三五年に、外務省文化事業部三課長で詩人でもあった柳沢健が、師事していた藤村らに働きかけて創立された(26)。芝崎厚士によれば、国際社会が閉鎖的になっていったとされる一九三〇年代は、むしろ国際文化交流がさかんになった時期で、日本では一九三四年に国際文化振興会が設立されるなど、孤立化を避けるための積極的な国際交流が推進された。日本ペン倶楽部もこうした国策に沿うものであった。芝崎は、国際文化交流の根底にある国際主義をナショナリズムと対置させ、日本の国際主義は近代化もしくはアメリカニズムが未消化であったから挫折したという見方を批判し、国際主義は国際協調的で「よい」ものだという見方を所与のものとする発想では、一

九三〇年代の国際主義は理解できないとする。(27)

こうした問題を解決するために芝崎が着目するのが国民外交の理念である。すでに指摘したように国民外交とは、現在の「民間外交」とはまったく異なるもので、国益のために国民総動員で外交を支援することである。現在でいう「民間外交」の場合でも、民間人が日本の国益に資するために個人として活動すべきと考えるのが大前提であった。ただし、国民が外交に参加するといっても、国際知識が乏しかった当時の国民の誰もが外交に参加せよという意味ではなく、実業家や知識人が先導し、多数の国民はそれに従って理性的になって国益の障害にならないようにすべきだという趣旨だった。

この文脈で考えれば、藤村の南米行はまさに国民外交であった。藤村は、一九一三年から三年間のフランス滞在経験があり、国際文化交流にうってつけの著名人だった。同行した有島生馬もイタリアとフランスに留学経験があった。国民外交の使節である以上、藤村個人の希望はともかく、排日論を抑えるために国際協調的な印象を残し、厳しい環境にある移民を励ますことが、当時の国益に適う行動であった。前節でみたように、藤村は「国民外交」らしい言動に終始した。

あの出発の際わたしたちに託されたことは、来る千九百四十年には日本建国二千六百年に辺り、東京においてはオリンピック大会を初めその他各種の学術会議、また展覧会等も開かるゝことであるから、同年国際ペン大会の会議地をも東京に定めたいとの各方面からの希望であつた。一方には国際連盟からも退きながら、一方には文化的に諸外国と手を握らうとすることそれ自身すでに困難があつて、折角託されて来たことながら国際ペン大会を東京に開きたいとの件もあらうかと案じられた。(28)

紀元二六〇〇年の記念事業の一環として国際ペン・クラブ大会の招致実現も藤村の「国民外交」として求められた

働きだった。藤村の、国際連盟を脱退したにもかかわらず文化的に国際交流しようというのは困難だとの懸念は常識的な判断だが、外務省は、脱退したからこそ、これ以上孤立を避けるために一層の国際交流促進を望んでいたのである。

改めて「国民外交」という概念で藤村の南米での言動を考えれば、それが国家主義的だったのか否かとの視点より整理がつきやすい。日本の文化の独自性や特徴を紹介するのは、日本から来た文化人に期待される役割だった。また、小学校で童話を語り、日本語教育の重要性を示すのは、子女の教育に関心の高い日本人移民が、文筆を生業とする人物に期待するところであった。中国に侵略を開始し国際連盟を脱退したことにはふれず、平和的な日本を宣伝することも、排日論を抑えるためには必要であった。『見聞録』・「巡礼」には、ブラジルの移民制限法のことなど、外交の機微に触れることはまったくでてこないが、これも藤村が政治音痴だったからではなく、文化的側面のみを強調すればよいことを理解していたからであろう。たしかに、気概をもって大胆に日本の非を認める発言をすることもできたであろう。怒りを込めて差別的な移民制限に不当を訴えることもできたであろう。しかし、国民外交使節の立場では、発言内容は正当だとしても、やはり非常識な言動といえるし、もし藤村がそうした言動をするような人物であれば、そもそも南米行は実現しなかったにちがいない。

藤村の言動を、表面的には無難なもので、それこそ国民外交の特徴であったといってしまうと、それはたんなる当時の現状肯定論にすぎず、思想的な深淵にはいたらないのかもしれない。しかし、以下は推測となるが、『見聞録』や「巡礼」でみせる藤村のどこか冷めた雰囲気は、まさにその点にあるのではないか。目野由希が指摘するように、「国策的国際文化交流」の場合、「文学者の発言は政策決定因子としてはほとんど機能しない」、「実務より名義を活用する」といった特徴がある。(29) いいかえれば、国民外交（現在ならば国際交流）の名のもと、著名な文化人が便利使いされるということである。藤村もその点に気づいていたのではないかと思われる。それが「巡礼」での「使命」を「強いてする」気になれないとの発言や、『見聞録』の移民促進に水を差すような批判となって表れ、移民観なども通り一遍のものになった原因と考えられるのである。

おわりに

最後に、藤村のような作家や芸術家の政治的言動に対する評価が抱える問題点について、若干の指摘をしたい。いわゆる文化人を評価するときに前提とされやすいのが、「芸術至上主義」とでもいうべき発想である。それはおおよそのところ、「芸術（学問）は、政治権力とは無縁のもので、芸術家は政治から超然としているべきだ。よって、国策に関係することや政策的志向をもつことは、芸術の価値を貶める」というような立場である。芸術作品の評価にかんして、こうした見方が有効であることは否定しない。しかし、国策や政府関係の役職に関わった文化人の言動を分析する際には問題がある。「芸術至上主義」でいけば、国家権力に関係する（近づく）ことは最初から「悪」だとの前提がある。よって、国策に関わった文化人の言動への負の評価は当然の結論になってしまう。特に、日本の戦時期の場合、後世の我々は、ときの政治権力が政策を誤って悪行を重ねたことを知っているだけに、文化人の国策協力を国家主義や軍国主義と結びつけやすい。しかし、文化人であっても、政治的言動は、一定程度は政治外交史や政治思想史の文脈で理解する必要がある。また、文化人の政治的思惑や打算的行動を「悪」だと決めつける必要もあるまい。もちろん、文化人の文化的活動と政治的活動を完全に切り離すことはできないが、少なくとも政治的活動にかんして芸術面中心の評価に偏るべきではない。一方、文化人の国策協力や政治的活動から生じる責任を免罪すべきではない。「芸術至上主義」によって「作品そのものはすばらしい」などとして文化人の責任を曖昧にしないためにも、政治外交史の文脈は重要である。

本章で扱った藤村の南米旅行にかんしていえば、国家主義に偏向していた日本の国策に従った藤村は国家主義的だというような単純な図式は成り立たない。文芸批評もしくは作家藤村個人ではなく、その外交活動の評価をするためには、対外政策や外交思想の議論を取り入れなければなるまい。

本書が論じる時期、すなわち日露戦争あたりから、戦争は総力戦の様相を色濃くしていく。総力戦のもと、軍事に直接関係しない文化人も戦争協力に動員されるようになった。一九三〇年代からアジア太平洋戦争の時期、日本でも多くの文化人・学者が国策や戦争に動員された。本章の島崎藤村の例や、第三部第二章で論じる新秩序論を唱えた蠟山政道の例からも、そのことは容易にわかる。こうした事実をどう評価するかは、現在も問題でありつづけている。本書の主題の一つである国民外交も、外交の民主化という本来の文脈を離れて、国民総動員外交という意味になっていったことは、ここまでみてきた通りである。移民問題の解決に尽力した渋沢栄一、上から目線ではあったとはいえ、植民地支配に「良識」から批判をくわえた原勝郎、文学者として国策から距離を置き無難な言動に徹した藤村。彼らを、財界人・文化人としての本分を曲げて、国策に与したと評価してよいのか。他方で、本業での偉大な業績を称えて、その言動のすべてを賞揚するだけでよいのか。評価軸や評価方法が定まっているわけではない。

政治と文化の関係を明らかにすることは、戦時期に限らず重要であり、本章の主題は、序章で提示した「社会外交史」の一例となるものと考える。芸術論・文化論の観点と政治論・政策論の観点を複合する一層の学際的研究の広がりが必要なのである。

注

（1）島崎藤村「巡礼」（『藤村全集』第一四巻、筑摩書房、一九六七年）一二四頁（以下「巡礼」『全集』一四、一二四頁の如く略す）。

（2）『日本ペンクラブ三十年史』（日本ペンクラブ、一九六七年）九八―九九頁。ちなみに、「ペン」は、poets, playwrights のP、editors, essayists のE、novelists のNをとって、ペンとかけた名称である。

（3）『南米移民見聞録』（移民問題研究会、一九三七年、以下『見聞録』と略す）。現在は「近代デジタルライブラリー」（http://kindai.ndl.go.jp/）に収録されている。なお、本書を紹介した論考として、関井光男「島崎藤村の講演『南米移民見聞録』」（『国文学―解釈と教材の研究―』三二―一三、一九八七年一一月）一六二―一六五頁がある。

（4）目野由希「南米の島崎藤村―国策的国際文化交流の再考―」（『文学研究論集』〈筑波大学〉二六、二〇〇八年）、同「戦前期日本ペン倶楽部設立をめぐる国際情勢」（『文化政策研究』第四号、二〇一〇年）、稲賀繁美「ブエノス・アイレスの雪舟―島崎藤村の国際ペン・クラブ参加―」（同『絵画の臨界』名古屋大学出版会、二〇一四年）。

（5）目野前掲注（4）「戦前期日本ペン倶楽部設立をめぐる国際情勢」参照。

（6）この点にかんしては、拙著『近代日本外交とアジア太平洋秩序』（昭和堂、二〇〇九年）を参照。

（7）本書第二部第一章を参照。

（8）坂口満宏「日本におけるブラジル国策移民事業の特質―熊本県と北海道を事例に―」（『史林』第九七巻第一号、二〇一四年）。

（9）一九三〇年代前半の日本外交の評価にかんしては、井上寿一『戦前日本の「グローバリズム」―一九三〇年代の教訓―』（新潮社、二〇一一年）を参照。

（10）以下、南米、特にブラジルにかんする日本移民については、今野敏彦・藤崎康夫『移民史』Ⅰ南米編（新泉社、一九八四年）、坂口前掲注（8）「日本におけるブラジル国策移民事業の特質」。また、国立国会図書館作成の「ブラジル移民の一〇〇年」（http://www.ndl.go.jp/brasil/index.html）も有益である。

（11）沢田壽夫編『沢田節蔵回想録―外交官の生涯―』（有斐閣、一九八五年）一八二―二一七頁。

（12）同右、一八五頁。

（13）「第十四回国際ペン大会報告」（『全集』一三）。この報告中に南米での詳細な日程が記されている。

（14）稲賀前掲注（4）「ブエノス・アイレスの雪舟」引用は四三四―四三五頁。

(15) 目野前掲注(4)「南米の島崎藤村」引用は一一六頁。
(16)「島崎・有島両氏を迎ふるに際して」(『亜爾然丁時報』一九三六年九月五日〈国立国会図書館所蔵〉)。
(17)「遙々訪づれた〝平和の使節〟」(同右)。
(18)『亜爾然丁時報』一九三六年九月一二・一九日。
(19)「巡礼」、『亜爾然丁時報』九月一九日掲載の記事では九月一三日に訪問。前掲注(13)「第十四回国際ペン大会報告」の日程では九月一二日に訪問となっているのは藤村の誤記と思われる。
(20) キプリングとイギリス帝国の関係については、北原靖明『インドから見た大英帝国―キプリングを手がかりに―』(昭和堂、二〇〇四年)を参照。
(21) 管見の限り、「移民研究会」の構成員は不明である。同会刊行の雑誌『海外移住』の一九三五年から三六年の記事・論説には南米関係のものが多く、著者は外務省関係者が多数を占めている。こうしたことから、同会の性質は外務省にきわめて近いものと推察できる。
(22)『見聞録』一―二頁。
(23) 稲賀前掲注(4)「ブエノス・アイレスの雪舟」四三四頁。
(24) 原勝郎については、本書第二部第二章を参照。
(25)「回顧(父を追想して書いた国学上の私見)」(『全集』一三、四六六―四六七・四六九―四七〇頁、一九四一年一月脱稿、生前未発表)。
(26) 日本ペン倶楽部については、前掲注(2)『日本ペンクラブ三〇年史』、目野前掲注(4)「戦前期日本ペン倶楽部設立をめぐる国際情勢」を参照。
(27) 芝崎厚士『近代日本と国際文化交流―国際文化振興会の創設と展開―』(有信堂、一九九九年)。
(28)「南米その他の地より帰りて」(『全集』一三、四二八頁、初出=『東京朝日新聞』一九三七年五月二日から八日)。同様の文章が、「第十四回国際ペン大会報告」(『全集』一三、四〇八頁)にもある。
(29) 目野前掲注(4)「南米の島崎藤村」一五五頁。

第三部　迷走する新秩序

第一章 「脱欧入亜」の同床異夢
――アジア・太平洋地域協力の予兆――

はじめに

一九三四（昭和九）年五月八日、オーストラリア副首相で外相・司法相・産業相を兼務する重要閣僚であったレイサム（John Greig Latham）が長崎に到着した。オーストラリア初の外交使節であったレイサムの最重要訪問国日本の新聞各紙には、オーストラリアに好意的な記事が掲げられ、使節一行は「言語に尽くしがたいほど[1]」の歓迎を受けた。翌年九月には答礼として、前駐米大使出淵勝次が特命全権大使としてオーストラリアに派遣され、連邦・州政府をあげての歓迎を受け、日豪間の親善はかつてないほどの盛り上がりをみせることになった。もし、このエピソードが一九二〇年代のことであったならば、国際協調主義の全盛期における儀礼的な外交行事と評価するだけで事足りるかもしれない。しかし、日豪親善使節交換がおこなわれた一九三〇年代の半ばは、世界恐慌による貿易の収縮と経済摩擦の激化にくわえ、日本の中国大陸侵略が本格化していた時期であり、イギリスのコモンウェルスの一員であったオーストラリアにとって、日本は疎ましくこそあれ親善を求める国ではなかったはずである。それにもかかわらず日豪間で演じられたこの親善劇の意味はなんだったのだろうか。

日豪関係は、明治初期に労働移民が渡豪したことにはじまるが、オーストラリアの外交をイギリス本国が代行していたこと、白豪主義下で日本人移民が事実上禁止されたことなどから緊密化しなかった。第一次世界大戦時、南太平洋のドイツ領南洋群島に日本軍が進出したため対日警戒感が高まり、パリ講和会議では、ヒューズ（William Morris Hughes）首相が日本の南洋群島領有と国際連盟規約への人種差別撤廃条項案に徹底的に反対した。その結果、一時的に日豪関係は悪化したが、南洋群島問題は赤道以北を日本が、以南をオーストラリアが委任統治することで解決し、一九二一（大正一〇）年には日米間で南洋群島の非武装化が再確認され、日本が国際協調外交路線を打ち出したこともあり、オーストラリアの対日警戒論は沈静化していた。

ところが、一九三一年の満州事変にはじまる日本の軍事行動の積極化と、不況打開のための輸出攻勢が、再びオーストラリアの対日不安を増大させることになった。一九三三年には国際連盟脱退を表明し、国際的に孤立していく日本軍の北進政策が南進に転ずれば、第一次世界大戦時の恐怖がよみがえることになるが、オーストラリアが同時に恐れたのは、日本の経済進出であった。イギリス製品にくらべ廉価であった日本製品は、マンチェスターに代表される繊維業界の脅威となり、日本製品の輸入制限を求める声が高まったが、この点オーストラリアも例外ではなく、脆弱であったオーストラリアの国内産業への打撃が危惧されるようになった。

しかし、この時期日本は、多国間主義の国際連盟では、満州事変や「満洲国」建国問題にかんして、小国の厳しい対応を回避できないため、国際連盟を脱退し、イギリスやアメリカと二国間交渉で取り引きして、事態の収拾を図ろうとしていた。(2) 一九三三年に外相に就任した広田弘毅は、「満洲国」の存在を既成事実として認知もしくは黙認させることで、英米両国との関係改善に転じることを目標としていた。また、世界恐慌から立ち直るために、日本は新市場の開拓をすすめ、廉価な日本製品の輸出が経済摩擦の原因となったが、「経済外交」の名のもと、日印会商（一九三三年）、日蘭会商（一九三四―三七年）など、二国間交渉による外交的解決がはかられた。(3)

他方、オーストラリアは対日貿易から利益を受ける側であった。一九三〇年代、日本はオーストラリアにとってイギリスに次ぐ第二の貿易相手国で、全羊毛輸出の三分の一が日本向けであり、オーストラリアと日本の貿易尻は一対四と日本の大幅な入超であった。くわえて、一九三二年のオタワ会議以降の特恵関税制度の導入により対英関税が引き下げられた一方で、対日関税は引き上げられていた。(4) その意味では、不信感を抱いていたのはむしろ日本であり、オーストラリアに輸入増加と関税の引き下げを求めるのは当然で、日豪親善使節交換の目的の一つは、片貿易是正のための通商協定への地ならしととらえられた。

こうした情勢下で実施された日豪親善使節交換は、両国間の貿易問題解決と心理的な隔たりの解消に大きく寄与したと思われ、貿易交渉も開始された。ところが、出淵使節の渡豪から一年も経ない一九三六年五月、オーストラリアは日本製絹布・人絹布（レーヨン）への関税率大幅引き上げを実施した。貿易転換政策と呼ばれるこの対日政策によって、日豪関係は一気に険悪となった。翌月、日本は通商擁護法を発動し、オーストラリアからの羊毛・小麦の輸入禁止措置などがとられ、オーストラリアが対抗措置として日本からの輸入品に許可制を適用するという報復合戦となった。予想外に厳しい日本の対応の結果、一二月には日豪交渉は妥結し、通商協定締結で貿易紛争は終息することになった。

親善を確認しあいながら、なぜ紛争が勃発したのか。この点について、福島輝彦は、オーストラリアが対英輸出増大を当て込んでいたこと、日本がオーストラリア産羊毛を輸入せざるをえないという誤った予測をしていたことなど、オーストラリア外交の未熟さを指摘している。(5) また、シソンズは、オーストラリア首脳部がマンチェスター産業界の圧力のもと、イギリス政府との調整をおこなわないまま、貿易政策転換に踏み切ったとしている。(6)

いずれにしろ、貿易紛争がおこったことで、レイサム・出淵両使節団の意義は失われたと考えられ、使節団交換はエピソードとしてしか扱われてこなかった。そのなかにあって、レイサム使節団については、使節団の真の目的は安全保障にあり、日本の目を中国に向けてオーストラリアの安全を確保しようとするプラグマティズムを指摘したメガウの研究があるが(7)、答礼の出淵使節団については、これまで詳しい研究はない。そこで本章では、日豪の外交史料を中心に、改めてレイサム・出淵両使節の行動を紹介する。くわえて、両国が「親善」を唱えながらも、国際秩序についてどのような認識の差があったのかを検証することとしたい。

ここで、議論の前提として、日中戦争前の一九三〇年代のアジア太平洋秩序と日本の外交方針にかんする近年の研究動向にふれておきたい。

一九三一年九月にはじまる満州事変が、軍事行動としても、その思想的背景としても、ワシントン体制を根底から覆すものであったことは論をまたない。かつては、満州事変以降の日本の政策を、大東亜秩序形成への一貫した計画ととらえ、必然的に太平洋戦争にいたると考えられることが多かった。また、経済的には、欧米列強が排他的経済圏を形成するなかで、日本も独自の経済圏である大東亜共栄圏をめざしたとされてきた。しかし、近年はこうした見方に対する有力な反論が多く出されるようになり、単純な「一五年戦争史観」やブロック経済圏同士の対立といった構図では描ききれない多層的な一九三〇年代論が展開されている。

まず第一にあげられるのが、日中戦争以前の日本を国際協調の回復を試みた時期だとする議論である。すなわち、塘沽停戦協定により、満州事変に一応の決着をつけた日本は、小国の介入を避け、大国間協調を回復させるために国際連盟から脱退したとする主張である(8)。

第二は、一九三〇年代の日本の「経済外交」に着目した議論である。この時期、輸出攻勢・新市場開拓をめざした日本は、連盟型の多国間主義から二国間主義に転じ、各国と交渉を重ねながら経済発展をすることで、閉塞状況を打

開しようとしていたというものである。(9)

第三として、いわゆるジェントルマン資本主義論・アジア間貿易論が斬新な視点を提供している。イギリスの利益を代表していたのは、マンチェスター（紡績業）ではなく、シティ（金融）であり、アジア地域間には相互補完的な貿易構造ができており、一九三〇年代にはそれが発展していったとする考えかたである。(10)

これらの議論に共通しているのは、日中戦争前のアジア・太平洋地域は、不可避の戦争への道を歩んでいたのではなく、崩壊しつつあったワシントン体制に代わる「必死の代案」を求めていたという点である。ただし、第二の議論に対し、第三の議論はその前提を大きく異にしている。ジェントルマン資本主義論では、政策に影響を与えたのは、金融資本であるとされ、産業資本の圧力により排他的な経済圏が形成され、貿易の縮小が経済対立をまねいたというような見方をとっておらず、アジア間貿易論の視点をくわえることで、日・英・欧米植民地の補完的貿易構造のなかで日本も利益を得る立場であった点が重視される。膨大の経済史料から導き出されたこうした議論は、従来の産業資本中心の経済構造論を見直し、アジアを欧米経済の従属地以上の存在として浮かび上がらせた。しかし、ブロック経済圏が完全に閉じたものではなかったという点は、国際貿易が縮小していたとはいえ、各国とも経済活動をつづけていたことを考えれば当然のことであり、むしろ問題であったのは、ブロック経済圏の形成で貿易活動が阻害され、きわめて困難な状況に追い込まれているという危機感が存在したことだと考えられる。スターリング・ブロックからの排除に対抗して新秩序を模索すべきだというのが日本の外交構想であり、イギリスの枠内にあることを前提にしてアジアとの関係を深めていくことがオーストラリアの日本への対抗策だったのである。つまり、政策遂行者には、後世から全体を俯瞰してみえてくる構造がわからない以上、ブロック経済圏が形成されて排除されつつあるという認識こそが、政策決定要因としては重要だったのではないだろうか。また、当時の危機感を加味しなければ、なぜ日本が相

互補完的だったアジア間貿易秩序を破壊して戦争にいたるのかが説明できないのである。(11)

よって本章では、第三の議論におけるアジア・太平洋間の連携を重視する視点を受けつつも、第一・第二の主張を前提として出淵使節団を考察していく。すなわち、使節交換の背景には、めざす内容にちがいがあったとはいえ、対立が深まるアジア太平洋地域の経済秩序を外交的な親善を演出することで再活性化し、新しい地域秩序形成に関与していこうとする両国の意思があった。それはいわば「脱欧入亜」の試みであり、本国イギリスから遠く離れたオーストラリアが独自にアジア外交を展開しようとする計画と、日本が既存の秩序を脱しアジアに新秩序を打ち立てようとする計画のすりあわせの可否を問う意味があったのではないか。こうした観点から、議論を展開していきたい。

一　レイサム使節団の「親善」

オーストラリアがアジア諸地域に使節を派遣すべきだと考えたのは、オーストラリアは極東と「特別な関係」にあり、とりわけアジア諸国との「貿易関係はオーストラリアの繁栄に最も重要である」という認識が強まったためであった。(12) 輸出はイギリスが五割前後を占めていたとはいえ、一九三〇年代になると日本が第二位の輸出相手国となり、中国やアジアのイギリス植民地を含めれば、羊毛など第一次産品輸出中心のオーストラリア経済にとって、アジア諸地域との安定した経済関係構築が不可欠になった。また、イギリスがもはやオーストラリアの安全保障に決定的な役割を担う軍事力をもっていないことは、第一次世界大戦の経験から明らかになっていた。オーストラリアが国際政治に登場したのは、パリ講和会議であったが、イギリスとは別に代表の参加が許され、赤道以南の南洋群島とニューギニアを直接の委任統治下におくことに成功した。オーストラリアは、日本を牽制するために日英同盟廃棄に反対したが、アメリカが参加した米・英・仏・日四国条約（一九二一年）により太平洋の安定を確認し、再び国際政治への参加には消極的になった。(13) しかし、満州事変以降の日本が軍国主義化していくなかにあって、イギリス本国よりはるかに強い危機感を抱いたオーストラリアは、「太平洋国家」としてアジアとの「特別な関係」を重視した外交戦略を構想する必要にせまられるようになっていったのである。(14)

レイサムは、法律家・評論家として成功した後、一九一七年には海軍情報局長に就任し、パリ講和会議ではヒューズ首相の顧問として南太平洋諸島のC式委任統治制度確立に貢献するなど、外交経験が豊富あった。一九三二年に成立したライオンズ統一オーストラリア党・地方党連立内閣では初の外務省専管の大臣となっており、アジア諸国への外交使節に最適の人物であった。

一九三四年四月のオランダ領東インド訪問からはじまった親善使節は、イギリス領マラヤ・フランス領インドシナ・香港・中国を経て、五月八日、日本に到着した。レイサムは、一〇日、神戸でニュー・サウス・ウェールズ州の商務官として活躍し同地で死亡したサトー（J. B. Suttor）の墓参をした後、東京に到着し、翌日より重要産業の視察や親善行事を精力的におこなった。レイサムは、使節の目的は一般的な親善促進であり、「貿易問題を扱うことではなかったし、現在オーストラリア政府が貿易協定を受け入れることに関心があるということを表明したことをのぞいて、私は貿易問題についての仕事や調整は行わなかった」(15) としていたが、これは、レイサム自身の関心が国際問題にあったことと、(16) 貿易分野に外相・使節団のトップの立場で介入することを避けたからであった。(17)

他方、日本側はレイサム使節団の来日をとらえて、日本への不安と猜疑を払拭して「従来の伝統的親善友好関係を維持し経済関係を愈々緊密ならしめむことの熱心なる希望を有する以外何等の意図なき次第を充分明白に諒得せしむる」ことを重視していた。くわえて「濠洲よりの輸入に付ては我国は英本国以外の何れの国をも凌駕せる関係より見るも通商代表を極東に派遣すとせば我国を最も適当とするものなり」として具体的な交渉をおこなう意向であった。[18]産業界も、オーストラリア使節団来日により、閉塞感のある日豪貿易の新展開を期待していた。たとえば、神戸絹人絹輸出組合長であった藤井松四郎は、オーストラリア向けのパンフレットのなかで次のような見解を示していた。藤井は、日本が満州に進出してもオーストラリアとの貿易が縮小することはないとしたうえで、日本は入超でも、資源の少ない工業国としてオーストラリアからの原料輸入をつづけざるをえないとした。また、日本製品が売れるのは高品質と低価格によるものであり、イギリスおよびその植民地と日本の間で価格や取引量にかんし協定を結ぼうとするような動きこそ、自由貿易を損なうものであると批判した。そのうえで、世界が日本の貿易活動を阻害すれば、日本は満州や中国に進出せざるをえなくなると警告を与えることで、オーストラリアの政策転換を促した。[19]当時は、アジア各地域で関税引き上げによる日本製品の締め出しがすすみ、輸出業界には政府に断固とした対応を求める声が強くあり、産業界にはオーストラリアの貿易政策への不満が高まっていたのである。ただし、ここで注目すべきは、藤井のパンフレットにあるように、日本の満州侵略などの安全保障問題が日豪貿易摩擦の背景に色濃く反映されていたということである。事実、五月一二日におこなわれた広田外相とレイサムの会談は、たんなる親善をこえて安全保障問題が中心的議題となった。[20]

会談の冒頭、レイサムは、オーストラリア国内に日本を危険視する意見があるが、オーストラリア政府はそのような「妄説は一顧だもせず終始日濠親善に努力し来れり」とし、同時に対日関税引き上げに慎重であることも述べた。広田外相は、対日不安が杞憂であり、日本側の最大関心事項である貿易の均衡を実現するためにも「何等かの常駐代表者を置かるること貴我通商関係を益々緊密ならしむる上に於て必要且便宜なるべし」として、日豪間で直接の外交交渉をおこなう必要性を訴えた。これに対しレイサムは、外交使節は困難だが、通商代表は必要と考えており、日本が希望する通商協定問題の進展をはかりたいとした。この後、貿易・通商問題については、レイサムに同行していた貿易・関税省情報官ムーア（A. C. Moore）と来栖三郎外務省通商局長との間で交渉がおこなわれ、通商協定交渉の開始と通商代表の派遣が決定した。(21)

つづいてレイサムは、「満洲国」についての適切な対応と日本の国際連盟への復帰を希望し、日本の委任統治領南洋群島の武装化の風説がオーストラリアの不安の原因であると指摘した。広田外相は、「断じて然様のこと無し〔中略〕日本に武装等の意思は絶無なり」と答えた。前述のように、パリ講和会議に参加したレイサムは、ドイツ領南洋群島の処理をめぐり日豪間の対立をおさめるため、事実上の領有に等しい「C式」の委任統治方式の起案に関わっていた。「C式」の場合、統治受任国が独立可能とみなすまで当該地域を支配することが認められており、これは、赤道以北の南洋群島に進出した日本の商業・移民攻勢をかわし白豪主義を維持するために、赤道以南の南洋群島およびニューギニアのオーストラリア委任統治領の排他的な支配を希望した当時のヒューズ首相の意向を受けて生み出された統治方式であった。ただし、「C式」の場合も受任国が統治地域を武装化することは禁じられており、この点が、日米間の了解事項ともなっていた。ところが、一九三三年に日本が国際連盟脱退を通告して以降、日本の委任統治権の有無が問題となった。日本は、委任統治権の権原は連盟ではなく第一次世界大戦の連合国にあるという立場をとり、委任統治を継続し、連盟脱退後も義務であった年次報告を連盟に提出していた。(22)レイサムは、権原について日本と同じ見解であるとしたうえで、「日本は委任統治に関する規約条項を誠実に履行しつつあることを中外に definitely and clearly に「アナウンス」せらるるに於ては濠洲の対日不安の五〇「パーセント」は直に消散すべし」と日本に好意的な忠告をした。

日中間の対立についても、レイサムは「一般に支那側の立場主張の方日本側に比し遙に有利に宣伝せられ居り支那の方が広く同情を蒐め居ること疑ひ無きが如く観察せらる。日本側は今少し宣伝の必要無きや。支那はbad caseをもgood caseとなすに反し日本はgood caseをもbad caseとする結果とならずや」と述べ、日本寄りの立場から議論を展開した。いうまでもなく、日中間の最大の懸案は、一九三二年に日本が清朝最後の皇帝溥儀を擁して建国した傀儡国家「満洲国」問題であったが、広田外相は、「満洲国」を英米両国に黙認させることを条件に、国際連盟脱退以降の孤立状況を改善したいと考えていた。オーストラリアでは、日本が満州を領有することでソ連の南下を防止する方がよいとする議論があり、レイサムもなんらかの協定を日英間で結ぶ仲立ちをしてもよいと考えていた。(23) 南洋群島問題や日中問題におけるレイサム政府の見解を視野に入れれば、親善使節としてのリップ・サービスとも思われるが、後述の出淵使節団に伝えられるオーストラリア政府の見解を視野に入れれば、むしろ、レイサムの好意は日豪間の対立を解消するための現実的な戦略であったと考えられる。

そもそも、日豪間の不信が高まっていった背景には、国是であった白豪主義があり、オーストラリアは日本の脅威を日本人移民の排除で減退させようとし、日本は移民制限が強まるほど白人中心の国際社会での地位が低下することを脅威と感じるという構図があった。日豪関係には政治・経済分野の利害をこえた白人対黄色人種という文化的対立が横たわっていたのである。パリ講和会議でヒューズ首相が日本の南洋群島進出や連盟規約への人種差別撤廃条項挿入案に激しく抵抗したときにも、白豪主義の維持が強調された。非白人国家として、はじめて世界の主要国となっていった日本にとって、小国のオーストラリアから受ける人種差別は国家威信の問題であり、第一次大戦時には感情的対立に発展することになった。パリ講和会議当時、レイサムは、白豪主義の堅持とヒューズ首相の言動に肯定的であり、人種差別撤廃条項案は、オーストラリアの移民政策に有害で決して妥協すべきではないという立場であった。また、「白豪主義の原則はオーストラリアにとってほとんど宗教ともいえるものである」とし、白豪主義を堅持することはオーストラリア自治の象徴であると主張していた。ただし、諸外国の理解を得る努力はしなければならず、「オーストラリア自身が白豪主義の本質を見きわめ、それをすべての観点から考え」、そのうえで日本もオーストラリアと同じ立場に立てば同様の政策をとるであろうことを訴えていくべきだと考えていた。[24]

レイサム・広田会談では、白豪主義は取り上げられなかったが、五月一五日におこなわれたムーアと来栖通商局長との会談では、日本側の見解が示された。来栖は、日本政府は白豪主義政策を容認し外交問題化するつもりはなく、問題はその趣旨ではなく、日本人に課されている行政的な諸規制であると述べた。その後、通商協定交渉開始の合意に基づきシドニー総領事に出された訓令でも、「我方としては先方をして本邦人労働者入国の絶対的自由を此際飽く迄認めしめんとする次第にあらざるも正式通商条約を締結する限りは条約の体裁上及国家の体面上入国自由の文字を存し度希望なり」[25]とし、日本の威信が損なわれない形であれば白豪主義に反対する意向ではなかった。一九〇一（明治三四）年の移民制限法では、任意の外国語の筆記試験を移住希望者に課すことになっており、有色人移民を締め出すことが可能になっていた。一九〇五年にはパスポートを所有する日本人商人・学生・旅行者には筆記試験が免除されることになり、日本政府は労働者にパスポートを発効しないという紳士協定が結ばれた。その後、一九一一年の日英通商航海条約改定時に、英国自治領への日本人の居住・旅行の自由が認められたが、オーストラリアはその適用を拒んでいた。

こうした経緯をふまえ、日本としては、独自に日豪間で締結する通商協定の文面上で差別をなくし、別途交換公文で移民制限を認めることで体面を保てさえすればよいということであった。これに対しレイサムは直接言及していないが、ムーア・来栖会談録のコメントに、「もし条約がどちらかの国民に本当に人気のない条文を含むものとなれば、現在の友好関係を大きく損なうかもしれない」[26]と記し、遠回しな表現ながら白豪主義になんらかの変更をくわえることを忌避すべきだとしていた。しかし、親善大使としてアジア諸地域を訪問した後のレイサムは、日本との相互理解をすすめることの重要性を強調するようになっており、なんらかの明確な成果を求めるようになっていった。

今日、日豪間には真に相互的な友好感情があるものと私は信じている。商業の重要性を　鑑みれば、両国の商業上の誤解から偏見を持たないようにすることが両国にとって大切である。一方で、両国間には難しい問題が存在していることにも注意を向けなければならない。もし、両国の貿易交渉が進展すれば、全体的には差し迫った何となく危険な状態がなくなるかもしれないが、何らかの明確で有益な結果を求めるべきなのである。両国は、相手の立場をもっとはっきり認識していくことが肝要なのである[27]。

すなわちレイサムは、日豪間の「親善」はリップ・サービスの段階では不足であって、オーストラリアの危険が軽減される具体的な結果を得るために、互いの偏見を解消することを重視するようになっていたのである。白豪主義を堅持しつつも、日本との対立を避けるためには、ほかの外交問題で積極的に好意を示す必要があり、それが広田外相との会談でレイサムが言及した日本寄りの外交意見になったと考えられる。

その一方で、本国イギリスから遠く離れた南太平洋にあるオーストラリアが、あからさまに黄色人種を拒絶してアジア諸地域の反発を招来する不利益を説き、国益の観点から白豪主義のいきすぎを危惧する主張もあった。パリ講和会議の際、ヒューズ首相の妥協を一切排した対日姿勢に対し、参謀本部情報局長として対日政策を立案していたピース（Edmund Leolin Piesse）は、白豪主義は白人労働者保護という目的を前面にすべきであって、人種問題に収斂させるべきではなく、日本の情報を収集して冷静な対応をすべきだと訴えつづけた[28]。ピースは、移民制限の緩和を主張したことなどからヒューズ首相と対立し、一九二三年には政府から身を引いたが、対日脅威論がさかんになった一九三〇年代に再び言論活動をおこなうようになった。一九三五年に出版された『日本とオーストラリアの防衛[29]』というパンフレットでは、以下のような議論を展開し、オーストラリアの対日政策を批判した。隣国日本に無関心でありつづけたこと、白豪主義により誇り高い日本に敵意を抱かせたことは、オーストラリアの失策であり、防衛をイギリスに頼れない現状にあって、外交の強化によってオーストラリアの国際的地位を高めていくしかない。また、日本の軍事行動は、オーストラリアの併合ではなく、海上封鎖による貿易の途絶となるであろう。オーストラリアにとって貿易が死活的利益であり、この問題で日本と対立をつづけることは危険である。ピースも白豪主義そのものに反対していたわけではなく、労働者保護という経済的理由を強調すべきだという見解であった。このパンフレットは、日本への不信が拭いきれないなか、万一の際にオーストラリアが外交的にも軍事的にも無防備であることを警告した内容であった。

日本の経済力と軍事力の脅威が目前にせまっていた一九三〇年代。かつて対外政策立案のカウンター・パートナーとでもいうべき立場にあったレイサムとピースは、日本への正確な理解がないまま具体的な対日対応策をとっていないことに共通の危機感を抱いていたのである。ただし、対アジア・太平洋外交の確立を喫緊のことだとするのはいまだ少数意見であり、親善使節団もレイサムの個人的意向を強く反映したものであった。親善使節後、外交から身を引いたレイサムの「太平洋中心路線」は政府内で定着しなかった。(30)そのレイサムの「親善」ですら、とりあえず自国の安全を確保するための場当たり的な面があり、明確な新しいオーストラリアの外交政策を打ち出すにはいたらなかった。

二　出淵使節団の「親善」

レイサム使節団の来日に対し、その翌年の一九三五年、日本からの答礼として出淵勝次[31]が南太平洋諸地域に派遣されることになった。出淵は、一九二四年に外務次官となり、国際協調外交を推進した幣原喜重郎外相を補佐し、二八年から三三年まで駐米大使を勤めた。駐米大使時代に満州事変が勃発し、日米関係は悪化の一途をたどったが、出淵の国際協調路線は政府内でしだいに敬遠されるようになり、帰国後は待命状態になっていた。答礼使節としては、経歴上適当であり、退官前の花道として臨時派遣特命全権大使に任命されての訪豪であった。この人選から考えても、日本はオーストラリアほど使節を重要視していなかったことがわかり、出淵には親善以外の踏み込んだ行動は期待されていなかった。よって、出淵使節団について日豪関係史上これまでほとんどふれられてこなかったが[32]、オーストラリア側が出淵に示した外交観とそれを受けた出淵の議論を考察すると、前節で紹介したオーストラリアの現実的な対日政策がより明確になり、くわえて日本との温度差もうかがえるのである。

日本の答礼使節派遣決定を受けて、オーストラリアが疑問としたのは、「臨時派遣特命全権大使」の役割であった。文字通り「親善」のためだけに訪れるのか、外交交渉のなんらかの権限を有しているのかということである。駐日イギリス大使館からは、日本の海外視察の場合、大使・外務省高官級の人物が任命され、貿易市場の問題や間接的には重要外交政策を考慮して派遣される旨が示唆された[33]。くわえて、答礼使節派遣の正式決定後、駐日イギリス大使クライブ（Robert Henry Clive）は出淵と会談し、出淵が日豪の一方的な貿易関係（つまり日本の入超）を問題にしているとも伝えられた[34]。また、出淵のオーストラリア訪問を目前にした段階で、政府から意見を求められたレイサムは、「出淵が実質的な内容の交渉をしないと考えるのはまちがいだと思う」と述べている[35]。しかし、既述のような出淵自身の当時の立場や、通商協定交渉はシドニー総領事に一任されていたことから考えて、オーストラリアが考えているほどには出淵個人の影響力はなかったといえる。出淵自身、オーストラリア派遣後の退官を覚悟しており、退官後の

貴族院議員勅選を希望して運動中だったこともあり、無難に役目を果たす以上のことは考えていなかったものと思われる。(36)

一九三五年七月一五日、日本を発った出淵は、上海・香港・マニラ・ダバオを経て、八月一四日にブリスベンに着き、シドニーを経てニュージーランドの公式訪問をすませた。九月三日、再びシドニーに入港しオーストラリアでの公式日程を開始した。オーストラリアにとっては、初の本格的外交使節訪問であり、日程調整や費用負担の問題に追われつつも、官民あげての歓迎をした。(37)出淵は、使節団に同行した親日的イタリア系オーストラリア人ルッソ（Peter Russo）(38)の協力を得て、公式・非公式の場で、日本の政策への理解を求めた。九月四日、ピアス（George Foster Pearce）外相との会談では、(39)出淵が通商条約交渉の遅延を指摘したが、担当大臣のガレット（Henry Somer Gullett）の不在（滞英中）という言い訳に終わった。安全保障問題にかんしては、南洋群島の非武装化を確認した後、ピアースは「満洲問題に付ては濠洲は関係なく日本の為すが儘に任せ異存なし。但自分が稍不可解に思ふは北支問題」であるとの見解を明らかにした。出淵は「日本は東亜に於ける安定勢力たる地位の承認を求めこそすれ支那に於て通商上の特権地位を求むるものに非ざる旨を説明」し理解を求めた。翌日はライオンズ（Joseph Aloysius Lyons）首相より「関税政策に付ては自分が責任の地位にある限り一般的に引上は断じて行わざる方針」との言質をとった。

一連の会談で興味深いのは、ライオンズ政権で保健相に就任していた、第一次世界大戦時の首相ヒューズとのものである。九月一二日、会談冒頭、出淵が「貴下が嘗て日本に反対の意見を述べられたることを承知」しているが「腹蔵なき意見を承り度し」と述べると、ヒューズは、日本人商人の入国・待遇に寛大な取り扱いをすることに異議はないこと、「日本が満洲、支那に発展するは何等異存な」いこと、「日本が国際連盟を脱退するとも友久に南洋群島を管理すること何等差支な」いことなど、日本にきわめて好意的な見解を表明した。このヒューズの発言は、時世の変化やかつてのいきすぎを修正しようという意図もあったと思われるが、ヒューズは自身を「リアリスト」と表しており、ピアース外相も述べた日本の満州進出容認は、日本の目を中国大陸に向け南進に転じないようにさせる現実主義的もしくは功利主義的選択であったといえる。もう一点興味深いのは、南洋群島について、ヒューズが日本の委任統治を認める発言の前に、委任統治制度導入の経緯を語っている内容である。ヒューズは、オーストラリアに関係が深い南洋群島の赤道以北を日本領にするのならば、ニューギニアを与えて欲しいと要求したが受け入れられなかった。その代わりに「自分に満足を与ふる為併合に最も近き」C式委任統治が考案されたとし、オーストラリアの委任統治領を日本との緩衝地帯にしたという認識を示した。

この時期、日本は閉鎖的になっていく東南アジアとの経済関係を促進させるためにも、植民地宗主国に無用な警戒心を抱かせないようにする方針であった。答礼にくわえて出淵使節団派遣に下された使命は、日本の侵略的イメージをいかに払拭してくるかにあった。出淵への訓令には「濠洲官民に対しては不脅威、不侵略の原則に基く帝国の国是を脳裡に徹底せしめ我方に対する不安と猜疑の念を除去し其の誤解を覚醒せざるべからず」とあり、たとえば独立の気運の高まっていたフィリピンについても「邦人の経済的発展に対し不安の念を与へ居る際なるを以て一部不謹慎なる言動をなすものに対しては厳に戒め大局を誤らざる様措置するの要ありと認めらる」との注意が喚起されていた。(40)

出淵自身、出発前の経済界首脳との茶話会で以下のように述べていた。

濠洲新西蘭のみならず蘭領印度方面に於ても大いに我々は気を付けて相手の感情を刺激せぬ様心掛けねばならぬ。最も遺憾とするのは本来「グツドウイル」を根底とすべき実業家の或る者が軍艦を差向けて蘭印を威嚇して下さいと言つたことである。実業家にして斯る意を抱くものがある。各位に於ても充分指導して頂きたいものである。(41)

こうした認識であった出淵は、オーストラリア首脳の外交観・対日観を聴取して事態を楽観したようであり、視察報告に以下のように書き記した。

> 満洲事変以来の世界的対日猜疑の念も濠洲に関する限り別段のこともなく寧ろ日本が大陸政策に精魂を傾け居るを見て安堵せるものの如くメルボルンに於ける州首相主催午餐会席上、州上院議員「クラーク」氏が「日本が北、西に発展する限り濠洲は何等異存なし」と公言せる如き多少露骨なる表現なるも濠洲一般の空気を反映せるものと感ぜられたり[42]

もちろん、オーストラリアが心底から日本を信頼していたわけではなかったが、日本の侵略行動を抑止するために「満洲国」は容認すべきだという「露骨なる」現実主義は、日中全面戦争にいたる前段階ではイギリスやアメリカにもあり、オーストラリアが特殊な見解を表明したわけではなかった。

帰国後、視察の感想を発表した出淵は、「我々は先づ以て太平洋全域の平和を確保することに力を注がなければならぬと思ふ」としたうえで、「濠洲及新西蘭なるものがあり今や我国に向つて懇に手を差延ばしつつあることに付同胞諸君の注意を喚起したい」として、「共存共栄」の道を説いた[43]。また、「従前彼等は凡ての点に於て、英本国と従属的の立場をとつてゐたのであるが、近来に至り自分等は英国の自治領であると共に、太平洋に於ける自主独立の国であるといふことを追々悟ることとなり、従て同じく太平洋国たる我国との間に親交を篤くして、太平洋の平和及び経済発展の為めに協力したいと」考えているのだと訴えた[44]。その協力体制として、出淵が提起しているのが、「太平洋経済ブロック」であった。出淵によれば、「太平洋経済ブロック」は、大国アメリカを排除せず、「太平洋周域と我国との貿易は我が対外貿易総額の八割、之れを金額にして約四十億円に達して」いることを重視し、「国防上政治上から見て東亜に於ける我国の地歩を強固にし、名実ともに所謂東亜の安定勢力たらしむる為め」のものとしている[45]。ここまでだけであれば、現在のＡＰＥＣやＴＰＰにつながる経済協力構想と通底するものがあり、さほど危険な構想とはいえない。しかし、日米協力を訴える出淵も「日・満・支の経済ブロック」すなわち日本が支配的役割をはたす満州・中国との経済ブロックの存在を前提としており、日中対立こそが日本外交最大の障害になっていた現実を考えるとき、アメリカやイギリスに「親善」を求めるだけでは限界があった。満州進出を容認するかのようなオーストラリアの反応に気を強くした出淵は、オーストラリアの「親善」が自国の安全保障を優先するための戦略であり、「満州事変以来の対日猜疑の念」を消し去ったものではないことを深刻にとらえていなかったように思われる。

また、「太平洋経済ブロック」のなかで、オーストラリアがどこまでイギリスから「自主独立」をするのかという点になると、日豪の発想は大きな差違があった。ヒューズの発言に象徴されるように、オーストラリアにとっては、委任統治領などを緩衝地帯として、イギリス帝国に依存するだけでは不安な状況を補完するための対日関係強化であった。

オーストラリアは、イギリスのコモンウェルスの一員として強力なのである。オーストラリアは、イギリスのコモンウェルスの一員としてその理想を実現でき、世界の繁栄に最大の貢献をできるものと信じている。〔中略〕今日、帝国は厳格な法の支配によってつながっているのではない。厳しい制限のもとでは帝国は保たないだろう。叡知と親善に導かれた自治を行う人々の自由な団結が未来への道なのである。

外交政策においては、おおよそオーストラリアは帝国全体の困難となるような行動をとることはないとこれまでも言明してきたのである。(46)

レイサムは、オーストラリアをあくまでイギリス帝国の範囲内で活動すべきものと考えており、オーストラリアの対外活動は、コモンウェルスであることを前提としたものであった。一方、出淵はオーストラリアとイギリスの密接な関係を次のように解釈していた。

濠洲は世界諸国と隔絶し英本国の一自治領としてその経済関係は英本国に依存し肉類其他主要物産につき英本国を最重要市場とし豪州経済は英本国によりて死命を制せられ他諸国との間の通商関係は比較的薄く現時の如き国際通商情勢即貿易上の求償主義的動向の影響を直接受くること極めて少なき事情にあり。〔中略〕現に英本国より受けつつある経済上の圧迫又欧大陸出超国との貿易尻調整等濠洲自身の立場を考ふるときは我要求を貫徹するは容易の業にあらず(47)

英豪の基本的関係についての分析はまちがっていないが、イギリスとの経済力を「圧迫」と感じていたのは日本であって、オーストラリアにとっては、貿易だけではなく安全保障の意味からも、依然イギリス帝国のパワーは必要であると認識されていたはずである。「容易の業」でなかったのは貿易問題だけではなく、安全保障面でオーストラリアの疑念を払拭することであった。その点、出淵の「親善」は楽観に過ぎ、親善使節交換に限定すれば、外交下手で情報不足であったのは日本の方であった。そして、両国間の根底には、外交技術の問題にくわえて、オーストラリアが抱く限定された「脱欧入亜」と、中国・満州問題で世界から孤立しつつあった日本の打ち出す「脱欧入亜」との秩序観の懸隔があった。国際協調路線への復帰を優先していた出淵は、ピアース外相をはじめとするオーストラリア首脳が示した現実主義の「親善」を、日本に都合のよい形でしか理解していなかったのである。

おわりに

出淵の楽観にもかかわらず、オーストラリアは一九三六年五月、貿易政策を転換し関税の大幅引き上げを実施した。「はじめに」でふれたように、オーストラリア側の一方的行動がまねいたこの混乱は、日本の通商擁護法発動という対抗策の結果、日濠通商協定締結により一応の解決をみた。本章の内容に沿って従来の研究を補足すれば、政策転換が唐突と受け止められたのは、日本側がオーストラリアの対日危機感を楽観していたためであった。状況を憂えた日濠協会は、次のような情勢分析をおこない、オーストラリアの対日不安がまったく解消されていなかったことを指摘した。

本年二月以降に於て、俄然濠洲は日本に対し何んとなく其態度は従来の親交関係を無視するやうな態度を見受けるに至つた。丁度其頃訪日の数多の濠洲人に夫れとなく聞く所に依れば異口同音に、濠洲は日本を恐れ居る結果の現はれであると言ふ。然らば其原因は那辺にありやと反問したるに、夫れは日本が南太平洋に於て広大なる土地を獲得せんとする意図ありと言ふ途方もなき事を洩らせるを以て、然らば何か確適なる証拠はあるかと質したるに大にありと言ふ。

即ち日本高官連の大亜細亜主義、大陸主義、南進主義の声明並に其他の著書である。即ち著書としては海軍少佐石丸藤太氏の「日英必戦論」並に石原広一郎氏の「新日本建設」等であると言ふ。(48)

日濠協会会長阪谷芳郎男爵は、貴族院で有田八郎外相に質問をおこない、一部の著作の過激な内容を日本政府は遺憾としており、領土的野心はまったくない旨を確認したが(49)、レイサム・出淵両使節団が交わした「親善」の言動を振り返ると、いささかむなしさを覚える。

他方で、日本の大陸侵略がアジア・太平洋秩序混乱の最大原因だったとはいえ、オーストラリア側にもまったく問題がなかったとはいえない。白豪主義に固執し、アジアへの関わりもそれを前提としたうえのものであったことが、日本の対豪不信の背景になっており、対日不安感に偏見が含まれていることを、日本は鋭敏に感じつづけていたのである。前述のピースは、日本の侵略批判に対する、辛辣な皮肉を投げかけていた。

実際、日本の指導者の多くは、安全のためだけではなく栄光のために、他国を征服してきた諸帝国の後を追おうとしている。日本の行動を栄光といわないとしても、有色人種の土地の併合を長い間正当化してきた「白人の使命」のようなことを考えるのならば、我々は、日本人の使命をも理解する用意があってしかるべきである。(50)

ピースは、日本の侵略を容認せよといっているのではなく、正確な自己認識のうえに日本を理解し、十分な対応をとるべきだという趣旨の議論である。同様の論理で考えれば、アジア人種を受け入れないが経済関係だけは深めたいという当時のオーストラリア政府の意向は身勝手なものであったし、日本の満州進出を容認する発言を当事国であった日本に繰り返し表明したことも無責任であり、無用な誤解を生じさせる一因にもなった。レイサムは、差別意識を前面に出すような白豪主義者ではなかったし、太平洋戦争直前に駐日公使となった際も、前述のルッソなどと協力し、日豪間の相互理解を深めようと最後の努力を試みた。しかし、親善使節として日本を訪れたときのレイサムにはピースほどの柔軟性はなく、駐日公使として再来日したときには、もはや日米開戦は避けえない段階にいたっていた。

我が国民の他国訪問、他国民の我国訪問は奨励されるべきである。私は、コロンボ・プランやその応用について考えている。昨年、オーストラリアは、インド・インドネシア・フィリピンから司書を招待し、彼らは講義を聴き、オーストラリアの司書と会い、我が国民と話し合った。〔中略〕私は彼らがオーストラリアの友人・友好大使としてオーストラリアを去っていったと確信している。〔中略〕我々は、オーストラリアが一つの世界の一つの国であり、他国の人々と共存しなければならず、外国人を歓迎すべきで、外国人恐怖症は知識不足の証拠であるということを認識するように、私たち自身を教育していくべきなのである。(51)

レイサムが高らかにこのような理想を述べるには、日豪関係に深い傷を残した戦争が終わるのを待たねばならなかった。

太平洋戦争後の一九五七年に日豪通商協定が締結された。当時、オーストラリアは冷戦下で、アメリカとの関係を重視しつつ、アジア・太平洋地域で独自の立場を構築することに苦心しており、日本はコロンボ・プランや賠償政策を通じ、徐々にアジア復帰をはかっていた。その時点では、オーストラリアは依然白豪主義政策を維持していたが、一九五〇年代終わりから徐々に政策転換し、いまや世界を代表する多文化主義の国となっている。一方日本は、驚異的な経済発展を背景に、七〇年代半ばから、アジア・太平洋の協力体制構築の下準備にイニシアチブを発揮し、日豪主導でＡＰＥＣを実現することになる。

本章が取り上げた日豪の親善使節交換は、短期的には明らかな失敗であったが、双方とも、自国を地域秩序のなかでどのように位置づけるのかという点で、程度の差はあれ「脱欧入亜」を模索していたことは確かであり、認識のちがいや他の政策との整合性という点で不調に終わった経緯は、現在にも教訓となりえよう。日本は、事あるたびにアジア重視方針を訴えながら、いまだに近隣国との関係改善に苦慮しつづけている。オーストラリアは、アジアとの関係改善に日本よりはるかに成功してきたとはいえ、ときにわき上がる有色人種（特にアジア人）排斥の議論やインドネシアとの安全保障政策の対立など、やはり地域秩序への関わりが課題である。そうした意味で、戦争による断絶はあったが、一九三〇年代の日豪の失敗した「親善」に、オーストラリアの自立と白豪主義廃止への萌芽、日本の経済分野でのアジア・太平洋地域協力参入の予兆を見い出し、本章の現代的意義としたい。

注

（1） J. G. Latham, *The Australian Eastern Mission*, 1934 (hereafter cited *Latham Report*), p. 16.

（2） 井上寿一『危機のなかの協調外交—日中戦争に至る対外政策の形成と展開—』（山川出版社、一九九四年）。

(3) 石井修『世界恐慌と日本の「経済外交」一九三〇～一九三六』(勁草書房、一九九五年)。

(4) この時期のオーストラリアの貿易状況については、A. T. Ross, "Australian Overseas Trade and National Development Policy 1932-1939: a story of colonial larrikins or Australian statesmen?", *The Australian Journal of Politics and History*, 36-2, 1990. 日豪間の貿易については、福島輝彦「「貿易転換政策」と日豪貿易紛争(一九三六年)」(『国際政治』六八、一九八一年)。

(5) 福島前掲注(4)「「貿易転換政策」と日豪貿易紛争」。

(6) D. C. S. Sissons, "Manchester v. Japan: Background of the Australian Trade Diversion Dispute with Japan, 1936", *Australian Outlook*, 30-3, 1976.

(7) Ruth Megaw, "The Australian Goodwill Mission to the Far East in 1934: Its Significance in the Evolution of Australian Foreign Policy", *Journal of the Royal Australian Historical Society*, 59-4, 1973. Neville Meaney, *Towards a New Vision: Australia & Japan Through 100 Years*, Kangaroo Press, 1999, CP. 8 も、レイサム使節団を紹介している。

(8) たとえば、「協調のための連盟脱退論」を唱えた、井上前掲注(2)『危機のなかの協調外交』。

(9) 石井前掲注(3)『世界恐慌と日本の「経済外交」』。

(10) たとえば、秋田茂・籠谷直人編『一九三〇年代のアジア国際秩序』(渓水社、二〇〇一年)、日本の通商政策をこの視点から描いたものとして、籠谷直人『アジア国際通商秩序と近代日本』(名古屋大学出版会、二〇〇〇年)、二〇世紀にいたるイギリスのアジア政策を描いたものとして、秋田茂『イギリス帝国とアジア国際秩序』(名古屋大学出版会、二〇〇三年)がある。

(11) この点、拙稿「書評　秋田茂著『イギリス帝国とアジア国際秩序』」(『パブリック・ヒストリー』一、二〇〇四年)を参照。

(12) *Latham Report*, p. 3.

(13) 第一次世界大戦時、南太平洋に残存していたドイツ軍を掃討したのは日本軍であり、日本の進出を危惧したオーストラリアがイギリス軍の出動を要請したが、イギリス本国はまったく対応できなかった(拙著『近代日本外交とアジア太平洋秩序』昭和堂、二〇〇九年、第六章を参照)。

(14) 佐藤恭三「一九三〇年代後半のオーストラリア外交―コモンウェルスと太平洋国家意識の狭間―」(『国際政治』六八、一九八一年)。

(15) *Latham Report*, p. 4.

(16) Megaw, op.cit., p. 252.
(17) "Australian Eastern Mission. Report on Trade Between Australia and Japan" (hereafter cited Trade Report), p. 1, Page Paper, MS1633/240 (National Library of Australia, hereafter cited NLA).
(18) 広田弘毅外相より在シドニー村井倉松総領事「「レーサム」来朝の際日濠政治関係に付先方に説示すべき事項」一九三四年一月九日（『日本外交文書』昭和期Ⅱ第二部第三巻、七七六頁）。
(19) Matsushiro Fujii, *In Welcome the Australian Goodwill Mission*, 1934.「各国名士の本邦訪問関係雑件 濠洲人の部 濠洲副総理「レーサム」来朝関係」L-3-3-0-8-14-1（外務省外交史料館）および A981/JAP73 (National Archives of Australia, hereafter cited NAA) に所収。
(20)「広田外務大臣の濠洲連邦親善使節「レーサム」外相接見会談要領（昭和九年五月一二日午前一〇時）」同右、七八二―七八七頁。
(21) 通商問題にかんする交渉記録は、Trade Report にある。交渉の結果、一九三五年一一月、ロング（E. E. Longfield Lloyd）が初代在日通商代表として着任した。
(22) 南洋群島委任統治問題については、以下の研究を参照。拙著前掲注(13)『近代日本外交とアジア太平洋秩序』第四章、等松春夫『日本帝国と委任統治』（名古屋大学出版会、二〇一一年）。ちなみに、天皇直属であった日本のほかの植民地とは異なり、南洋群島は首相直属の南洋庁長官（文官）が管轄しており、軍事的重要性の認識不足・予算不足などから武装化されておらず、日本海軍が本格的な基地建設をはじめたのは、太平洋戦争勃発後であった。
(23) Megaw, op.cit., pp. 253, 256.
(24) J. G. Latham, *The Significance of the Peace Conference from an Australian Point of Viue*, Melville & Mullen RTY. LTD., 1920, pp. 8-10.
(25) 広田外相より村井総領事「オーストラリア政府との通商条約締結交渉開始方訓令」一九三四年一〇月二〇日（『日本外交文書』昭和期Ⅱ第二部第三巻、七九六頁）。
(26) Trade Report, p. 21.
(27) J. G. Latham "Australia and Japan" (1935/4/20), Latham Paper MS1009/61 (NLA).
(28) 拙著前掲注(13)『近代日本外交とアジア太平洋秩序』。

(29) E. L. Piesse, *Japan and the Defence of Australia*, Melbourne, 1935.

(30) P. G. Edward, *Prime Minister and Diplomats: The Making of Australian Foreign Policy, 1901-1949*, Melbourne, 1983, pp. 90-92.

(31) 当該期の出淵勝次については、西連寺大樹「満州事変後の対外認識―出淵勝次と白鳥敏夫を中心に―」(『法学政治学論究』三八、一九九八年)、高橋勝浩「「米国排日移民法修正問題」と駐米大使出淵勝次」(『日本歴史』五二三、一九九一年)を参照。

(32) 以下で簡単に出淵使節団についてふれられている。Jacqui Murray, *Watching the Sun Rise: Australian Reporting of Japan, 1931 to the Fall of Singapore*, Lexington Books, 2004, pp. 165-167.

(33) R. H. Clive→Dominions Office (1935/1/2) A981/JAP59 (NAA).

(34) Clive→Canberra, New Zealand, Hong-Kong, Singapore (1935/7/5) A981/JAP59 (NAA).

(35) Latham→Prime Minister (Lyons) (1935/8/23) A981/JAP59 (NAA).

(36) この時期の出淵の言動については、高橋勝浩編「出淵勝次日記」四(『國學院大学日本文化研究所紀要』八七、二〇〇一年)。

(37) 出淵使節団へのオーストラリア側の対応は、A981JAP50~70番代の諸史料に散見されるが、管見の限り、会談記録などは見当たらなかった。

(38) Prue Torney-Parlicki, "Selling Goodwill: Peter Russo and the Promotion of Australia-Japan Relations, 1935-1941", *Australian Journal of Politics and History*, 47-3, 2001.「Russoに百£与ふ。彼は殊勲者なり。彼なかりせば如何なりしならむと思はれたり。」と、前掲注(36)「出淵勝次日記」一九三五年九月二一日の項にある。

(39) 以下、オーストラリア首脳と出淵の会談については、『南太平洋諸地域視察報告』「出淵大使米国太平洋沿岸地方出張一件」M-2-2-0-6(外務省外交史料館)。

(40) 広田外相より出淵大使「対濠洲新西蘭親善使節派遣に関する件」一九三五年七月一三日「本邦名士ノ諸外国訪問関係雑件　第一巻」L-3-3-0-14(外務省外交史料館)。

(41) 同右。

(42) 前掲注(39)『南太平洋諸地域視察報告』。

(43) 出淵勝次「濠洲及新西蘭に使して」(『国際知識』一六―一、一九三六年一月)七―八頁。

(44) 出淵勝次「南太平洋洲の重要性」(『中央公論』五八〇、一九三六年三月)一三七頁。

(45) 出淵勝次「太平洋の重要性と比島独立」(『外交時報』七五三、一九三六年四月)四―五頁。

(46) J. G. Latham, *Australia and the British Commonwealth*, London, 1929, pp. 15-19, 39.

(47) 「商務報告」(前掲注(39)『南太平洋諸地域視察報告』)。

(48) 日濠協会編『濠洲の対日関税と通商擁護法発動までの経緯概略』(一九三六年八月)一―二頁。

(49) 同右、一一―一九頁。

(50) Piesse, *op.cit.*, p. 7.

(51) J. G. Latham, *Open Diplomacy*, Sydney, 1953, p. 21.

第二章　小村寿太郎へのオマージュ
――古典外交論者にとっての新秩序論――

はじめに

学者や政論家は、好んで理念の文字を用いる。戦争中は新秩序理念、大東亜理念が論じられ、外交にまで理念がついてまわった。理念といえば、何か哲学的な要素が織り込まれて、立論の奥深さが感じられ、またそういう感じを持たせるのが論者の意図かもしれなかったが、少なくとも理念の文字を冠する外交論は、いずれも曲学阿世の舞文であった。(1)

戦間期日本の国際協調外交を担った幣原喜重郎の「霞ヶ関正統外交」に傾倒していた外交官石射猪太郎は、アジア太平洋戦争後の回想で右記のように述べた。外交に理念はいらぬ、損得勘定で動くのがよいとする石射の述懐は、現実主義に根ざした古典外交の本質を指摘している。これに対し、一九三〇年代後半の新秩序論・東亜協同体論につづく大東亜共栄圏の論理は、「大東亜を英米の桎梏より解放し」「道義に基く共存共栄の秩序を建設」(「大東亜共同宣言」一九四三〈昭和一八〉年一一月)するというもので、「八紘を一宇とする肇国の大精神」(「基本国策要綱」一九四〇年七月)などといった「舞文」がちりばめられた理念優先の対外政策であった。一九三〇年代には、アジアを植民地支配から解放するために欧米主導の国際秩序を打破し、植民地を固定化する主権国家の論理を見直すべきだとする「理念」が高唱されるようになり、石射が述べるような「霞ヶ関正統外交」は時代の後景に退かされていった。外交官が独占する実務重視の古典外交は、現状打破を謳う理念外交のなかで魅力を失っていった。既存の国際秩序を打破しようとする論理は、当時の欧米の最新研究動向を反映したもので、植民地帝国の秘密交渉による調整型の外交は時代遅れのものとして注目されなくなっていった。この点は当時だけではない。大東亜共栄圏にかんする多くの研究にあっても、かつては「八紘一宇」などの思想の特異さに、近年では地域主義に代表される国際秩序論の新思想に注目が集ってきた。よって、大東亜共栄圏をめぐって古典的な外交論がどのように展開されたかといった点は等閑視されるか、(2)もしくは一九二〇年代までの外交方針の信奉者は「理念」中心の外交論に敗れてむなしい抵抗をしたという観点で片づけられがちであった。くわえて、帝国主義を前提とした古典外交がもはや現代世界には無用のものとされがちであることも、古典外交論を軽視することにつながっているといえよう。

本章では、大東亜共栄圏の元になった新秩序論が展開された一九三〇年代に、古典外交論者が時代の変化にどのように向き合っていたのかを、小村寿太郎への評価を通じて検討する。近代日本外交史上、古典外交の推進者の典型として小村寿太郎をあげてもそれほど異論はあるまい。いうまでもなく、小村は日露戦争期の日本外交の責任者であり、ポーツマス会議において困難な交渉を成功させた人物である。小村外交は、小国日本が大国ロシアを破り、「一等国」への道筋をつけた帝国主義外交の成功例であった。大陸進出から「大東亜」全域への勢力拡張を企図していた一九三〇年代に、小村の「成功」に再び光があてられた。本章では、小村外交を帝国主義下の古典外交として称揚し小村の伝記を書いた二人の外交論者、本多熊太郎と信夫淳平に着目し、古典外交論の立場から新秩序建設の動向がいかに解釈されていたのかを論じたい。後にみるように、本多と信夫は、実際の外交政策に対する姿勢は対照的であった。一方、両者とも、新秩序論の台頭期に沈黙を保ったわけではなく、むしろ積極的に見解を公表した。個別政策への態度が異なった両者を結んだのが、小村外交への称賛であった。

前章では、オーストラリアが一九三〇年代に太平洋国家へと移行しはじめたことをみたが、これはイギリス帝国の変貌の現れでもあった。軍国主義が顕著になり大陸侵略の本格化した一九三〇年代の日本外交は、帝国日本の拡大、すなわち帝国主義の時代に回帰したととらえられることもある。しかし、新秩序論は少なくとも理念のうえでは帝国主義を否定していた。イギリス帝国もコモンウェルスの再編によって、超国家的地域統合をすすめることで、時代の変化に対応しようとした(3)。日本の新秩序論もこうした動向を反映したものだったのである。本章や次章でみるように、古典外交論者は、新秩序を古典外交の文脈で解釈したが、それは結局帝国日本の拡大を評価するということになった。その際、帝国拡大の成功例として小村寿太郎や日露戦争がもちだされることになったのである。ここに古典外交論者の視点の特徴を見い出し、その立ち位置を検討することで、時代に取り残された面ではなく、新秩序論における古典外交の積極的意義、一九二〇年代と戦後期を結ぶその役割を考察したい。

一　古典外交と新秩序論

1　古典外交

まず、本章で言及する古典外交について整理しておく。

古典外交とは、一九世紀の欧州で誕生した列国間の権力政治と勢力均衡を基本とした外交である。古典外交では主権国家を基本単位として勢力均衡が図られたが、その根底には、多数の国家を包摂する世界帝国を否定し「多様性」を重視する発想があった。欧州列強は植民地帝国として発展したが、帝国主義外交は、主権国家を相対化する地域統合によって国際秩序を再編するといった考えかたとは相いれないものであったことに注意すべきである。古典外交を支えたのは、貴族層を主とする外交官であり、彼らはヨーロッパ文化の伝統を修得した選良同士として交際した。(4)

古典外交は、一九世紀後半に国際社会に参入した日本にとって、先進地域の学ぶべき外交のありかたであった。朝鮮半島を支配下におき中国大陸への勢力伸長をめざす帝国主義の外交政策は、近代国家として発展するために従わざるをえない「文明国標準」といえた。古典外交の推進者であったビスマルク（Otto von Bismarck）に、岩倉使節団が権力政治の弱肉強食の厳しい現実を教わったエピソードも、(5)そのことを首肯させるものである。日本が学んだ古典外交は、第一次世界大戦後に主としてウィルソンが提唱した新しい外交方針に対して「旧外交」と呼ばれるが、古典外交と「旧外交」はほぼ同義と考えられる。千葉功によれば、「旧外交」とは、①君主＝政府による外交の独占、②秘密外交、③植民地主義、④二国間同盟・協商の積み重ねによる安全保障、⑤権力主義的な外交を本質とし、日本がようやく「旧外交」に習熟するようになったのは、第一次世界大戦末期のことだとされる。(6)つまり、日本が「文明国標準」の外交に慣れたときには、欧米諸国は「旧外交」を否定した「新外交」に転換したといえる。ただし、「新外交」がどこまで画期的変化であったのか、また日本がどの程度「新外交」を受け入れたのかについては議論が分かれる。

「新外交」のなにが新しかったのか。それは帝国主義を支える権力政治に対し、民主化の進展や植民地支配への批判を背景に、外交を公開して列強による勢力圏拡張を否定する点で新しい外交であった。一九二〇年代の特色は、国際連盟の成立など、イギリス帝国を中心とする国際秩序が超国家的《トランスナショナル》に再編されていったことである。(7)中谷直司は、第一次世界大戦後の日本外交が新外交に呼応して対英協調ではなく対米協調を基調とした国際協調外交に転換したことを重視している。(8)一方、服部龍二は、「新外交」期の日本外交は「協調のなかの拡張策」をとって権益の維持を基本としたものだったとしている。(9)黒沢文貴は、日本外交をめぐる枠組みを「ウィルソン的国際秩序観」と「帝国主義的国際秩序観」を縦軸に「自給自足圏」と「自由貿易論」を横軸とした四象限に整理し、一九二〇年代の「ウィルソン的国際秩序観」と「自由貿易論」の象限から三〇年代に「帝国主義的国際秩序観」と「自給自足圏」の象限に日本外交が移行していったと整理している。(10) 他方、一九二〇年代の日本外交が既存の国際秩序に対峙するなかで、幣原外交は中国のナショナリズムを取り込みつつ「日中提携」をめざすといった「新外交」的な「アジア連帯論」ともいうべき〈未発の可能性〉を秘めていたとする指摘もある。(11)

日本が「新外交」にどこまで順応したのかについての議論は分かれるが、「新外交」が第一次世界大戦後に現れ、インターナショナル（主権国家間）な広がりをみせたことはまちがいない。ただし、「新外交」を推進したのは、新動向をいち早く理解した外交官であり、彼らは「旧外交」の行動様式に従っていたのである。その点からみれば「新外交」も一九世紀的な「文明国標準」の枠組みの範囲内にあったといえる。

これに対して、新秩序論の主眼は、主権国家を基礎とする国際体制を否定することであった。よって、「新外交」は古典外交すなわち「旧外交」の転機とされるが、新旧の区分は相対化しうるもので、むしろ、国際秩序観の変化という点では、古典外交秩序と新秩序の区分に注目すべきであろう。

2 「東亜協同体論」の位相

一九三七年七月の盧溝橋事件より拡大した日中戦争は、一二月に南京が陥落し、翌年一月にはときの近衛文麿首相が事態を楽観して「国民政府を対手とせず」との声明を発した。しかし、中国との和平の見込みが立たず、一一月には再び「東亜新秩序建設」を謳う声明を発した。いわゆる第二次近衛声明である。これがきっかけとなって「新秩序論」にかんする議論が活発化した。(12) ここでは、蠟山政道の「東亜協同体論」を取り上げてその議論を整理しておこう。

蠟山政道は、当時東京帝国大学教授で、近衛文麿の私的な政策研究会だった昭和研究会に参加しており、一九三八年九月の『改造』に「東亜協同体の理論」を発表した。(13)蠟山は、「支那事変」が「国際連盟や不戦条約などが前提とした」戦争ではないとする。つまり、冒頭から既存の秩序や国際法の適用外の戦争であるというのだ。なぜならば、既存の国際秩序は英米など大国が主導した「普遍的世界主義」に基づくもので、「東洋を東洋として認める地域主義」が排除されたものであり、日本の戦争は東洋の覚醒をめざす「世界史的意義」を有しているからである。

西洋諸国が国家統合の支柱としたナショナリズムに東洋が目覚めたとき、西欧諸国の帝国主義はそれを認めなかったと蠟山は指摘する。西欧の帝国は、自身がナショナリズムによって統一国家を実現しながら、支配下の異民族の統合を排除するという矛盾を抱えているとの議論は、近代の帝国が「国民帝国」であったとする近年の議論(14)に通じるものといえる。よって、帝国主義のなかで変質したナショナリズムは、東洋の「平和と建設の究極原理ではない」のであって、「今次事変の推移とその終局目的」は、「ナショナリズムの超克でなければならない」のである。

蠟山は、日本の大陸発展の原理は「地域的運命協同体の建設」であるとし、これはナショナリズムを超克したものだとして議論を展開する。地域協同体はアウタルキーでもブロック経済圏でもなく、「自然と文化との有機的結合の上に」成り立ち、今後の世界は「均衡ある数個の世界的地域分たれ行く」との見通しが示される。

酒井哲哉が指摘するように、東亜共同体論の要点は、「主権国家の原子論的国際秩序」に代わり「有機的な地域的一体性が国際秩序の指導原理」となるべきだというものである。(15)こうした論理は、秘密外交か公開外交か、勢力圏を認めるか否かといった新旧の外交の相違とくらべ、より根本的な国際秩序観の転換を伴ったものであった。それは、インターナショナルな主権国家間関係で国際秩序をとらえるのではなく、超国家的な地域統合によってナショナリズムの隘路を乗りこえようとする試みであった。近代ナショナリズムを超克する以上、日本自身も自国の利害をこえて

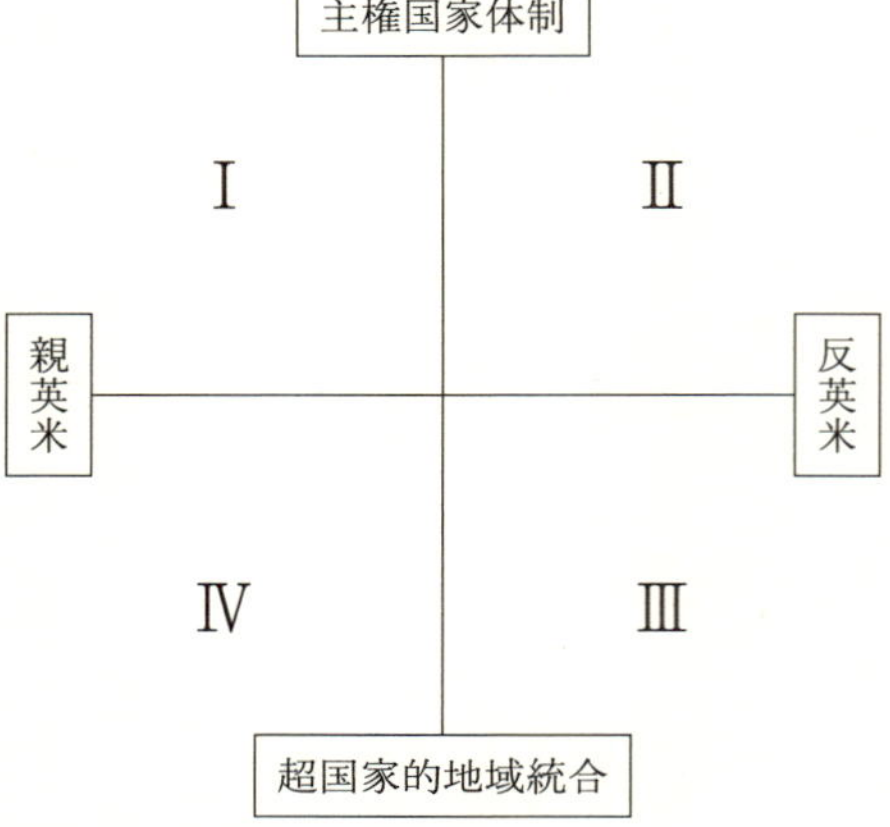

図　日本外交の構造

協同体内でのありかたを模索せざるをえなくなる。これは、日本の主権を確立し、「一等国」へと成長し、その過程で得た権益を守ることを至上課題とする近代日本の外交政策とは相いれない発想だったといえよう。

ここで、本章で論ずる外交論を整理しておきたい。上図は、主権国家体制に対する超国家的地域統合を縦軸に、親英米と反英米を横軸にとった概念図である。

さて、古典外交論者が主権国家間関係に基づく国際秩序を想定していた以上、それは植民地帝国が中心となって形成される秩序、すなわち帝国主義を一定範囲で認めることにつながった。しかし、古典外交論者であっても、二〇世紀初頭の国際秩序を主導していた英米に反発するか否かという差があった。東亜協同体論が、東洋の独自性を主張して超国家的地域統合を主張する以上、それは当然反英米であった（図の内Ⅲ）。同じ反英米でも主権国家体制の国際秩序を重視すれば（Ⅱ）、反英米という点では、東亜協同体論のめざす方向と重なる部分がでてくることになる。一方、幣原外交に代表される「新外交」を支持する立場は、親英米の主権国家体制維持の帝国主義だったととらえることもできる（Ⅰ）。

ところで、「長いものには巻かれろ」式の外交政策にも思われるⅠの立場は、選良の冷静な外交論としてはともかく、ポピュリズム的な支持はえにくかった。同時に、Ⅲの超国家的地域統合などという難しい論理も当然大衆には理解されなかったのである。「文明国標準」の秩序のなかで近代化をすすめていくしかなかった日本が、反英米を掲げることは、理性をこえたところで、「文明国標準」の論理によって愚民視される大衆の鬱憤をはらす一面もあった。その結果、超国家的地域統合の理想を掲げた東亜協同体論や大東亜共栄圏は、結局、Ⅱの象限である反英米で帝国日本を拡大するという帝国主義の文脈で理解されることになるのである。本書が着目する「文明国標準」の論理、また選良と大衆の乖離を考察ためにも、この親英米か反英米かの立場の違いは重要になってくるのである。本章で、本多熊太郎と信夫淳平という二人の古典外交論序を取り上げるのも、英米主導の秩序に対する古典外交論者間の懸隔を論じたいからである。

二　古典外交論者にとっての「新秩序」

1　本多熊太郎

本多熊太郎は、小村寿太郎の秘書官としてポーツマス会議に随行し、スイス公使、ドイツ大使を務めた外交官である。ドイツ大使を退いた後は、外相候補として名をあげられることもあったが果たせず、外交当局を激しく批判する外交評論家となった。満州事変以後、欧米追随外交からの転換として日本の大陸侵略を支持した。一九四〇年には中華民国大使となり東条内閣の外交顧問となった(16)。

本多は、小村の秘書官であったことを誇りとし、多くの評論のなかでしばしば小村を取り上げ称賛した。これに対し、徹底的に批判したのは幣原外交であった。幣原が外相時に本多が退官に追い込まれたという確執は別にして、本多の主旨はワシントン体制、すなわち「新外交」批判にあった。「華府会議の目的動機」は、「日本の極東に於ける地位を合理的の範疇に限定し直すと云ふのであつて」「英米提携で世界の政局に処して往かうと云ふ(17)」ものであったとし、「華府会議以後十年間、世界的模範良民たる日本と云ふ、有り難き賛辞の下に、日本は英米から能い加減に小児扱を受けて」きたにもかかわらず、それに同調してきた「同君〔幣原のこと〕等はスチムソンの外交に取りては有望な一枚のカルタ或は碁石の一個に過ぎなかった」。よって、「所謂幣原外交なるものは、実は泰平の爛熟期、或は又民族生活の疲労若くは倦怠期に往々起り勝ちな愉安姑息病、避難就易症の表現に過ぎない(18)」と批判した。

こうした日本の勢力拡大を抑制しようとする英米の策謀に対して日本が新秩序を建設するのは「日本自身の生存権の自主的肯定に外ならない(19)」とし、本多はその「文明史的意義」を次のように説いた。

日露戦争によつて醒め、世界戦争にとつて白人の精神的道徳的闇黒面を見せつけられ、更に戦後の政治経済両方面において彼ら白人が凡ゆる智勇を傾倒して造り上げた経済的および政治的優越地位保存工作機構が相次いで崩壊するのに、現にわれわれは直面しているのである。二十世紀の第二四半世紀が正にアジア自主、東亜独立の行進曲の始まりで、〔中略〕白人帝国主義の傀儡たる中華民国の偽政権を打倒して、純真なる東亜二大友邦の善隣協力の関係を打ち立てることによつて、さらにアジアの更正に躍動的拍車をかけることを期待して疑はぬものである。(20)

本多も先にみた蠟山と同じく既存の国際秩序を批判するが、アジア主義的な議論は英米批判の道具にすぎず、既存の秩序の原理そのものに対する批判はない。「国際政治といふものは、大国政治である。世界大国間の利害感情等の摩擦やら調和やら、之が世界政治の動きを形つくつてゐるので」あり、「世界は恐らく四つか五つの地域的な大きな経済ブロックに分かたれるだらう。さうして当面の実勢としてはこれ等のブロックは国防上の実力即ち武力を背景とする勢力範囲として形成され、維持せらるゝのであつて、ブロック間相互の関係はかうした実力のバランスによりて規律せらるゝであらうことはほゞ疑ひない(21)」。すなわち、本多にとっては、大東亜共栄圏も主権国家を地域共同体におきかえたパワーポリティクスの一環であり、そのなかで日本が生き残るためには、「ナショナリズムの超克」どころではなく、新秩序建設は「日本自身の生存権の自主的肯定」のためだということなのである。

2 信夫淳平

本多の反英米一色の大東亜共栄圏解釈に対して、本章で取り上げるもう一人の古典外交論者である信夫淳平の議論の趣はかなり異なるものである。信夫淳平は、外交官を経て一九一七（大正六）年の退官後は、外交史・国際法の研究者として活躍した。信夫は戦時国際法の研究に没頭し、その成果は、一九四一年に刊行した『戦時国際法講義』全四巻に結実した。「国家の対外行動の曲直を制定する規矩準縄の総合」である「国際法の本家は戦時にある」とし、戦時国際法の「柱梁は慣例及び条約」と考える信夫にとって、[22]「主権国家の原子論的国際秩序」は当然のことであった。信夫が、過去からの慣例や条約が成立した経緯を明らかにする外交史研究に精力を注いだのも、それが国際法の柱梁たりうるからである。

ところで、古典外交の信奉者であったとはいえ、信夫の立場は本多とは異なっていた。本多を「反英米の帝国主義者」とするならば、信夫は「親英米の帝国主義者」だったといえる。信夫は、「新外交」に一定の評価を与えており、英米との協調を基調とした外交を推進することを主張した。こうした信夫の外交思想を端的に表すのが、第一部第二章でふれた「国民外交」論である。

一国の外交当局者の性格、抱負、意図が国民の其れと合致し、国民の其れを最も正確に代表するときに於て、外交の成果は最も的確に挙げられる。国民外交の精神は実に此にある。[23]

当時の多くの選良と同様、信夫も大衆を愚民視しており、外交の民主的統制にも否定的だったが、第一次世界大戦後の国際政治が、平和的に世界が一体化する「社会外交」の時代に「進化」するとの見通しがあり、日本外交はその大勢に順応していくべきだと考えていた。(24)よって、第一部第三章でみたように、一九二八年に締結された不戦条約に対しても積極的に賛意を示した。

もちろん、古典外交論者だった信夫は、不戦条約の効果を無条件に信じたわけではないが、提唱国のアメリカの動機を疑うべきだという議論に次のように反論した。

米国は之を以て我国を不戦の条約に封じ込まんとの趣意ならんとか、海軍大拡張に依りて我国を威圧せんとしつゝある米国が、平和の美名を掲ぐる不戦条約を高調するなどは眉唾ものであるとか論ずるのを屢ゝ耳にする。共に故さら色眼鏡を掛け、故さら邪推的に対手の腹を揣摩するもので、断じて正しき視方とは云へない。〔中略〕社会の先覚者にして努力倦まずんば、結局は化して一の健全なる国論を形成せしむること決して困難でなく、不可能でもない。不戦条約に関する公正摯実の輿論が米国の民心を支配するのも、さほど遠くはあるまいと信ずる。(25)

こうした議論は、「新外交」下における国際協調外交論の典型であり、既存の国際秩序の未来を信じ、英米との協調を求める思想であった。

これに対して、本多は不戦条約にかんするアメリカのねらいを次のように伊東巳代治に語ったと回顧していた。

思ふに米国の主たる狙い所は欧洲の列強に非ずして、日本をこの条約で縛りつけようといふのではなからうかと存ずるのです。之はヴェルサイユ及び華府会議以来の米国の一貫せる極東政策の動向に徴して明白と考へます。(26)

本多は、英米陰謀論の枠組みで国際政治をみており、英米協調などは日本が子ども扱いされた外交に過ぎないという立場であり、信夫とは逆の立場だったといえる。

他方、信夫は、アジアとの連帯にも否定的であった。アメリカでの日系移民排斥問題が頂点に達していた時期でさえ、次のように論じていた。

この論〔大アジア主義のこと〕は極めて俚耳に入り易く、卒然として之を聴けば、東洋諸民族の中堅たる我国として快心の業であり、将た当然の使命であるかの如くに聞ゆるが、実は我が将来の外交を誤り、且徒らに欧米諸国民の反感を挑発せしむる以外に何等実益なく、我が将来の国民外交として最も排斥せざる可らざるものと思ふ。(27)

信夫は人種間対立が戦争に発展するなどは「痴人夢」の類だと切って捨て、国際政治の本質を次のように説明した。

国際政治を支配する実勢力は、人種の異同にあらずして利害の如何にある。国としての政治上、経済上、その他の実質的利害で、その利害相一致すれば、如何なる異人種とも相結び、利害相反すれば如何なる同人種とも相反発する。〔中略〕同文同種とか、輔車唇歯とかの語は、形式外交の乾杯辞としては兎に角、国と国との離合集散を決する契子としては、今日無意味である。(28)

冒頭に引いた石射の述懐を彷彿とさせる論調である。冷徹な利害の計算で国際政治は動く、そこに感傷的な反英米論やアジア連帯論など無意味だ、これが信夫の主唱したい点であった。満州事変以降、現実は信夫の理想とは異なっていったが、信夫は旧来の枠組みで現状を説明しようと苦心した。『満蒙特殊権益論』(一九三二年)、『上海戦と国際法』(一九三二年)などにおいて、信夫は、国際法や過去の条約を紹介しつつ、日本の行動がその枠組み内にあることを示そうとした。信夫の国際法へのこだわりは、太平洋戦争勃発後でも変わらなかった。

〔国際法遵守してきたという〕皇軍の既往累次の戦役に於て博し来れるこの声誉は、今次の大東亜戦争に於ても飽くまで之を維持せしめたく、また必然維持せらるゝに相違なかるべしと確信する。〔中略〕我が当局者に於て右の戦陣訓を基準とし、同時に一九〇七年の海牙〔ハーグ〕陸戦法規慣例規則をも参照し、〔中略〕これと相並んで帝国陸戦法規の完璧を期することは決して徒事ではあるまい。(29)

国家と国家が関係するところに国際社会が存在し、そこでの秩序を規定する国際法の有用性を信じていた信夫が最重要視したのは国際法の遵守であった。それこそが、国際社会に日本をつなぎとめる最後の砦であったからである。よって、信夫は国際法が守られていることを条件として次々と日本の対外政策を肯定していった。酒井哲哉が指摘するように、その際、信夫は自衛権の概念をもち込んで、中国大陸における日本の行動を擁護した(30)。自衛のための武力行使であることを証明するため、信夫自身が強く戒める国際法や条約の曲解ともとられかねない苦しい説明をせざるをえなくなっていったのである。国際秩序を変えようとする試みに対して、既存の枠組みを基準として臨んだところに信夫の限界があった。しかし、国際情勢に敏感であった信夫が、「皇軍の行動に国際法上何等非議すべき廉ありしを聞かず」とし、陸戦の法規慣例の精神によく合致しているとして「戦陣訓」を絶賛することには空しさが伴ったにちがいない。

三　二つの小村寿太郎伝

1　信夫淳平の小村伝

古典外交論者にとって、国際秩序の基盤そのものが否定されていった一九三〇年代は生きにくい時代であった。本多のように、日本の生き残りのために帝国拡大を前面に押し出して、英米と対決を辞さないと断言してしまえば、軍国主義が広まる世情に迎合できたかもしれないが、信夫のように高踏的立場を崩さず、あくまで国際社会の既存秩序を守ろうとすれば、その存在が無視されがちにならざるをえなかった。信夫が大部の『戦時国際法講義』の執筆に没頭したのも首肯できるのである。

一方、発言がしにくくなるなかにあって、信夫は古典外交華やかかりし時代を回顧することで自己主張の場を見い出していった。それがビスマルクの伝記と小村寿太郎の伝記であった。いうまでもなく、ビスマルクはドイツ帝国の礎を築いた政治家・外交官であり、その外交政策は帝国主義外交の代名詞ともいわれるものである。信夫のビスマルク伝は、最初一九三二年に改造社より出版され、改訂されたものが太平洋戦争中の一九四二年に潮文閣より出版された。同盟国であったドイツの大宰相を顕彰しても当局の目はさほど厳しくなかったということであろう。ここでは、総潮文閣版の『鉄血宰相ビスマーク』を用いてその内容を紹介したい。国際法の学術書ではないこともあり、本書は総ルビつきで文体も流麗で読みやすく、広範な読者を想定して書かれたことがわかる。ビスマルクの生涯を縷々語るなかで信夫が強調したのは、彼の政策が「一に欧洲の平和維持に依りて国礎を固め、経済上の発達を遂げて国民生活の安定及び向上を計るの根本方針より打算された」[31]ものであったということである。また、ビスマルクが植民地政策に慎重であったことも重視され、むやみな領土拡張に走らなかった点が高く評価された。そのうえで、ビスマルクの政治姿勢が次のように総括された。

彼は徒らに鉄血主義を奉じ、徒らに権変術策を事とし、徒らに攻伐を好んだ固陋の武断宰相ではなく、寧ろ平和を好愛したる文治的政治家で、ただ祖国を統一し、且恒久の平和を欧洲の中原に樹立せしめんがため、その階梯的の一手段として已むなく一時荒療治をやった迄である。[32]

信夫の描くビスマルクは古典外交によりヨーロッパの平和維持に努めた大政治家というもので、こうしたビスマルク像の提示には、現状打破を唱え大東亜共栄圏の拡大を意図するその当時の日本の対外政策への批判が込められていたように思われる。

ところで、信夫がビスマルクに匹敵する日本の外交官として称揚したのが小村寿太郎であった。

小村とビスマルクの間には一条の類似性があった。その共に外交を以て単に目先の輸贏を争ふにありとせず、要は君国の存立及び向上の要求に基く根本的国策より割出すべき外政の一作用と為すに於て一であった。〔中略〕ビスマルクは普魯西魂に鞭打つて独逸帝国の建設を達成したが、小村も飫肥魂に醸成されたる彼れ自身の大和魂を以て世界に於ける帝国の地位を向上せしめた。(33)

前節でみたように、信夫は古典外交論者として国際法を基盤とする秩序維持を重視し、国際協調による秩序安定を期待して「新外交」にも一定の評価を与えていた。ビスマルク同様小村寿太郎をも、信夫は日本の安定的外交政策を実現した外交官として高く評価したのである。信夫の小村伝としては、戦後の一九五三年に「日本外交文書」の別冊として公刊された『小村外交史』があるが、大正時代に書かれながら長く稿本のままおかれた。(34)『小村外交史』は、明治の末年に上司だった伊集院彦吉から勧められ、信夫が外務省退官後に再度の勧めがあって、外務省文書を利用しつつ自由裁量で執筆され、「筆は流るゝ如くに走り、予期よりも早く、而して予期より容易に、菊判二千頁を超ゆるべきかと概算する大巻の草稿」になったというものである。(35)しかし、『小村外交史』は戦後の公開であり、外交史料としての側面もあり信夫の率直な小村像がみえにくい。そこで、ここでは一九四二年に刊行された『小村寿太郎』の内容を紹介していきたい。その「前がき」で「伝記の編纂者は、兎角に主人公が一人で時代を作り、独力にて天下を取ったかの如くに書く。〔中略〕これが彼等の通弊と謂ふべきである」（二＝『小村寿太郎』の頁、以下同）とし、客観的に小村の生涯を叙述すると断っているのが信夫らしい。

小村はハーバード大学を卒業して帰国後、司法官となり外務省に転じるが、この頃父の借財のため「債鬼」に追われたことから伝記ははじまる。陸奥宗光に見い出され北京の代理公使となり日清戦争の処理にあたったことから小村の能力が発揮されるようになる。韓国公使を経て外務次官となった小村は、西園寺公望・大隈重信・西徳次郎の三外相を補佐したが、西外相が憲法中止を唱えたことに反対したエピソードから、小村が「憲法中心論者でなくして憲法改善論者であった。又政党無用論者でなくして政党改造論者であった」（八〇）と信夫は評している。その後、小村はアメリカ・ロシア・清の公使を勤めたが、清国駐箚時に義和団事件の事後処理をおこなった。一九〇一（明治三四）年、小村は桂太郎内閣の外務大臣となった。この第一次外相時代に、小村は日英同盟の成立・日露開戦外交・ポーツマス講和会議と活躍するが、信夫は、小村がはじめに戦争ありきではなく、細心の注意を払って日露交渉をすすめたことを強調している。講和会議のさなか児玉源太郎が戦局収拾を力説したエピソードをわざわざ紹介しているのも、この伝記が太平洋戦争開戦後に出版されていることを考えれば興味深い。

ところで、「小村外交」といえば第一次外相期が注目されがちであるが、信夫は一九〇八年からの第二次外相時代を重視すべきだとする。この時期、日米間は日系移民排斥問題で緊張が高まったが、信夫はアメリカ艦隊の太平洋巡航を日米親善の機会として利用したことを高く評価する。

今日に於て——特に大東亜戦争の発端にその誇れる米国の太平洋艦隊の脆き壊滅を見たる今日に於て——右の記事を読む、我が国民たるもの一種の感慨に打たれざるを得ない。しかも当年には当年の形勢かりで、乃ち当年の危機を能く未然に避けしめ、謂ゆる禍を転じて福となすに最も苦心したる者ありしとせば、そは侯その人であった。（二七四）

信夫の描く小村像は、好戦的で断固とした外交方針を貫く外交官ではなく、恬淡として外交問題を処理する「外交家」というものであった。日露戦後、日米・日露の協調に努力し、日本外交の安定を築いた点を高く評価した。これは、ビスマルクがドイツ帝国建設後ヨーロッパの安定に努めた姿とまさに重なるのである。

つまり露国を恐れて之と衝突するのを避けんがための日露提携ではなく、一度ぶッつかって実物教育を之に加へ、抑ゆべき所は抑へた上にて東亜永遠の平和のために相結ぶべくんば以て結ぶべし、といふのが侯の主張であり、これが他の日露提携論者と撰を異にした所で、そこに侯の卓見を認むべきである。（一六―一七）

信夫は帝国主義外交を推進した小村の功績を日露戦争に勝利したことのみとせず、むしろ戦勝にも淡々として時機を誤らずに外交問題を処理していったこととした。よって、次のように最大のオマージュを送ったのである。

大東亜戦争に伴ひ国際政局に大変革を迎送しつつあるこの際に於て、若し侯をして今日に在らしめば、侯は我国の舵機を如何に操縦すべかりしか。機略を事とする政治家や事例に巧みなる外交家は、今日でも世に腐るほどある。けれども真個に世を動かし人を動かす大宰相の器としては、勿論敢て絶無とは云はざるも、事実幾許もあるまい。国歩艱難の今日、愈々侯を憶ふに切なるを覚える。（二二）

2　本多熊太郎の小村伝

ところで、本多熊太郎も小村への敬意を惜しまなかった。先に述べたように、本多は、日露戦当時小村の秘書官として仕えたことを生涯の誇りとした。その本多も『魂の外交　日露戦争に於ける小村侯』と題する小村伝を一九三八年に公刊した。本多の描く小村像はいかなるものであったのか。『魂の外交』については、千葉功の詳細な分析があるため[36]、以下それに従って紹介していきたい。『魂の外交』は、一九三〇―三五年の間の小村にかんする本多の文章や講演録をまとめたものであり、その点生涯を通観した信夫の小村伝とは異なっている。

本多が、小村を「外交家と云ふよりはむしろ一大経世家」（四＝『魂の外交』の頁、以下同）としている点では、「大宰相の器」とした信夫と共通する。しかし、本多が信夫と異なるのは、「小村が当初から満州問題でロシアと開戦するつもりであった[37]」としている点である。それは、満州侵略を小村の偉業を借りて正当化しようとする本多の希望であった。また、本多が一貫して主張した自主外交という点でも、独自の解釈を示した。本多は、日英同盟を「英国との親類付合が我が外交の生命であり枢軸であるといふ意味ではない」(一一九)とし、次のように述べた。

同盟や協商の外交的工作に自国の存立を託し、若しくは重要国策の実現を依存せしめんとするが如きは、痴人の夢と一般、不可能事である。やゝもすれば孤立日本の悩みをすら感じて居るかの如く見られる今日の日本の人心に鑑み、自分はこの点を特に強調したいのである。(一一九)

こうした本多の解釈からすれば、「極東モンロー主義」を確立できたのも「小村侯の如き偉大なる外交家が居られたが故」(三三三)ということになる。信夫がアジアに偏せず欧米との協調を重視する小村を評価したのに対し、本多のいう勢力均衡とは、日本が極東モンロー主義によって、欧米列強と対峙することであった。

協調と申しても、この十年来日本で誤つて用ひられた如く対手方の言ふことに一々降参する所の協調ではない、対立の力で話し合をして、話し合が付けば可し、付かなければ已むを得ず自分の所と利害を大体同うする国だけの集団を造って、その集団の力で対立する、それで行かなければ戦争になる(三一二)

この論法ですすみ結局日本は対米戦争に突入してしまうが、これでは「禍を転じず禍となした」ことになり、小村外交は「極東モンロー主義」のためにおこなわれたかのような観になる。千葉功が指摘するように、「本多は、本多自身の主義主張に適合的な「小村像」を、一九三〇年代前半に時々刻々と変化する情勢にあわせて作り変えて行った」(38)ため、信夫の「小村像」とは懸隔ができてしまったのである。この懸隔の原因は、信夫も本多も古典外交の枠組みを重視しながら、親英米か反英米かという点で意見を異にしていたことによるといえる。

同じ古典外交論者であっても、現実の外交政策に対する解釈が異なった本多と信夫だが、意外にも二人には交流があったようである。本多がドイツ大使を最後に退職した際、信夫はそれを惜しむ一文を草している。

彼が四月末私への手柬に於て、既に辞表を提出したといふことを内報して来た時、私は半ば予想して居つたやうなもの丶、半ば頗る残念に思つた。〔中略〕彼は年少殆んど独学で自己を開拓した。而も天稟の驚くべき鋭敏の頭脳と溢る丶縦横の才気とは、外交官の初班よりして既に嶄然群を抜き、累進して三年前に大使となった。〔中略〕彼は小村の薫陶の下に外交を学び、其の衣鉢を紹げるに於て小村門下の第一人なるも、彼れ自身の天稟の性格は、大小の差は措きその類に於ては、小村よりも郷党の大先輩陸奥の其れに近い。〔中略〕彼とても一旦霞ヶ関の埒外に飛出た以上は、身を政党に投じ、政党大臣として他日外交の局に当ることの、或は険なるも寧ろ近きを感ぜぬでもあるまい。(39)

なにが信夫をしてここまで言わしめたのか。以下は想像となるが、信夫も本多も帝大卒ではなく、高い能力がありながら、外務省の主流とはなれず、志半ばで官界を去った。二人が共に外交官の理想とした小村も、若年の折は司法省で無為の日々を送った。しかし、その後大成して古典外交の模範ともいえる対外政策を実現した。時代に取り残されつつあった信夫は、小村の「衣鉢を紹」ぐ本多に小村外交の復活を期待したのかもしれない。

おわりに

坂野潤治は、福沢諭吉の「脱亜論」を論じるなかで、福沢が朝鮮改造の立場にあったときの方がはるかに侵略的であり、むしろ欧米と「協調」してアジアを侵略する立場の方がアジアへの膨張には消極的であったと指摘した。(40)この指摘は、本章で取り上げた新秩序論にもあてはまる。東亜の「共存共栄」を謳いつつも、大東亜共栄圏の実態が帝国日本の拡張でしかなかったことは改めて指摘するまでもあるまい。新秩序論は、国際秩序そのものをつくりかえる構想としてはあまりに理念に走りすぎたものであり、アジアの連帯構想にしても、欧米に従わざるをえなかった近代日本の反作用のようにして唱えられたに過ぎなかった。こうした理念先行の議論に対して、古典外交論者は勢力均衡を原則とした帝国主義の国際秩序を基礎として新秩序を解釈しようとした。ただし、古典外交論であっても、本多熊太郎のように反英米の立場から論ずるのと、信夫淳平のように親英米の立場から論ずるのでは位相を異にした点は、これまでみた通りである。超国家的地域統合といった理念は選良にしか理解できず、超国家の理念を反映した新秩序論は、帝国日本の発展といったなじみの帝国主義の論理で再解釈してはじめて多数の理解を得ることができた。この文脈で古典外交が日の目をみたのは皮肉であった。主権国家秩序か超国家的秩序か、親英米か反英米かといった論点は、錯綜するなかで、その場の都合に合わせて議論の正当化に用いられつづけてきたのである。このことの現代的意義を、本章の「おわりに」に代えて述べておきたい。

時代に取り残されたかにみえる古典外交論は、敗戦と大東亜共栄圏の失敗の後に復活した。戦後、東久邇宮稔彦に代わって幣原喜重郎が首相になったことはそれを象徴するものであった。占領下という特殊な事情であったにせよ、アメリカという「長いもの」に巻かれて、日本の存立をはかるのが戦後外交の出発点となった。冷戦下では、核兵器による米ソ対立という「現実」が、いわゆる国際政治学における「現実主義」(リアリズム)を再度呼びおこすことになった。日本の選択肢は、対米協調以外にありえず、理念よりも日本の経済発展を優先させる外交政策がとられてきた。しかし、二〇世紀終わりの冷戦の終焉とアジア諸国の台頭という国際秩序の大変動のなかにあって、日本は外交政策・安全保障政策における将来像を描きえないまま右往左往しているのが現状である。

そうしたなか、地域統合に可能性を見い出そうとする動きに対し、日本国内の議論は、先にあげた図「日本外交の構造」(一九八頁)のなかに依然としてあるように思えるのである。現実の国際秩序を打破してアジアにおける友好的・相互依存的関係を再構築しようとする動きに対しては、「空想的」「理想主義」だとの批判がすぐにあがる。こうした批判をする「保守」とされる立場のなかでも、たとえばＴＰＰのような構想に対しては、アメリカ追従だからけしからん、いやアメリカに従うしかないではないかという議論の応酬が繰り返され、アメリカがＴＰＰ交渉から離脱し、アメリカの孤立主義に対応できないままである。そのどの立場が正しいと断ずるのは本章の目的ではない。ただし、一九三〇年代からアジア太平洋戦争期にかけて、反英米の立場で失敗したこと、たとえ帝国主義的であっても親英米の論理の方がまだしも救いがあったこと。これが本章で示したかったことである。

本多のいうように、ただ強大な勢力に追従し協調するというのは、「愉安姑息病、避難就易症」と非難されがちである。しかし、ただ勢いに任せて反米を唱えて鬱憤晴らしをするだけでは、結局日本外交は戦前型のアジア主義のなかにとどまってしまうのである。一方、自国第一主義で国際協調を軽視するトランプ政権下のアメリカに合わせれば、たしかに表面的には親米となる。しかし、戦前の親英米路線が古典外交的な国際協調外交であったことを考えれば、トランプ政権のアメリカの対外政策に合わせることが、本来の親米路線といえそうにない。図「日本外交の構造」（一九八頁）のなかで、戦前にはなかったⅣの象限、つまり親英米のままで超国家的地域統合をすすめるという立場に可能性はないのか。具体的には、アジア諸国の連帯に日本がリーダーとしてではなくくわわり、アメリカの友好国としてその警戒を解く役割りを演ずるというような外交を展開する可能性である。この可能性を探っていくことを将来の課題として、本章を終えたい。

注

（1）　石射猪太郎『外交官の一生』（中公文庫、一九八六年）五〇五頁。

(2) そのなかにあって、新秩序論と古典外交論者の関係について、信夫淳平を取り上げて論じたものに、酒井哲哉「「古典外交論者」と戦間期国際秩序」（同『近代日本の国際秩序論』岩波書店、二〇〇七年、第二章）がある。

(3) コモンウェルスについては、小川浩之『英連邦』（中公叢書、二〇一二年）、山本正・細川道久編『コモンウェルスとは何か』（ミネルヴァ書房、二〇一四年）がある。

(4) 古典外交については、高坂正尭『古典外交の成熟と崩壊』（中央公論社、一九七八年）、ヘンリー・A・キッシンジャー（岡崎久彦監訳）『外交』上（日本経済新聞社、一九九六年）第三章〜第六章。

(5) 久米邦武編『米欧回覧実記』第三巻（岩波文庫、一九七九年）三二九―三三〇頁。

(6) 千葉功『旧外交の形成』（勁草書房、二〇〇八年）ii―iii頁。

(7) 旧外交と新外交の関係については、たとえば、Sasson Sofer, "Old and New Dipolomacy: A Debate Revisited", in *Review of International Studies*, 14 (3), 1988. 国際主義の広まりについては、Daniel Gurman, *The Emergence of International Society in the 1920s*, Cambridge U.P., 2012.

(8) 日本外交史における「新外交」のとらえかたをめぐっては、中谷直司の優れた研究があり、以下の学説整理も参考した（中谷直司『強いアメリカと弱いアメリの狭間で―第一次世界大戦後の東アジア秩序をめぐる日米英関係―』千倉書房、二〇一六年）。

(9) 服部龍二『東アジア国際環境の変動と日本外交 一九一八―一九三一』（有斐閣、二〇〇一年）。

(10) 黒沢文貴『二つの「開国」と日本』（東京大学出版会、二〇一三年）。

(11) 武田知己「近代日本の「新秩序」構想の〈新しさ〉と〈正しさ〉」（武田知己・萩原稔編『大正・昭和期の日本政治と国際秩序』思文閣出版、二〇一四年）。

(12) 東亜新秩序にかんする研究は多いが、嵯峨隆『アジア主義と近代日中の思想的交錯』（慶應義塾大学出版会、二〇一六年）が簡潔に思想の内容と背景を整理している。

(13) 蠟山政道「東亜協同体の理論」（同『東亜と世界』改造社、一九四一年）。

(14) 「国民帝国」については、山室信一「「国民帝国」論の射程」（山本有造編『帝国の研究―原理・類型・関係―』名古屋大学出版会、二〇〇三年）。山室は、国民帝国を「主権国家体系の下で国民国家の形態を採る本国と異民族・遠隔支配地域から成る複数の政治空間を統合していく統治形態」と定義している。

(15) 酒井哲哉「「東亜共同体論」から「近代化論」へ」（同前掲注(2)『近代日本の国際秩序論』）一四一頁。
(16) 本多熊太郎に関しては、高橋勝浩「本多熊太郎の政治的半生」（『近代日本研究』二八、二〇一一年）。
(17) 本多熊太郎『軍縮会議と日本』（外交時報社、一九三〇年）一七―一八頁。
(18) 本多熊太郎『支那事変から大東亜戦争へ』（千倉書房、一九四二年）三〇八―三一二頁。
(19) 同右、四六九頁。
(20) 同右、一一頁。
(21) 本多熊太郎『世界新秩序と日本』（東亜連盟、一九四〇年）二・五七頁。
(22) 信夫淳平『戦時国際法講義』巻一（丸善、一九四一年）一―三頁。
(23) 信夫淳平『外政監督と外交機関』（日本評論社、一九二五年）五五頁。
(24) 信夫淳平『国際政治の進化及現勢』（日本評論社、一九二五年）四一―四三頁。
(25) 信夫淳平『不戦条約論』（国際連盟協会、一九二八年）二一四―二一八頁。
(26) 本多熊太郎『人物と問題』（千倉書房、一九三九年）一一頁。
(27) 信夫淳平「大亜細亜主義の謬妄」一九二四年（同『反古草子』一九二九年）四五頁。
(28) 同右、四六頁。
(29) 信夫淳平「大東亜戦争と国際法」（『外交時報』八九二、一九四二年二月）七―一二頁。
(30) 酒井前掲注(2)『近代日本の国際秩序論』一〇三―一〇四頁。
(31) 信夫淳平『鉄血宰相ビスマーク』（潮文閣、一九四二年）九九頁。
(32) 同右、二六五頁。
(33) 信夫淳平「小村大侯の三十年周忌を迎へて」（『外交時報』八八八、一九四一年一二月）一一九―一二〇頁。同様の文が、信夫淳平『小村寿太郎』（新潮社、一九四二年）一二―一三頁にもある。
(34) 外務省編『小村外交史』（原書房、一九六六年）序。
(35) 信夫淳平『外交側面史談』（聚芳閣、一九七二年）二三九―二四二頁。
(36) 千葉功「日露戦争の「神話」」（小風秀雅編『亜細亜の帝国国家』吉川弘文館、二〇〇四年）。

(37) 同右、二七七頁。

(38) 同右、二八二―二八三頁。

(39) 信夫淳平「本多大使の退職」(『外交時報』五一六、一九二六年六月)五七・六一頁。

(40) 坂野潤治『明治・思想の実像』(創文社、一九七七年)。

第三章　金子堅太郎の「国民外交」
——回顧される明治——

はじめに

一九〇四（明治三七）年二月二〇日、御前会議で対ロシア開戦が決定された。その日の午後六時、伊藤博文枢密院議長から金子堅太郎のもとに呼び出しの電話がかかった。駆けつけた金子に伊藤はおもむろに話し出した。「君にすぐにアメリカに行ってもらいたい」。伊藤の要請は、日露戦争にあたって、金子にアメリカで日本への同情を呼びおこす広報外交をおこなってほしいというものであった(1)。

日露戦時における金子堅太郎のアメリカでの活躍については、松村正義の詳細な研究があり(2)、事実関係はほぼ明らかにされており、本章で特段にくわえるところはない。金子の活動によって、アメリカが日露仲介に動いたこと、ポーツマス講和会議交渉の有力な側面支援となったことなどは否めない。そうとはいえ、金子の言動は、どうしても外交史上の一挿話として扱われがちで、その意義については、新たな解釈を与える余地が残されている。

松村は、近著において、広報文化外交すなわちパブリック・ディプロマシーとして、金子の活動を再整理した。松村は、広報文化外交とは外交の民主的統制がとれているなかにあって、「外交政策に関して、主権者たる国民や大衆が議会やマス・コミや世論を通じてもっと議論しあい意見を反映させやすいように、出来るだけ多くの議論材料を彼らに提供し、その上で何等かの方向性を示唆すること」[3]だとしている。また、渡辺靖は、パブリック・ディプロマシーの要諦は、自国の国益のために相手国の「心と精神を勝ち取る」ことだという。[4]こうした定義からすれば、広報文化外交は、本書の主題の一つである国民外交と重なる部分が多い。第二部第三章でもみたように、国民外交に文化的活動が有用であることは明らかで、外交問題を選良間で独占せず広く大衆に訴えるという点も共通するからである。しかし、決定的に異なるのは、パブリック・ディプロマシーが相手国に働きかけ変化を促すのに対し、国民外交は自国の外交の民主化と自国民の外交への動員を主目的とする点である。金子が一貴族院議員という立場で、公職を帯びずに渡米したことをもって国民外交とするのは、皮相的にすぎるし、民間交流と国民外交は同じではないとする本書の立場とも一致しない。後にみるように、金子は日本の民主化に否定的であったし、大衆と向き合うという姿勢もなかったが、そうした人物のおこなう広報外交はどのようなものであったのか。一方、金子には選良としての自負が強くあり、国家のおこなう外交を、自身を含めた国民が支援することは当然とする発想があった。金子が広報外交を展開するにあたって、アメリカでなにを語ったのか、そこにどのような特徴があったのか。この点を探ることが本章の第一の目的となる。

ところで、金子が日露戦時に広報外交をおこなっている時点で、すでに日本人移民排斥問題が顕在化していた。金子は排日問題にも積極的に関与した。飯田直輝は、金子が渋沢栄一と協力して問題解決に日米の国民同士の交流を重視したこと、双方の民間人などにより連合高等委員会を設けて意見交換をおこなうべきだとしたことをもって、金子の言動を国民外交としている。[5]第一部第一章でみたように、渋沢が主張する国民外交とは、たんに国際交流の促進を意味するものではなく、外交の支援に国民を総動員することを重視したものであった。金子は終生国体の概念に執着し、そこに日本の独自性があると主張しつづけた。万世一系の天皇のもとで日本国民が国威を高める行動に協力するのは当然視されたのである。では、排日問題における金子の国民外交はどうであったのか。金子の熱望した日米連合高等委員会の設置が実現せず、金子が日米関係の表舞台から排除されていった意味を考察したい。これが本章第二の目的である。

金子は日露戦時の広報外交をその後繰り返し自身の成功譚として語りつづけた。前章で検討したように、日露戦争は古典外交下での成功の典型として回顧された。金子も、帝国主義的な文脈で外交をとらえていた。つまり、強力な軍隊もち領土・勢力圏を海外に広げていければ、その外交を成功だと考えるということである。一九世紀末にアメリカで教育を受けた金子の国際政治観は、「文明国標準」主義的な発想にとどまりつづけた。そのことが、日米問題への金子の対応にどのような影響を与えたのかを最後に考えたい。

一　金子遣米の背景

金子堅太郎は、一八五三（嘉永六）年、福岡藩の下級藩士の家に生まれた。(6) 江戸時代の武士の慣習に従い漢学中心の教育を受けたが、若年のときから水戸学に傾倒した。「蘭癖大名」であった前藩主黒田長溥に才能を評価された金子は、一八七一年に岩倉使節団に随行してアメリカに留学した。金子はすでに一八歳であったが初等教育から学び直し、ハーバード大学ロー・スクールを卒業した。

留学中、金子は終生交誼のつづく師とめぐりあう。法律家のオリバー・ウェンデル・ホームズ・ジュニア（Oliver Wendell Holmes, Jr.）である。後に連邦最高裁判事となるホームズは、極東からやって来た青年留学生に西洋文明の本質を示唆した。ホームズが読むことを勧めたのは、メイン『古代法』、モルガン『古代社会』など、西洋社会の歴史的起源にかんする書物であった。(7) 金子は、進歩の到達点として西洋文明をとらえる「文明国標準」の基盤となる歴史観を素養として身につけたといえる。(8)

ところで、金子は留学中にキリスト教に関心を示さなかった。回想を信じれば、金子は当初から西洋文明を絶対化せず、日本の独自性を意識していたようである。金子は、人情本の『娘節用』を英訳して発表したが、日本人自身が「遅れたもの」として否定的であった日本の文化遺産を「芸術」として再発見したのが西洋人であったことを考えれば、金子が西洋文明におぼれず、日本文化の紹介に意義を感じていたことを表す挿話といえよう。

ボストンで七年半に及ぶ留学を終えた金子だが、帰国しても自負心を満足させる職を得ることはできなかった。福岡藩が財政難のため太政官札を偽造したことが発覚し、廃藩置県を待たずに事実上の廃藩になるという不名誉な事件により、福岡藩士の新政府への登用を困難にしていたことも関係していたと思われる。こうしたなかにあって、金子は政治結社の共存同衆や嚶鳴社にくわわり自由民権運動に関係したが、これはあくまで人脈づくりのためだったようである。そのかいあって、嚶鳴社の河津祐之と沼間守一の紹介で、一八八〇年に元老院に出仕した。

転機はすぐにおとずれた。元老院副議長の佐々木高行が金子に注目したのである。佐々木は、自由民権運動がルソー（Jean-Jacques Rousseau）をバイブルとして政治活動をおこなっていることを苦々しく思っており、アメリカ帰りの俊英であった金子にルソーに対抗する思想はないか諮問した。このとき金子があげたのがエドマンド・バーク（Edmund Burke）であった。バークはフランス革命を批判した『フランス革命の省察』で知られ、一般に保守主義の代表的論者とされる。佐々木の関心が高いことを知った金子は、『フランス革命の省察』と『新ウィッグから旧ウィッグへの上訴』(9) の抄訳を勃爾咢《ボルク》〔バーク〕氏『政治論略』として一八八一年に出版した。(10) この年には、明治一四年の政変がおき、イギリス型の立憲政治への急激な改革を求めた大隈重信が政府を追われたことを考えると、『政治論略』のもつ意味は大きく、金子の存在感は大きくなった。政変で立憲政体への移行を約束した政府は、翌年伊藤博文を憲法調査のために渡欧させた。

憲法起草にとりかかることになった伊藤は、金子を秘書官に抜擢した。金子は、井上毅、伊東巳代治とともに、明治憲法起草者の一人となったのである。憲法起草中の一八八九年には、各国の議院制度を取り調べるためにヨーロッパに派遣された。旅行中、金子は、碩学ハーバート・スペンサー（Herbert Spencer）に面会した。社会進化論を唱えたことで有名なスペンサーは、多くの翻訳が出され、日本社会に大きな影響を与えていた人物であった。(11) このとき金子は、スペンサーの進化論に従い、日本の国情と民度にあわせた憲法を作成したと述べた。これに対し、スペンサーは次のような所見を述べた。

予はかつて在英日本公使森有礼氏に意見を陳述し、〔中略〕憲法は欧米諸国各々その国体、歴史、習慣等より成立せるものなれば、決して外国の憲法を反訳して直ちにこれを執行し、外国と同一の結果を生ぜしめんと欲するは、誤解の甚だしきものなればなりと述べ置きたり。今貴下より聞く所によれば、日本の憲法は日本古来の歴史、習慣を本とし、漸進保守の主義を以て起草せられたりと。しからば則ち、この憲法は予のもっとも賛成する所なり。(12)

意外にも、各国の法学者は、明治憲法の非民主的側面を非難せず、むしろ高く評価した。旧知のホームズも「この憲法につき予がもっとも喜ぶ所のものは、日本憲法の根本は、日本古来の歴史、制度、習慣に基き、而してこれを修飾するに、欧米の憲法学の論理を適用せられたるにあり。日本の憲法は日本の歴史、制度の習慣より成り立たざるを得ざるものなり」(13)と、スペンサーに近い見解であった。こうした意見は、半開国の日本に欧米型の憲法運用は無理だと考えたからというより、当時のヨーロッパで流行していた歴史主義に影響されたもので、(14)金子は「漸進保守」が文明国標準の価値観のなかでも重視されることを確認したのである。ちなみに、帰国の途次、金子はアメリカでハーバード大学の同窓生だったセオドア・ルーズベルト（Theodore Roosevelt）とはじめて会っている。

帰国して男爵になり貴族院議員に勅選されて二年を経た一八九二年、金子は再び欧州に旅立った。ジュネーブで開催される国際公法学会に出席するためである。国際公法学会は、一八七三年に設立された国際法の専門家による国際的組織で、会員には当時の著名な国際法学者が名を連ねていた(15)。金子は前年に準会員に選出され、条約改正実現に向けて日本の法制度整備を広報するために会議に出席した。往路でアメリカに立ち寄った金子は、またホームズを訪問した。そのおり、ホームズは次のように述べた。

抑々宇内の国際関係は法理を以て維持するにあらす、又人道を以て左右するものにあらす、全く古来蛮俗の余習として弱肉強食の主義に依るものなり。〔中略〕蓋し優国は劣邦を圧し大国は小国を制することは今日尚ほ国際公法の許す所なり。故に如何なる国と雖も、列強を恐怖せしむるに足る腕力を有するにあらさるは、法理又は人道の如きは単に宗教的の信念に過きさるなり(16)。

こうしたあからさまで現実的な国際関係理解は、西洋文明を理想として受容しつつあった当時の日本人の純真さへの警句としてしばしば語られるものであった(17)。ところが、金子の返答はもっと露骨だった。

而して其の事実〔国際関係は力が支配すること〕を世界に表示することは時々刻々東洋の天地に迸出せんとするか如し。即ち将来に於ける日清両国の戦争是れなり。是れ東洋の形勢上到底避くへからさるものなれは、此の戦争に依て我日本帝国は清国を征服し、且つ列強に対し其の腕力を示さんと欲す(18)。

二年後に日清戦争をひかえていた時期であるとはいえ、当時の金子が外交政策の中枢にいたわけではないことを考えれば、こうした自分の発言を政府への報告書に残す金子の国際感覚が直截な帝国主義であったことがわかる。

この後、金子は農商務次官、第三次伊藤博文内閣の農商務大臣、第四次伊藤内閣の司法大臣と要職を歴任するが、政治家としては、伊藤の「子分」のままであり、しだいに存在が薄くなっていた。このような状況で伊藤から渡米を依頼されたのである。

ここまでみたように、金子は日本の立場を海外に説明するための広報官的な役割をしばしばおこなっていた。むろん、それには彼の英語力がものをいったが、くわえて、海外での活動中に知り合った名士との人脈も、金子の広報活動の後ろ盾となったことはまちがいあるまい。

もう一点、金子の思想について、バークの紹介者であることをもって金子を「保守主義者」と考えるべきなのかという問題がある。金子が国学思想に傾倒し、軽薄な西洋崇拝をしなかった点は明らかである。しかし、バークの紹介も佐々木高行の示唆を受けてのものであったし、スペンサーやホームズに述べた私見も、相手の嗜好を知ったうえで、好都合な意見を引き出すためのものであった場合が多い。金子は長命だったため、多くの回想を遺した。いかにも自分の意思で行動したかに語られる多くの事績も、他律的な場合が少なくない。むしろ金子に目立つのは、与えられた職務で功績を大きくみせようとする機会主義者の一面である。憲法起草の際に漸進主義を重視したのも、金子自身の思想ではなく、伊藤博文や実質の起草者であった井上毅の考えであった(19)。日本の憲法が漸進主義に基づいていることをいかに海外の名士に伝達するか。こうした仕事を金子が見事にこなしたことはすでにみた通りである。金子は国際的な名声にもかかわらず、自分の活躍の場が少ないことを気にしており焦燥していた。金子の立場を物語る次のような記録が『原敬日記』にある。金子に委員として東京市政に関わるよう伊藤博文が依頼したが、金子が渋っていたときの挿話である。

但し金子は他日内閣組織の場合に市政に従事し居る訳にて取残されては困ると云ふに付伊藤は激して、先年自分が内閣組織の際取残されたりとて自殺を宣告せられたるが如しなど云ひたるが、自身は決して入閣を約したたることもなければ右様の言を聞く訳はなけれども併し巳代治辞したる後任に挙げたるにあらずやと詰り、又金子が老母の病死等にて貧乏し居るに付多少の補助を仰ぎたき旨申出たるに伊藤は其事ならば如何様にかなすべしと云へり[20]。

原敬の前で、「大臣にする約束をした覚えはないが、伊東巳代治が農商務大臣を辞した後任にしたではないか」と、伊藤から叱責され、それでも金の無心をする金子が原から冷眼視されるようになるのは当然であった。金子の立場は厳しかった。派手な活躍の機会を待っていたのである。

二　アメリカでの広報活動

再び話を本章の最初に戻したい。伊藤博文が金子に渡米を要請した主たる理由はなんであったのか。それに金子がどう対応したのか。いささか冗長になるが、金子の回想録から再現したい[21]。

伊藤は、金子遣米の目的を次のように述べた。

公平な立場に於て日露の間に介在して、平和克復を勧告するのは北米合衆国の大統領の外はない。君が大統領のルーズベルト氏とかねて懇意のことは吾輩も知っているから、君は直ちに行って大統領に会ってそのことを通じて、又アメリカの国民にも日本に同情を寄せるように一つ尽力してもらえまいか。

ここで注意すべきは、伊藤が開戦前から戦争の終わりかたを考えていたことであり、金子の華々しい講演活動に注目されがちだが、伊藤の要請の中心は講和にルーズベルト大統領を引き出すことだった点である。これに対し、金子は米露関係が歴史的・経済的・人脈的に濃厚であり、自分には無理だと断った。ほかに人もいるではないか、なにより伊藤自身が最適であるとの金子の提案に対し、伊藤は天皇より側にいて相談に応じてほしいとの御沙汰があるので、無理だといった。くわえて伊藤は「君は成功不成功の懸念のために行かないのか」と尋ね、「かく言う博文は鉄砲をかついでロシアの兵卒と戦う。かくまで自分は決心をしている。成功・不成功などということは眼中にないから」「君もぜひ奮発してアメリカに行ってくれよ」と懇請した。これを聞いた金子は要請受諾を決意した。その後、小村寿太郎外相に在米時の活動の一任をとりつけ、桂太郎首相にも面会し、一貴族院議員として官職を帯びず渡米する旨を伝えた。

この浪花節的なくだりをどこまで信じればよいのか、疑問は残る。原敬は「内幕は政府が一人にても政友会より人を殺ぐの魂胆ならん、金子は来訪して伊藤の命已むを得ざることを談話」したと記している[22]。原敬の推測が正しいとするならば、金子の広報外交は当初から成否を日露戦争遂行の要諦にするというよりは、政治工作の一環だったというがった見方も可能になる。他方で、こうした見解に落ち着くのが、補助的な役割をこえない広報外交の本質を表しているともいえる。

二月二四日、金子は二人の随員を連れただけで、セントルイスで開催される万国博覧会の視察を名目として出立した。また、桂首相より世論誘導のために新聞社を買収する資金提供の申し出があったが、公平な立場を維持するためとして断った。この金子の姿勢は国民外交といえるのか。渋沢栄一にもいえることだが、金子が官職を帯びていないことをもって民間人ということはできないが、一方で金子の起用は外交への国民総動員の一施策だったとみることもできる。ただし、戦時にあらゆる手段を駆使するのは当然のことであって、ことさらこれを国民外交と称するのは無理がある。金子が派遣されたアメリカは、参戦しておらず、敵国ロシアとの関係も深かった。民主主義の国で世論になにを訴えれば、日本への同情を引き出せるのか、世論を日本になびかせる日本の力、いわばソフト・パワー[23]にはなにがあったのか。こうした観点から、以下金子がアメリカでおこなった講演を分析していく。

アメリカに到着した金子はニューヨークで慎重に情勢を探った。日本を代表する使節ではないことを考慮して、高平小五郎公使を通じてルーズベルト大統領への面会を申し入れた。ホワイトハウスに着くとルーズベルト大統領が「君を僕はとうから待っている。なぜ早く来なかったか」と歓迎し、「今度の戦は日本が勝つ」と述べた。大統領をはじめアメリカ政府高官は日本に同情をよせていることを知った金子は大いに気を強くした[24]。

ワシントンでは外交官の目もあり、ニューヨークに拠点をさだめた金子の最初の重要な講演は、四月一二日のユニバーシティ・クラブでのものだった。この直前にロシア太平洋艦隊司令長官ステパン・マカロフが、乗艦が機雷に接触し戦死していた。金子は「提督は露帝の命を奉して職に閫外に就き一朝君国の為に斃れ武人の本文を全ふせるものにして敵躬方の区別なく均しく其の忠君愛国の事績を敬慕し其の名声は永く露国の海軍歴史に赫々として耀くへしと[25]」述べた。この演説は新聞で報道され、敵将を称えた姿勢を評価された。

同月二七日、金子はボストンのハーバード大学で「極東の現状」と題して二時間一五分にわたる大演説をおこなった[26]。演説の前半は、日露開戦の原因がロシア側にあり、開戦時の行動も日本は国際法に違反するものではなかったことを訴えるものであった。注目すべきは後半の戦争をめぐる文明論的議論の部分である。

露国は基督教国なり日本は偶像教国なり基督教国の人民は露国を援助して日本を粉砕せさるへからすと此の如き言説を聴くは余輩の異とせさるを得さる所なり日本国か露国と交戦するは宗教の為めに闘ふにあらさるなり日本国の戦ふは亜細亜の為め並に日本国存立の為めに世界の最大国と戦ふなり〔中略〕我日本帝国憲法は宗教の自由を日本国各臣民に保障せり故に日本国に於ては人民奉教の自由を享有すること欧米各国に於けると異なることな

きなり

金子の懸念は、非キリスト教国であることをもって日本が批判されることであった。金子は、日本人はキリスト教徒ではないが人道においてアメリカ人と異なることはないと切々と訴えた。

余は切に望む世の理性に富み偏私に流れさる人士は能く事実を視察して以て是非を判し単に感情に訴へて輙く東洋国民を排斥せさらんことを東洋国民は所謂異教徒なり然れとも其肺肝は人道を以て焚へんと欲し其心智の是非曲直を判する何そ此合衆国人と照準程度を異にせんや

人道精神が同じだとしても、こえがたい壁があった。人種論である。

欧人の今回の交戦を視る猶其当を失するものあり何そや所謂黄禍論是れなり〔中略〕日本にして東洋に優勝の地位を占めは亜細亜を統一し其結合力を以て欧洲に危害を加へんとす故に日本国の開戦の理由正当なるものあるも欧洲は之に同情を寄せ若くは之を援助することを為さす須らく露国に与みして日本国を撃破し其れをして復た独立国として起つこと能はさらしめさるへからすと是れ亦事実に基かさる至残至酷の誣言なり

黄禍論は、もともと中国人労働者の欧米進出に対しておきたが、日本が近代化に成功し力をつけるようになると、日本人に向けて唱えられるようになった。(27) 日本が西洋文明化せざるをえない状況をつくった欧米人が、いざ日本が文明化に成功すると脅威だと騒ぎ出したのであるから、日本にとっては理不尽な議論であった。金子もドイツ・フランス・ロシアのアジア進出こそ「白禍」であると批判した。日本の戦争目的は、「唯亜細亜の平和を保持し英米的文化の普く東方に扶植せられんことを欲するのみ」だとしたが、この部分にはやや違和感がある。アメリカもイギリスもアジアに進出しており、「白禍」といえば最大の帝国であったイギリスがその代表とされていた時期である。金子が強調したかったのは、英米的な文化・制度の導入に日本が努めてきたということであった。

我日本国は西洋の文明を採りて之を行ひ其風俗慣習を改めて之と同化せしめたり而して今や東洋の友邦をして同しく此の利沢を共にせしめんと欲し力を尽し心を尽して此文明の化を広被せんことを努めさることなし〔中略〕而して合衆国か満洲に向て採る所の政策は我国と其揆を一にするを見る是れ最も我国の満足する所なり我日本国は実に英米的文明の先駆となりて之を東洋に光被せんと欲するのみ

金子の演説は、広報外交の一環であり、アメリカ人の同情を引き出すためであったから、その論理に偏りがあるのは当然で、また、その内容が必ずしも金子の思想を率直に表しているとはいえまい。それを念頭にいま一度、「極東の現状」の論旨を整理したい。アメリカでの活動の前提、というよりは、近代の日本が西洋諸国と対峙するときの前提があった。一つは日本の人種が白人ではないこと、二つは日本がキリスト教国ではないこと、さらには日本が西洋文明化に邁進していることが「正しい」進歩であるとの認識を示すことであった。肌の色の問題は身体的特徴であり、物理的に変化させることは不可能である。宗教も多数の日本人がキリスト教に改宗することは可能性が低く、また望ましいことでもなかった。よって、非白人で非キリスト教徒であっても、価値観や制度などで西洋諸国と同じ地平にたっていることを示す必要があった。だからこそ、第三の点、日本が文明国標準を受け入れていることを強調しなければならなかったのである。憲法制定は、条約改正のために必要だったこともあるが、結果的に皇帝独裁政治であったロシアとの差異化のために有効となった。しかし、西洋文明に忠実であることをただ強調するだけでは独自性がなく、なんらかの日本のソフト・パワーが必要であった。そのためにもちだされたのが武士道と教育勅語であった。

六月七日、ルーズベルト大統領から午餐にまねかれた金子は、席上「よく武士道とか武士とかいうことを言うが一体どういうことを武士道というのか、何か書いた本はないか」と尋ねられ、新渡戸稲造が英語で書いた『武士道』を大統領に紹介した。ルーズベルトは『武士道』を気に入り、彼を日本好きにさせた、と金子は回顧している。(28)『武士道』は日本文化の紹介を目的とした著書であり、新渡戸の説く武士道は歴史的実態と必ずしも一致しない。『武士道』のなかで、騎士道や西洋古典との対比がしばしば表れることからもそれはわかる。(29)日本の独自性を強調するための武士道も、結局は西洋の騎士道との類似性を意識させることが重視された。これは、第二部第二章でみたルネサンスと東山時代を同等視して、日本にも近代化が可能であることを示そうとした原勝郎の発想と同じ論理であった。金子が、武士道をどう解釈していたのかは不明であるが、広報外交のなかで日本らしさをいかに演出したのか、カーネギー・ホールでの講演から確認したい。

カーネギー・ホールでの講演は、一九〇五年四月二日におこなわれた。旅順陥落につづきを三月の奉天会戦と日本の優勢が明らかになり、ルーズベルト大統領が講和の斡旋に乗り出していた時期だった。六〇〇〇人の聴衆を前にして、金子は「日露戦争の泰西及東洋諸国に及ぼす影響」と題して演説した。(30)戦況がよいこともあり、金子は強気であった。

於是余以為らく戦時に於て外国人の同情を得んと欲せは先づ戦に勝つことを力むへし若し敗北したる時は正理も人道も決して外国人の耳底に達すること能はさるなり蓋し泰西の人情は目下尚未た禽獣的の実力に支配せらるゝものなり故に戦時外交の秘訣は全く戦勝にあることを確信したり(31)

英米文明の先駆となると演説した金子が報告書で禽獣的実力に支配される西洋と述べるあたりにその本音が見え隠れするのである。さて、金子は演説を次のようにはじめた。

日本人は最初此戦争を始めますときは単に露国人と陸上及海面に於て交戦する而已ならす又併せて彼等の口を藉りて伝説する人種及ひ宗教に対する感情問題に対しても予め備ゑなけれはなりませんでした〔中略〕そこで日本は開戦の当初より其終局に至る迄始終文明国民として行動するの決心を持ち彼の露人か云ふか如く日本は東洋の

半開国にして泰西文明国に抗して戦争するものに非さる事を世界に表明せんと努めました

日本は文明国標準に適応した文明国であることを強調する点は、先にみた「極東の現状」と同じである。しかし、次に内容は大きく変わる。

元来日本文明の元則は正理を遵奉するにあり然るに泰西文明の精神は専ら勢力を占有するにあります故に世界に於ける生存競争の舞台に於て正理は、勢力に、道徳上の見識は、物質上の腕力に圧倒されました。〔中略〕其近き例を挙くれは英国が支那に向てなしる阿片戦争の如き又二十七八年の日清戦争に於て露独仏三国の干渉に依る遼東還附の如き其証拠であります

日本は王道だが西洋は覇道であるといわんばかりの口吻であり、露独仏ばかりかイギリスまで批判の俎上にのせたのである。戦況を受けてのこととはいえ、「機会主義者」金子らしい変貌であった。日本の文明化もこれまでとはちがう文脈で語った。

元来日本人は数千年以前より儒教仏教の教訓に依り脳髄の訓練は十分にありました故に無形的〈サブジェクチブ〉の智識はありましたけれども欧米人に尤も発達した有形的〈オブジェクチブ〉の力量が足りませんでした依て日本国は開国以来専ら西洋の実力に比敵する様に尽瘁し先つ殖産興業を勧め盛に陸海軍を拡張し人民に自治の権利を与へ又帝国議会を開設して自民に参政の権を附与し進て信教の自由をも憲法を以て保証しました〔中略〕日本人が世界各国から紳士的国民と認めらるゝ国風を養成せんと努めて居ることは今日日本に於ける文明の実況が証拠物であろうと思ひます

恩沢であった西洋文明は、あくまで実際的な力を得るための手段であったというのである。ここで「日本文明の基礎」として、金子は教育勅語と軍人読法をもちだした。金子の回想によれば、この二つの英訳を多くのアメリカ人が

もらいにきて、米陸海軍の学校の教官が教材にするといったとのことである。[32] 教育勅語や軍人読法がソフト・パワーになったとは思えないが、日本軍の優勢下での物珍しさからの反応であったと考えるべきであろう。金子は一層強気に次のように演説を結んだ。

　今度日本が亜細亜の為め及ひ自国の独立の為め其の存亡を賭して蹶起し終に世界の最強国と称せられたる露国の傲慢心を挫きましたので西洋諸国も始めて日本人民の脳力及其兵力の強健なることを覚り引て東洋諸国の権利を尊重するに至りました〔中略〕此戦争の結果に依り東洋国民も亦泰西の勢力に抵抗し得る潜勢力あることを発見しました故に東洋国民と雖も日本の如く西洋の文明殊に学術を輸入すれは欧米諸国と対立するを得ると云ふことを確信し「亜細亜は亜細亜人に於て経営すへき権理あり」と云ふことを益々自覚するに至りました〔中略〕日露戦争が世界に及ぼす影響如何と観察いたしますれは将来に於ては東洋の徳性と西洋の学術とは互に衝突せざるのみのならす相共に混和して更に一種の新文明を産み出し全世界の人民をして其恩沢に浴せしむるでありましよう

金子自身「随分思いきったうぬぼれ演説[33]」としているが、この演説の方が金子の考えが率直に表れていると考えられる。金子は若き日の留学時代から西洋文明に「惑溺」しなかった。また、当時の碩学たちもそろって、日本独自の歴史と文化を保っていくべきだとの助言もあった。戦勝がみえてきた時点にあって、むしろ日本の意気軒昂たる立場を誇示した方が宣伝外交としても得策であるとの判断があったものと思われる。

　こうした金子の強気な姿勢に棹さす挿話をいま一つ紹介しておきたい。この演説につづく「滞留記」には次のような一節がある。「余の言〔アジアはアジア人が経営すべきだという発言〕は猶ほ「亜米利加は亜米利加人に於て経営すへき権理あり[34]」と云ふ米国の「モンロー」主義と均しく此精神は一国の存立上必要闕くへからさるものなるを悟りたるか如し」。日本のアジア侵略に対し、アメリカもモンロー主義で南北アメリカ大陸を勢力圏にしているではないかとの言い訳が、この後しばしば現れるが、ポーツマス講和会議を目前にした一九〇五年七月七日、オイスター・ベイの大統領私邸にまねかれたとき、金子はルーズベルトから衝撃の発言を聞いた。

将来日本の政策は亜細亜に対して「モンロー」主義を採用せんことを望む之を採用せは日本は将来に於ける欧洲の亜細亜侵略を制止することを得ると同時に自ら盟主となりて亜細亜諸国全体を基礎として新興国の設立を成就することを得へし[35]

金子はこの「途方もない重大なこと」を重く受け止めた。公表はルーズベルトが大統領を退き許可をしてからということだったが[36]、その死をよいことに、金子はその後、アメリカ大統領がアジアを日本の勢力圏にすることを勧めたという文脈で繰り返し発言を引用していった。ルーズベルトの真意は、「朝鮮半島で日本が戦後に展開することは移民のもう一つの移出先をつくることになり、カリフォルニアが反対している「黄色い奴ら」の流入を弱めるはずだ[37]」というもので、金子へのその場限りのリップ・サービスであったと思われる。自国に日本の勢力を近づけないために、アジアでの日本の活動を勧めるというのは、第三部第一章のオーストラリアの例でもみられたが、日本に危険な誤解を与えることになる。それにしても、日本がアジアの盟主になれとの発言を引き出した金子はルーズベルトの日本への好意が本物であると思ったにちがいなく、己の広報外交は大成功であったと自信を強めたであろう。

ところで、金子の広報外交の最大の目的であった、ルーズベルトを講和の斡旋に引きずり出すという点について、金子の諸記録では、金子の働きかけが大きかったように記されている。しかし、決定的だったのは日本が戦争を有利にすすめたことであり、金子の活動がどこまで有効であったのかは、判然としない。他方で、金子の講演が好評を博したのはまちがいなく、広報外交としては成功であった。事実、金子にとって日露戦時の活躍が「自慢の種」になった。

日露戦争で演出された良好な日米関係には、このときすでに暗雲が立ちこめていた。アメリカでの日本人移民排斥がはじまっていたのである。この問題にかんしても、金子は日米関係の第一人者としての自負から積極的に関わろうとするが、公的な役割から金子はことごとく排除されることになる。次節では、排日問題と金子の関係を論じていく。

三　排日問題

すでに第一部第一章・第二部第一章でアメリカにおける日本人移民問題についてふれたが、ここで金子の活動に関係する範囲で、簡単にその経過を整理しておきたい(38)。

一九〇六年一〇月、サンフランシスコで日本人学童が東洋人学校に隔離されたのが本格的な排斥のはじまりであった。ルーズベルト大統領は、日米関係の悪化を懸念し、日本人移民のハワイからアメリカ本土への転航を禁止する措置をとることで学童隔離を中止させた。この過程の一九〇八年、日本人のアメリカ移民労働者を年間五〇〇〇人とする日米紳士協定が結ばれた。つづいて、一九一三年にはカリフォルニア州で日本人の農地所有を制限する排日土地法が成立した。第一次世界大戦で一時的に沈静化していた排日運動は再び激化し、カリフォルニアで排日土地法をより厳重にした第二次排日土地法が、直接の州民投票で可決された。そして、一九二四年には、ついに連邦議会で日本人移民を完全に規制する排日移民法が成立したのである。

排日運動の特徴は、日米間の問題の重要性が非対称的なことであった。アメリカにとっては、日米関係そのものが最優先課題でないうえ、排日運動はカリフォルニア州など日本人移民が集中する西海岸だけでの事件であった。よって、連邦政府は対日関係の悪化を懸念し、排日運動の激化を止めようとする傾向にあった。しかし、連邦政府の州への介入には限界があり、断続的につづく運動をおさえこめなかった。一方、日本にとっては、しだいに超大国化していくアメリカとの関係は外交の最重要課題の一つであった。「文明国標準」の一等国の面目を真正面から否定されるアメリカでの排日法は屈辱的なものだった。ただし、排日移民法成立までは、外交当局の反応は冷静であった(39)。これには、第二部第一章で指摘したように、選良である外交官たちの多くが移民問題に冷淡だったことも影響した。

金子は、一八九八年に創立された米友協会の会長に一九〇〇年に就任し、久里浜のペリー来航記念碑を建立する(一九〇一年)など、日露戦時の広報外交以前より日米の友好促進に尽力していた(40)。日露戦争前の講演で金子は日米経済同盟の必要性を訴えていたが、そのなかで移民問題を次のようにふれている。

〔アメリカからの貿易問題に関する特派員との会話で〕日本は将来非律賓に移民を送りたいと云ふと、特派員も其は米国にても希望する。五十万でも幾らでも入れて差支えないと云ふた。是に於て私は曰ふに、お前の国には黄色人種排斥の移民規制がある。移民規制も非律賓に行なつて居る以上は、日本人は容易に移住することが出来ない。彼の特派員の云ふには夫れは御尤もな話である。〔中略〕あなたもどうか合衆国に於けるあなたの友人で政府に関係ある者又は上下両院に関係ある者に向つて手紙を送つて呉れろと請求された。依て私は宜しい幾らでも手紙を出す。依て其改正の方法は、第一に移民規則中非律賓に関しては取除法を造て、日本人丈け容易に移住せしむることに致して貰ひたい(41)。

この一例から断じることはできないが、金子にとって移民問題は、アメリカの人脈をたどって交渉すれば改善できるという程度の見通しだったのかもしれない。こうした観測は、アメリカでの広報外交で大統領とのつながりを実感して一層強まったにちがいない。また、金子のなかでは、広報外交で日本人の性質と理想について語ったので、アメリカでの誤解も氷解すると思っていたようである(42)。しかし、現実は金子の楽観通りにはいかず、断続的に排日運動が展開された。一九一七年に発表された金子の論文(43)からこうした日米関係に対する考えを探ってみたい。

金子は、ペリー来航から語りはじめ、アメリカでの顔の広さについて得意の自慢話を交えながら、アメリカのフィリピン進出により「太平洋問題」が重視されるようになったと述べる。日露戦時「欧羅巴のある強国」が黄禍論などの日本を中傷することを広め、アメリカのイエロー・ペーパーなどがそれを報じた。ルーズベルト大統領の頃は、その努力もあって排日論者は少数だった。しかし、イエロー・ペーパーなどが「浮説流言」を繰り返し報じるうちに「遂には華盛頓の議会にまで日本人排斥案が提出せらるゝやうになつた」とまとめた。つづいて金子は、日米間の反発の原因を六つあげた。

「第一に人種の差異に基因することは言ふまでもない」とし、「文明社会にありては人種の差異によりて其の待遇を異にするが如きことはない筈である。」「併し遺憾ながら二十世紀の文明はまだ幼稚であり、文明の民は寥々晨星の如き状態であって、多数は漸く野蛮の境遇を脱却したに過ぎないから、人種的観念に支配されるゝのも亦已むを得ないと思ふ」。また、差別は正しくないことだが、「何れの国でも識者は少数で、多数者は凡ての程度が極めて低いのであるから」国際問題を惹起するのだ。つまり、差別は「愚民」のなせることだというのである。

「第二には在米日本人が容易に米国人と親しまないこと」が指摘され、その原因は英語力の不足にあるとする。

「第三には日本人の労働者は誠に従順勤勉で」低賃金で働くため、「自国の労働者の立場を保護し、経済維持する為めに、日本人労働者の渡来に反対することになる」。

「第四には日本人の社交的思想や儀式が、米国人の夫れに比して大差がある」ことで、「是を全然改良して米国人と懇和し、相共に軒を駢べて円満に交際することは、一朝一夕に出来るものではない」。

「第五には米国の政体が我々日本人の学び得たる政体との間に差異のあること」として、連邦制で連邦政府が州政府に強制できない政体であることを、中央集権の「日本人の政治論から見て、異様の感じを起し、又解釈に苦しむのは無理はない」。

「第六には近来米国の対支貿易が大に発展し来りて、米支間に密接の関係を生」じ、「日米両国は勢ひ対支那貿易上に於て競争を惹起し」ていることだとする。

結論は、「要するに日米親善を増進せんとするには、先づ両国民間に於ける誤解を一掃して、意志の疎通を図り、斯くして共同事業を経営するやうにし、利益上に結合せねばならぬ」ということで、別段みるべきものはない。六つの原因のうち、人種の差異はどうしようもなく、偏見は「愚民」のせいだとしており、日米親善をすすめるには、識者で英語力のあり日本的風俗を改良できているものが交際を深めるしかないというのである。つまるところ、金子は日米の選良間における相互理解の促進に解決の糸口を見い出していたといってよい。

こうした金子の発想を後押ししたのが、日米関係委員会の活動であった(44)。日米関係委員会とは、元サンフランシスコ商業会議所会頭のアレキサンダー（Wallace M. Alexander）の提案を受けて、一九一六年に渋沢栄一が東京商業会議所に設けたもので、金子のほか井上準之助・新渡戸稲造・大倉喜八郎など財界・学界の錚々たる名士が委員になった。一九二〇年三月にはアレキサンダーの実業団が、四月にはアメリカン・インターナショナル・コーポレイション会長のヴァンダーリップ（Frank Arthur Vanderlip）の実業団が来日し、日米有志協議会が開催された。金子はこの協議会の議長となった。四月二六日の第一回協議会で、ヴァンダーリップは次のような発言をした(45)。

独逸のカイザーが『黄禍』を称へて世間を騒がせたことがありますが、其主張は他日東洋人が大挙して西洋諸国を圧倒するといふのでありました、ところが我が邦には一種の黄禍が存在して居ります、是れを称して黄色紙（Yellow Paper）と申します、此種の新聞は真実を無視して政治上の野心を逞しうせんが為めに僻見や誹謗などを使用する輩であります、私共は我が邦に斯る新聞の存することを恥辱に感ずるのであります〔ママ〕。

ヴァンダーリップの発言は、「僻見や誹謗などを使用する輩」の影響を排して「質実を重んじる米国市民」と「芳情に富める日本の諸君」との間で意見を交換しようというもので、日米関係委員会における国民外交の性質を物語っていた。

翌日の第二回協議会でヴァンダーリップから日本も中国人を差別しているのではないかと問われ、金子は次のように応えた。[46]

> 支那人が或る範囲に於て制限せられて居る理由は、彼等は西洋の文明が標榜して居る原理に基いて制定された刑法、民法及商法を有つて居らぬによるのであります、彼等は其法廷に於て此等の原理を承認致しません、諸君は安心して支那の内地を旅行することが出来ません、然るに日本に於ては聊かも其恐はありません、日本の都会はニューヨーク市よりも一層安全であります、夜半十二時頃我が都市を通行するも日中と何等異つた所がありません、過去五十年間に吾吾は文明国の期待に添ふやうにと努力して来ました。

中国は文明化が遅れているから差別されるのだという典型的な文明国標準の発想である。本書中すでに指摘したように、金子も有色人種の差別そのものを問題視しているのではなく、「過去五十年間に文明国の期待に添うように努力し」日本は文明化しているから差別されるのが不当であるという論理であった。協議会そのものは、日米の選良同士の交流を深めて成功した。

一方で金子は、日米連合高等委員会の設置を提案した。連合高等委員会は、米国政府は「日米問題に関し的確なる知識を有し且つ米国人民の信頼すべき七名の委員を任命し、又日本政府も」「米国同様の代表的人物七名を任命し」、「本問題の理非、曲直、賛否等に付各階級の人士の証言を収集して徹底的に調査審議を遂げ」結論を両国政府に報告するというものであった。こうした委員会が有効なのは、アメリカが「国際関係の重要問題に付ては、国政の最終決定権を有する国民の輿論に基きて確定」するからだという。つまり、国民の信頼の厚い選良間で議論をまとめれば、世論を正しく導くことができ、問題が解決されるとの考えであった(47)。

金子は過去の成功例として、一八七一年の英米間のワシントン条約の際の連合高等委員会をあげている。これは、アメリカとカナダの国境問題などを論じた委員会で、イギリスがアメリカに譲歩したものであった。イギリスからのカナダ自立問題をも含んだ条約で、イギリスの委員がカナダを軽視することで、アメリカとの妥協をはかった条約であった。そのことより、一九世紀の半ばという時期は、いまだアメリカすら「国民の輿論」なるもので外交政策を決定する環境になく、だからこそ、高等連合委員会での議論が有効になったことに注目すべきである(48)。

時期を失したというべき金子の提案は、外交当局から忌避された。一九二〇年九月には、幣原喜重郎駐米大使とモリス米駐日大使との非公式協議がはじまった。金子は渋沢とともに原敬首相に日米連合高等委員会の設置と金子の遣米を要請し、原も同意したが(49)、幣原の反応は厳しいものだった。一つには幣原の交渉との二重外交になること、いま一つは委員会の設置にはアメリカ議会の承認がいることであり、幣原は金子の案には反対だと具申した。くわえて、モリス大使も金子がこの問題に関わることに反対であった(50)。

一九二四年の排日法案のアメリカ連邦議会通過をひかえる時期にも金子の遣米が検討された。このときも駐米大使から厳しい意見具申があった。

渋沢子又は金子子を渡米せしむることに内定せりと伝えらる然るに御承知の通り大統領選挙を控へ政争近年になく激甚を極め居る此際右様の視察来米は徒らに事態を紛糾悪化せしむるの大なる危険こそあれ之に依り排日緩和の実際的効果を挙げ得る望みは先づ絶無と申すとも過言ならさるへし(51)。

埴原正直駐米大使の指摘にもあるように、大統領選挙が近づくなかでは、金子流の一九世紀の宮廷外交を思わせるような選良同士の交流は、政争の具にされるだけであった。松井慶四郎外相もこの間の事情を次のように回想している。

なるほど金子子爵は日露戦争の際功労はあったが、今度は時勢も問題も違う。その上やかましく言われては埴原などは立場がなくなり、必ずそれを潮にして帰してくれと言うて来るに違いない。現に金子子爵が派遣せらるるのは本当かと電報で聞きに寄越した位であるから、むしろ埴原に十分働かした方がよかろうと思うたから、私は余り同子爵の派遣に同意しなかった。(52)

日露戦時の広報外交後、金子は要職がまわってこず枢密顧問官になっていた。金子は、ことあるごとに憲法起草者であることをもちだして、枢密院でためにする批判を繰り返していた。伊藤博文の死後、庇護者を失った金子は、伊東巳代治とともに、枢密院を不満のはけ口にしたようである。(53)松井外相の書きぶりからもうかがえるように、金子の発想の良否以前に、金子は外交当局から嫌われていた。また、活躍の場を探している金子の下心がみすかされていたことも、(54)日米連合高等委員会案や遣米案が忌避された理由の一つであった。

しかし、より本質的な問題は、年を経るにつれて顕著になる金子の国家主義的言動であった。大正デモクラシーのまっただなかの一九一九年に、金子は次のように述べていた。

昨今露国帝国亡び墺太利帝国亡びました。斯かる時に当つて完全に帝国の主宰権を有つて居らるるのは我天皇陛下だけであらせられます。〔中略〕我邦こそ真正の君主政体でありまして、御歴代の天皇の我々に君臨し給ふ大御心は欧米のそれとは余程趣きを異にして居ります。〔中略〕民主主義などは決して日本に発達するわけが無い。若しも欧羅巴から民主主義などが這入つて来たならば、却つて之を日本化して了ふのであります。(55)

広報外交を前提としていたとはいえ、日本を英米文明の先駆にしたいというアメリカでの演説との懸隔は大きい。もともと水戸学に心酔していた金子は、日本の国体の独自性を強調することで、英米文明に同調しないことを誇るようになった。

而して万世一系の天子を戴き、美を東方に擅にす。此の如きの人種は果して何処にあるか、而して此の日本民族には一の天職がある。則ち一方には東洋の古文明を提げ、一方には欧米近世文明を提げ、東西文明の生粋を打砕きて渾然として日本化し、以て世界に新文明を齎らし、人類に貢献せんとするのである。黄禍論恐るゝに足らず、天の斯の文を喪はざる限り、天柱折れ地維欠けざる限り、日本の皇運は天壌無窮に伝はるのである、大和民族は世界に雄飛するのである。(56)

金子は晩年になるほど、世相にあわせて、日本の特殊性を誇り国体の精華を喧伝するようになる。講演などに呼ばれると、ますます言辞は過激となった。政界で用いられないことを不満に感じていた金子は、「天壌無窮」などの仰々しい修飾を多用して国体を語り、国体にあわない政策を酷評することで溜飲をさげたのである。排日移民法成立後、枢密院で報告を受けた金子は怒りを爆発させた。

余の攻究したる所に依れば米国に於ては朝野の間に両国連合委員会を設けて関係国間の事案の解決に資したる先例あるを以て日米両国間にも斯かる機関を設くること可ならずやと寺内内閣の当時総理大臣及び外務大臣に進言し孰れも同意を得たるに〔中略〕一も当局の採用する所とならず〔中略〕今日に於て此の如き残酷なる法案の通過を見向後日本人が世界を横行闊歩し難きに至らむこと遺憾の極なり余も伊東顧問官と同様政府当局の説明に満足せざる者なり。(57)

先に指摘したように、金子には確固とした思想があるというより機会主義的な言動が多く、過激な発言もその現れであった。金子は、連合高等委員会は例外として、対案や現実的方策を示さず政府批判を繰り返すことが目立った。国体を顕示して「世界を横行闊歩」しようとする金子。そうした人物を第一次世界大戦後、民主化がすすみ帝国主義批判が唱えられるようなっていたアメリカに派遣することが忌避されたのは当然であった。

おわりに

金子堅太郎の日露戦時の広報外交や排日問題での活動は国民外交だったのだろうか。国民外交の一側面が民間交流であるとすれば、たしかに金子はアメリカの各所で人びとに向けて日本のことを語り交流をもったし、日米関係委員会など財界人の交流に一役かった。その点では、金子は日米関係のために国民外交を展開したといいうる。ただし、渋沢栄一があくまで実業家の立場であろうとしたのに対し、金子の場合、外務大臣などの政府高官として日米関係改善を指揮したかったが、立場に恵まれず結果として民間交流になった点が皮肉であった。また、金子の言動の根底には若き日にアメリカで学んだ文明国標準的な世界観があり、それを変えないまま行動をしたため評価されず、むしろ時期を失したものとして軽侮された。こうした状況への屈託が、金子の過激な発言を生んだことはすでにみた通りである。

一方、国民外交のもう一つの側面、外交の民主化という点ではどうだったか。金子は、アメリカが民主主義の国で外交政策の決定には世論の支持が欠かせないことは理解していた。しかし、金子が考える世論とは、あくまで選良に指導された総合的な国益を考慮した理知的なものであった。たしかに金子はアメリカで多数を前に演説をしたが、聴衆の多くは選良であったし、金子の話題はおよそ大衆を楽しませるものではなかった。また、留学時を除き、金子は四度渡米したが、それぞれ目的があったとはいえ、管見の限りほとんど在米日本人移民と接触していない。金子は排日問題に関わったが、移民の実態には関心が薄く、問題解決の方策も選良間で意思疎通をはかるというものだった。金子には大衆への関心がなく、大衆は自分のような選良が指導し国益のために誘導する存在でしかなかったのではないか。日露戦時はかろうじて金子の発想でも対応できたが、第一次世界大戦を経た世相にはもはや通じなくなっていった。この点でも金子の連合高等委員会案が軽視されたのはうなずける。本書でたびたび論じた国民外交の欠陥、選良と大衆の乖離の問題は金子の場合は顕著であったし、金子はそのことを気にもしていなかった。

くわえて、金子が国体を高唱しむきだしの国家主義を語るようになる一九三〇年代は、前章でみたように、古典外交的な秩序が否定されていく時期であった。帝国主義を前提にして大国間で選良が駆け引きをするような政策は否定されていった。金子の立場は、外交の民主的統制という側面だけでなく、帝国日本の発展策という面でも時代遅れになっていったのである。

しかし、金子がアメリカとのつながりを終生大切にしていたことはまちがいない。排日移民法成立を受けて、金子は日米協会の会長を辞任し、国家主義的な発言を繰り返し、日米対立をむしろ後押しするような姿勢になっていった。日本は満州事変を経て、国体明徴運動などで情勢は悪化し、このような動きに対しても金子は積極的に支持を表明していた。(58) そうしたなかの一九三五年春、金子はホームズの訃報に接した。金子はすぐに弔意の書簡をだした。

判事は一八七二年に勉学のため訪れたボストンでお目にかかって以来もっとも親密な友人でした。ハーバード在学中、判事は私の法学研究の有益な導師でした。その後、数度のアメリカ訪問の際、判事のお宅を訪ね、私たちは最良の時間を過ごしました。六三年間にわたり、私たちは手紙をやりとりしてきましたが、最後の数通の手紙を判事はお書きになれず、秘書の方が書かれましたが、判事自筆のサインがありました。私が先月だした長い書簡は判事がお亡くなりになる前に届きましたでしょうか？　最後に私は深い哀悼の意を表します。アメリカとすべての法律と人文学の世界にとって最大の損失であったと！(59)

弔辞中にある最後のホームズ宛の書簡のなかで、ホームズの死を意識してか、金子はアメリカの錚々たる知人たちの名をあげ、日米の友好関係の回復を願うことを切々と綴っていた。(60)過ぎ去りし古典外交の時代を懐かしむかのような内容だった。

このとき、金子堅太郎、八四歳。明治四年に一八歳で渡米し、日露戦争で広報外交を展開したのは五四歳のときであった。金子にとって、明治日本の成功物語は人生の盛時と重なり回顧されていたのである。

注

（1）金子堅太郎講演・石塚正英編『日露戦争・日米外交秘録』（長崎出版、一九八六年、以下『秘録』と略す）二六―三〇頁。『秘録』の原本は一九二八（昭和三）年の金子の講演録。
（2）松村正義『日露戦争と金子堅太郎』（新有堂、一九八〇年）。
（3）松村正義『近代日本の広報文化外交』（成文社、二〇一六年）二〇頁。
（4）渡辺靖『文化と外交』（中公新書、二〇一一年）。
（5）飯田直輝「金子堅太郎における「国民外交」の意味」（『法政史学』六四、二〇〇五年九月）七〇―七二頁。
（6）以下金子の略伝については、藤井新一『帝国憲法と金子伯』（大日本雄弁会講談社、一九四二年）、高瀬暢彦編『金子堅太郎研究』第一集・第二「生涯史」（日本大学精神文化研究所、二〇〇一年）、同編『金子堅太郎自叙伝』第一・二集（日本大学精神文化研究所、二〇〇三〜〇四年）、松村正義『金子堅太郎』（ミネルヴァ書房、二〇一四年）を参照した。
（7）ほかに金子は、「カトルファージの古代市及び古代の婚嫁」「ヂョーヂ、ルーイス著哲学歴史」「サー、ヂョン、ラボック著文化歴史」の書物をあげている（金子堅太郎「懐旧録」『金子堅太郎自叙伝』第一集、二五一―二六二頁）。
（8）加藤周一「明治初期の翻訳」（『日本近代思想大系一五　翻訳の思想』岩波書店、一九九一年）。

(9) エドマンド・バーク（中野好之訳）『フランス革命についての省察』上・下（岩波文庫、二〇〇〇年）、同（中野好之訳）「新ウィッグから旧ウィッグへの上訴」（『バーク政治経済論集』法政大学出版局、二〇〇〇年）。なお、バークについては、宇野重規『保守主義とは何か』（中公新書、二〇一六年）を参考にした。

(10) 高瀬暢彦編『金子堅太郎『政治論略』研究』（日本大学精神文化研究所、二〇〇〇年）に、『政治論略』が掲載され、高瀬の詳細な分析がある。柳愛林「エドマンド・バークと明治日本」（『国家学会雑誌』一二七―九・一〇、二〇一四年一〇月）。

(11) スペンサーが日本に与えた影響にかんしては、山下重一『スペンサーと日本近代』（お茶の水書房、一九八三年）、松本三之介『「利己」と他者のはざまで』（以文社、二〇一七年）。

(12) 金子堅太郎（大淵和憲校注）『欧米議院制度取調巡回記』（信山社、二〇〇一年）一〇二―一〇六頁。

(13) 同右、一七七頁。

(14) 瀧井一博『文明史のなかの明治憲法』（講談社メチエ、二〇〇三年）一九三―一九八頁。

(15) 大久保泰甫『ボアソナードと国際法』（岩波書店、二〇一六年）第二章。

(16) 金子堅太郎「国際公法会参列紀行」（堀口修編『金子堅太郎と国際公法会』創泉堂出版、二〇一三年）七七頁。

(17) たとえば、岩倉使節団にビスマルクが語ったものが有名である（久米邦武編『米欧回覧実記』岩波文庫、一九七九年、三二九―三三〇頁）。

(18) 前掲注(16)に同じ。

(19) 伊藤之雄『伊藤博文』（講談社、二〇〇九年）二一七―二二〇頁。

(20) 『原敬日記』一九〇一年七月五日（第一巻、福村出版、二〇〇六年、三四八頁、以下『原日記』一九〇一年七月五日、一の如く略す）。

(21) 以下、『秘録』二九―四二頁。

(22) 『原日記』一九〇四年二月二六日、二、九二頁。

(23) 周知のことであるが、ソフト・パワーとはジョゼフ・ナイが提唱したもので、他国の人びとをひきつける文化的・価値観的な力であり、軍事力や経済力を用いずに、共通の価値観があると信じさせて、自国の利益になるように他国を導く力である（ジョゼフ・S・ナイ〈山岡洋一訳〉『ソフト・パワー』日本経済新聞社、二〇〇四年）。

(24)『秘録』六〇—七五頁。
(25)「日露戦役米国滞留記」一一四頁（「日露戦役関係各国輿論啓発ノ為末松、金子両男爵欧米へ派遣一件」第三巻、JACAR: B08090029600〈外務省外交史料館〉、以下「滞留記」と略す）。
(26) 以下、「滞留記」一四五—一九七頁。
(27) 黄禍論については多くの研究があるが、飯倉章『黄禍論と日本人』（中公新書、二〇一三年）がよくまとまっており、わかりやすい。また、廣部泉『人種戦争という寓話』（名古屋大学出版会、二〇一七年）も参照のこと。
(28)『秘録』一〇四—一〇五頁。なお、竹下勇「テオドル・ルーズヴェルト大統領との交遊と日露媾和会議（昭和一五年）」（『竹下勇日記』芙蓉書房、一九九八年、二七—三一頁）も参照。
(29) 苅部直『日本思想史への道案内』（NTT出版、二〇一七年）第三章。『武士道』の翻訳は多くあるが、ここでは山本博文訳『現代語訳　武士道』（ちくま新書、二〇一〇年）がわかりやすく、解説も参考になるため参照した。また、笠谷和比古『武士道の精神史』（ちくま新書、二〇一七年）も参照。
(30)『秘録』一五二—一五三頁。なお『秘録』では、演題は「日本人の性質及び理想」となっている。以下、演説は「滞留記」六二五—六三八頁。
(31)「滞留記」六二二—六二三頁。
(32)『秘録』一五八頁。ちなみに金子が紹介した教育勅語は次の部分。「爾臣民父母に孝に兄弟に友に夫婦相和し朋友相信し恭儉己れを持し博愛衆に及ほし学を修め業を習ひ以て智能を啓発し徳器を成就し進て公益を広め世務を開き常に国憲を重し国法に遵ひ一旦緩急あれは義勇公に奉し以て天壌無窮の皇運を扶翼すへし」。軍人読法は、一八七二年にだされた軍人の任用時に宣誓に用いられたもの。
(33)『秘録』一六〇頁。
(34)「滞留記」六四〇頁。
(35)「米国大統領「ルーズヴェルト」氏会見始末」四三八頁（「日露戦役関係各国輿論啓発ノ為末松、金子両男爵欧米へ派遣一件」第二巻、JACAR: B08090029200〈外務省外交史料館〉）。
(36)『秘録』一九五頁。

(37) Edmund Morris, *Theodore Rex*, New York, 2001, p. 400.
(38) 以下アメリカでの排日運動にかんしては、簑原俊洋『アメリカの排日運動と日米関係』（朝日新聞出版、二〇一六年）。また、金子の排日問題との関わりについては、飯田直輝「金子堅太郎と排日問題」（『法制史学』三三、二〇〇六年三月）が詳しく、参考にした。
(39) 宮崎慶之「日本人移民問題をめぐる日本外交」（三輪公忠編著『日米危機の起源とは排日移民法』論創社、一九九七年）。
(40) 米友協会編『米友協会会史』（米友協会、一九一一年）。なお、米友協会は一九一七年に発展して日米協会となり、金子は初代会長に就任した。飯森明子「金子堅太郎と日米協会」（『日本大学史紀要』一二、二〇一〇年三月）も参照。
(41) 「日米両国の経済同盟を望む」一九〇三年一二月の国家学会での講演（高瀬暢彦編『金子堅太郎著作集』第五集、二〇〇五年、一七九頁、以下『著作集』五の如く略す）。なお、日露戦前の金子の国際経済構想については、穎原善徳「一九世紀末日本の環太平洋構想」（『ヒストリア』一五八、一九九七年一一月）があり、金子の対米依存志向を指摘している。
(42) 金子発ジェームズ・エリオット・ノートンハーバード大教授宛書簡（一九〇五年九月八日）、*Monumenta Nipponica*, 37-2, summer 1982, p. 245.
(43) 「日米関係改善策」（『著作集』五、一八二—一九七頁、初出＝『太陽』二三巻七号、一九一七年六月）。
(44) 日米関係委員会については、片桐庸夫『渋沢栄一の国民外交』（藤原書店、二〇一三年）第二章。また、実業家間の交流が日米関係に与えた意義については、木村昌人『財界ネットワークと日米外交』（山川出版社、一九九七年）特にⅢ—4を参照。
(45) 『渋沢栄一伝記資料』第三五巻、三六八—三六九頁（デジタル版、https://eiichi.shibusawa.or.jp/denkishiryo/digital/main/index.php?DK350058k_text）。
(46) 同右、三八〇頁。
(47) 「日米問題に関する高等連合委員会設置論」（『著作集』五、二〇五・二一〇頁、初出一九二一年七月）。なお、金子の念頭にあったのは joint high commission であり、連合高等委員会と訳すべきであり、ほかでは金子も連合高等委員会と表現している。
(48) この点にかんして、Barbara J. Messamore, "Diplomacy or Duplicity? Lord Lisgar, John A. Macdonald, and the Treaty of Washington, 1871", *The Journal of Imperial and Commonwealth History*, 32-2, May 2004, Walter LaFeber, *The American Search for Opportunity, 1865-1913*, Cambridge Uni. Press, 1993, pp. 60-63 を参照。

(49)『原日記』一九二〇年九月一七日、五、二八五頁。
(50)一九二〇年九月二四日、幣原大使より内田外務大臣宛、および九月二三日、幣原大使より内田外務大臣宛（『日本外交文書』大正九年第一冊上、二三一―二三二・二二四頁）。
(51)一九二四年三月一四日、埴原大使より松井外務大臣宛（『日本外交文書』大正一三年第一冊、一二四頁）。
(52)『松井慶四郎自叙伝』（刊行社、一九八三年）一三五頁。
(53)由井正臣編『枢密院の研究』（吉川弘文館、二〇〇三年）所収の諸論文を参照。
(54)たとえば『原日記』一九二一年九月一三日、五、四四三頁。
(55)「日本の発展と漢学の勢力」（『著作集』六、二〇〇六年、三一―三三頁、初出一九一九年）。
(56)「日本教育の基礎」一九〇七年第一高等学校での講演（『著作集』六、四四―四五頁）。
(57)「枢密院会議筆記・一、対米外交報告・大正十三年四月二十三日」JACAR:A03033676900（国立公文書館）。くわえて『倉富勇三郎日記』第三巻（国書刊行会、二〇一五年）九四二頁。
(58)飯田直輝「金子堅太郎と国体明徴問題」（『書陵部紀要』六〇、二〇〇八年）。
(59)一九三五年三月七日、金子発ホームズの家族宛書簡、*Monumenta Nipponica*, 37-4, winter 1982, pp. 435-436.
(60)一九三五年一月一六日、金子発ホームズ宛書簡、*Ibid.*, pp. 434-435.

終章　外交と民主主義のゆくえ

「民の声は神の声なり」と言ふは、輿論を極端に聖化したものである。「輿論は愚論なり」と言ふは輿論を極端に侮蔑したものである。

輿論に対する此両様の見方は、何時の世にも行はれて居る。〔中略〕前者は自然の成行として立憲政治を謳歌し、後者は当然の結論として所謂賢者政治に迎合するを常とする。(1)

大正デモクラシーの時代にその旗振り役の一人であった大山郁夫(2)は輿論と政治の関係を論じた論文を右記のようにはじめた。本書は、国民外交ということばをてがかりに、外交の民主化が日本外交に及ぼした影響を、不戦条約や移民問題などいくつかの外交課題を取り上げて論じてきた。その際、注目したのが、選良の愚民論であった。大山は輿論政治とは「国務の一切を細大となく民意の直接の表現に依て決定しやうと言ふのではない(3)」という。また、輿論は、責任の帰着点が不明瞭なため、付和雷同して放逸になりがちなことも指摘し、次のように結論づけた。

輿論政治の弊害は責任の帰着点がないことに在る。公民教育は此短所を革めんとするものである。而して其手段として国民の各個をして国家に対する共同責任の意識を明瞭にせしめ、選挙の如き推戴的行為に関しても、将又為政者の施設の監督に関しても、国家的良心の命ずる所に従つて行動せしめ、又国法を遵守して兵役、納税等の公民的義務を支障なく円滑に行はしめ、国家経営に関して連帯的努力をなさしめんとするものである(4)。

第一部第二章で論じた国民外交推進論と大山の議論に大差はない。輿論政治とは民意を直接反映するものではない点、輿論が放逸になりがちな点、そして問題解決には公民教育が必要であるとする点である。くわえて大山は、国民の冷静な態度が必要だとした。外交問題を利用して政変をねらう野心政治家の煽動に動かされてはならないとして、以下のように主張した。

最近数個年の時局は、一国の内政と外交とが、緊密なる相互的連絡関係に立つて居るものであることを、十二分に国民に体得させた筈である。国民は、最早少数の野心政治家の音頭に乗せられて軽々しく動くことはあるまい。否、あつてはならないのである。〔中略〕国民は今後一層自覚の上に立てる奮闘を続け、遂に世界をして我国民の文化的優越を認めざらんとするも認めざる能はざる程の状態を完成する覚悟を固めなければならないのである。是事を思へば、我国民は絶大なる国民的事業がその眼前に横はつて居ることに気附き、煽動政治家の口車などに乗る余裕などを少しも持合はして居ないことを悟得するであらう。(5)

大山の主張の中身そのものは、現在にも適用できるもっともなものである。ただし、外交の民主化を唱える大山と国民の間には線引きがされており、まるで教師が生徒に訓戒を垂れるような姿勢は、現在ではおよそ受け入れられないものであろう。この選良と大衆を截然と区別した発想が、外交の民主化の障害になった点は、ここまでみてきた通りである。

本書は、主として戦間期の日本外交と民主主義論の関係を論じた。大正デモクラシー期の政治を検討した研究は非常に多いが、民主化論と外交政策の関係を扱った研究は存外に少ない。日本の立憲政治確立の一過程として大正デモクラシーをとらえれば、それは当然内政研究が中心になる。また、戦間期に「帝国」日本の維持・拡大路線を根本からくつがえすにいたらなかったことも、民主主義論と外交政策を結びつきにくくさせていることもある。また、先にあげた大山のように、民主主義論があまりに高踏的であり、思想研究としてはともかく、実際の政治動向に反映させにくいこともあろう。

代表的な大正デモクラシー研究者である三谷太一郎は、日露戦後の権力主体が多元化していく内政構造の変化を「大正デモクラシー状況」と呼び、大正デモクラシー状況が外交政策に与えた影響を原敬の外交指導に見い出した。(6)また、酒井哲哉は、民主制の維持と崩壊の過程を内政と外交の連関のなかで論じた。(7)こうした先駆的研究はいずれも優れたものではあるが、政策決定過程の実証研究が中心で、言説としての民主主義論が外交にどのような影響を与えたのか、また国際的な民主主義の広まりとどう関連していたのかという視点は希薄であった。

しかし、日本外交史研究に、序章でふれた「社会外交史」的な手法が導入されるにつれて、民主主義論が日本の国際秩序や帝国形成の認識に与えた影響を論じる研究も現れるようになった。小林啓治は、総力戦の背後に戦争とデモクラシーの結合があったことを、内外の知識人の言論や文学作品にも目を向けて明らかにした。(8)住友陽文の研究も、外交史ではないが、民主主義とナショナリズムの関係をさまざまな言説を用いて論じており、政策決定過程研究とは一線を画したものである。(9)また、通史であるが、櫻井良樹は綿密な実証研究を背景に、国際化という概念に注目して、民主化のすすむ大正時代を論じている。(10)近年の大正デモクラシー期の研究のなかでとくに注目すべきは、有馬学の一連の研究である。有馬は、「社会の発見」という大正デモクラシー期の社会思想に大きな影響を与えた概念に着目し、当該期の日本の民主化を社会主義との関係も含め多角的に分析をすすめている。(11)特に、蠟山政道が主張した「立憲的独裁」の概念に着目し、その意義を評価した点は、本書の内容に大きな示唆を与えるものである。

我々はここで、「立憲的独裁」に至る直近の蠟山の努力に、すなわちイラショナルな大衆と政治指導者の相互交渉の政治学を発見しようとする蠟山の努力に立ち返ってみるべきである。〔中略〕それはあるべきデモクラシーの指針にはならないかもしれない。しかし、イラショナルな大衆に説教を垂れる知識人という美しくない姿を見

たくなければ、現実政治の意味をくみ取る道具として可能性くらいは、認めるべきではないか。(12)

「イラショナルな大衆に説教を垂れる」選良の姿は、本書で何度も登場した。日露戦後、群衆が誕生し、都市化・産業化の進展にしたがって、群衆の存在は社会のなかで影響力を増していくことになった。(13)選良は、こうした群衆に背反する視線を向けた。一つは、大衆の政治運動が民主化要求につながることを期待する好意的視線である。一方、深い考えもなく世相に簡単に流されて行動する愚民が穏当な政治外交の進展の障害となるとする嫌悪の視線である。大衆に好意的であれ否定的であれ、選良は群衆を指導する立場として臨み、説教を垂れつづけた。いわく、冷静さが必要だ、外交教育が必要だと。しかし、多くの選良は、説教をしても思い通りにならない大衆を目にすると、愚民を相手にしてもしかたがないと諦観してしまったのである。この構図は、序章でもふれたポピュリズムが台頭する現在でも変わっていないのではないか。

では、なぜ説教を垂れる知識人もしくは選良は「美しくない姿」になるのか。本書が文明国標準の概念に着目した理由はここにある。外交問題を論じるには、当然のことながら豊かな海外にかんする知識が求められる。戦前の日本では、海外経験はもちろん外国語の習得ですら、一握りの選ばれた人びとに限られたものだった。その一握りの選良は、欧米の学知を通じて、当時の文明国の知識・習慣を身につけた。近代日本の選良は文明国標準の申し子だったといってよい。

ところで、民主化には、国民の権利拡大や自由や平等の実現といった面と、国民の政治参加により国民統合を促進し、国民を総動員しやすい環境をつくるといった面がある。国民外交が外交政策の支援に国民を総動員すると語られたことからも、民主化の後者の面は明らかである。選良は、国民の一体化をめざす側面のある民主化を訴えつつ、文明国標準を身につけた自身は大衆とはちがう存在であることを誇り、高尚な議論を滔々と論じたのである。この矛盾した姿が美しくなかったのである。

一方で、近代日本が国際社会に対峙していくには、文明国標準に達することは最優先課題でありつづけた。選良には文明国標準の作法を身につけることが求められ、それに成功すればするほど、大衆との懸隔が拡大していったのである。文明国標準のもつ、文明国と野蛮国を上位と下位にわけて区別する構造は、日本国内でも選良と大衆の関係にもちこまれた。外交の民主化も、ある意味では新たな文明国標準であった。つまり、文明国標準をめざさざるをえない選良が高みから民主化を唱えるほど、文明国標準に縁の薄い大衆は離れていってしまったのである。この矛盾は、近代日本の宿命ともいうべきものであった。

近代日本外交と民主化の関係を考える際、この二つの矛盾が大きく影響した。国民外交が、外交の民主化をめざしつつ、愛国を強調する総動員外交を主張する両面があったのも、この矛盾の現れであった。外交官の多くが当然視した国際協調主義がどこか上滑りのまま浸透せず、愛国心や「帝国」日本の強大化を強調する外交方針が唱えられると、大衆が簡単にそれに転じたのも、やはりこの矛盾の影響であった。

最後に、いま一点、「美しくない姿」の原因を指摘したい。一般に、選良が大衆に向かって議論を展開する際、「あるべきデモクラシー」「あるべき外交政策」というものが前提としてある。その理想像のなかでは、理知的で自制的な言動ができる人間が想定されがちである。しかし、現実の世界では、人間は常に理知的で自制的な「あるべき」市民などではない。つまり、理想と現実の懸隔を無視して、「あるべき」ものを追い求める選良の姿に、大衆は「美しくない」というより奇妙さを感じるのではないか。特に、「あるべき」理想の根底にある価値観や原則が変化した場合、一層その傾向が増すのである。それは、本書第三部で主権国家体制を基本とする国際秩序観が否定されていくなかでの古典外交論者のありかたにみてとることができる。

情報化社会が進展し、価値観の多様化がすすむ現代社会のなかにあって、世論の動向はますますつかみにくくなり混沌としていくことは疑いない。世論はあっても公論・輿論は形成されにくい社会なのである。移民排斥が正しい方向性ではないにしても、それが世論となってトランプを当選させた。ではその世論は愚論なのか。格差に苦しみ実生活に救いを願う切実な声を前にしたとき、トランプを支持する人びとに対して愚民だといえるのか。よって、「リベラル」とされる現在の日本の知識人が、「あるべき」理想が集約されにくいなかにあって、ポピュリズムにだまされるなと説教をしても効果はうすいのである。そうとはいえ、かつての国民外交論者のように、愚民は相手にできないと諦観から沈黙してしまうことも良策とは思えない。こうした社会に向かい、「理想などない」と冷笑主義に陥るのではなく、穏当な外交論の形成をいかにすすめていくべきなのか。

歴史学は未来学である。[14] 大正デモクラシーは近代日本の民主主義の歴史にとって、輝かしい一時期かもしれない。しかし、その後の日本が破滅的な戦争への道を歩んだことを考えれば、失敗の歴史でもある。よって、研究では、どこにかに理想につながる面はなかったのか、失敗したが成功に転じる端緒はなかったのかという視点に陥りがちである。歴史からみえてくるものは明るい未来ではないかもしれない。社会はよくなっていく、経済は拡大していくといった進歩主義の呪縛からわれわれはいまだに抜け出せていない。だからこそ、過去の失敗に謙虚に向きあう必要があるといえる。本書で論じた国民外交（失敗した外交の民主化）をめぐるさまざまな議論が、外交と民主主義の関係の未来を見通すてがかりになればと考える。

注

（1）大山郁夫「輿論政治の将来」一九一七年（『大山郁夫著作集』第一巻、岩波書店、一九八七年、三三七頁）。

(2) 大山郁夫については、三谷太一郎『新版大正デモクラシー論』(東京大学出版会、一九九五年)第八章を参照。
(3) 大山前掲注(1)「輿論政治の将来」三四七頁。
(4) 同右、三五二頁。
(5) 大山郁夫「政客の喧噪と国民の冷静」一九一九年(『大山郁夫著作集』第二巻、岩波書店、一九八七年、四二〇・四二二頁)。
(6) 三谷太一郎『増補日本政党政治の形成』(東京大学出版会、一九九五年)。
(7) 酒井哲哉『大正デモクラシー体制の崩壊』(東京大学出版会、一九九二年)。
(8) 小林啓治『総力戦とデモクラシー』(吉川弘文館、二〇〇八年)。
(9) 住友陽文『皇国日本のデモクラシー』(有志社、二〇一一年)。
(10) 櫻井良樹『国際化時代「大正日本」』(吉川弘文館、二〇一七年)。
(11) 有馬学『「国際化」の中の帝国日本』(中央公論新社、一九九九年)、同「「大正デモクラシー」論の現在」(『日本歴史』七〇〇号、二〇〇六年九月)。
(12) 有馬学「蠟山政道における「危機」のデモクラシー」(『日本史研究』六四八号、二〇一六年八月)七九頁。
(13) 松山巌『群衆』(読売新聞社、一九九六年)。
(14) 川北稔「歴史のいま 三・一一に砕かれた近代の成長信仰」(『朝日新聞』二〇一一年四月七日)、同『イギリス繁栄のあとさき』(講談社学術文庫、二〇一四年)八頁。

あとがき

本書は、私の二冊目の研究書である。前著『近代日本外交とアジア太平洋秩序』で提起した「文明国標準」と「社会外交史」の議論を本書でも踏襲した。私の研究スタイルは、史料から事件の詳細を明らかにしていくものではなく、「文明国標準」などの概念をそれぞれのテーマに当てはめて、再解釈するものである。よって、前著をお読みくださった方にとっては、「またか」ということになるかもしれない。

本書も前著同様、ここ数年間で書きためてきたいわゆる「学術論文」に加筆修正・集成して完成させた。以下、各章の初出情報を示す。

序章　書き下ろし

第一部

第一章　『渋沢研究』二六、二〇一四年に加筆修正

第二章　『歴史評論』七八九、二〇一六年と『史林』四八五、二〇一一年に加筆修正

第三章　『史林』四九九、二〇一三年に加筆修正

第二部

第一章　書き下ろし

第二章　米山裕・河原典史編『日本人の国際移動と太平洋世界』文理閣、二〇一五年に加筆修正

第三章　『京都橘大学研究紀要』四一、二〇一四年に加筆修正

第三部

第一章　『パブリック・ヒストリー』三、二〇〇六年に加筆修正

第二章　書き下ろし

第三章　書き下ろし

終章　書き下ろし

私は、ある時期から「学術論文」を書く意欲をかなり失ってしまった。学問分野の細分化がすすみ、業績主義が広まるなかにあって、査読を通過しようとすれば、特定の分野内でしか理解されない「新しさ」を売りにして、広がりの小さなテーマを論文にせざるをえない。そうなると、読む方がつまらないのはもちろん、書く方もつまらないのである。ゼミなどで指導する学生が、「学術論文」を読んでいるのをみることは皆無といってもよい。学生がそうならば、いわんや研究に関わらない一般の人びとにとって「学術論文」は無縁のものであろう。そもそも、一般向けを目的としない研究の世界のことにそんな愚痴をいってもはじまらないといわれればそれまでだが、読まれなくてもかまわないと居直ることは、ポピュリズムの時代では危険でもある。

人文学への風当たりが厳しくなっている。その際、「人文学は役に立たない」といわれることが多い。たしかに、ほとんどの人文学研究は、商業的利益につながる発見などしないし、経済発展の論理を生み出しもしない。また、世間が関心をもたない研究に金を使うのは無駄だともいわれがちである。こういう観点のみでみれば、人文学は役に立たないといわれても首肯するしかない。たとえば、「大正時代の京大の先生が東南アジアのことをどう考えていたかなど知ったことではない、そんなことを調べている奴が給料をもらって、税金から研究費ももらっているのは腹が立

つ」というような意見は、多くの人の本音なのかもしれない。

しかし、経済的利益に換算できない方面において、人文学の役割は廃れるどころか、価値を高めているのではないか。本書で縷々指摘したように、ポピュリズムの台頭をはじめとして、現代社会の混迷は深まるばかりである。混迷に直面する不安に対して、人文学から波及する「癒やし」の効果は大きいように思う。また、高齢化がすすむ社会にあって、高齢者の余暇の楽しみという点では、人文学が圧倒的に有利であろう。ところが、いくらこうしたことをいいつのっても、先述のような批判、とりわけ「役に立たないことを研究して食っている」といった批判には通用しないのも確かである。

人文学者が選良であると誇る気は毛頭ないが、人文学をめぐる私たち研究者の想いと世論の乖離は、本書が論じてきた外交をめぐる選良と大衆の乖離を彷彿とさせるものがある。それを念頭に考えれば、人文学者が世間に理解されなくともかまわないと居直ることは、本書で登場した選良たちが「愚民に何をいっても仕方がない」との諦観に陥った姿と重なるのである。そうした諦観が大衆の作り出す世論の奔流にあらがえず、選良に沈黙を強いていったことも、本書でみたとおりである。

もちろん、高度で緻密な研究をしつつ世間に理解してもらえることが理想であるが、浅学非才の私には不可能なことである。そこで、本書は、研究書ではあるが、序章であえて「大衆は外交に関われるのか」といった見出しを掲げ、トランプ政権誕生など最近のニュースから論じはじめた。本書が普通の日本史の研究書とは趣が異なる点が多いとすれば、理解されなくともよいと居直りたくないという私の想いの現れであり、奇異さを演出したつもりはない。私の想いがどこまで成功しているかは、読者のご賢察に委ねるしかないが……。

研究書の出版が益々困難になっていく状況にあって、吉川弘文館は私の学術論文に注目してくれて、本にまとめるよう促してくださった。ありがたい話ではあったものの、先述した「学術論文」に対する私の後ろ向きの姿勢から、研究書にまとめる作業は遅々としてすすまなかった。編集者の大熊啓太氏は、的確なアドヴァイスと念の入った編集作業で、ぼんやりしていた私を激励してくださった。改めて感謝申し上げたい。

私事であるが、学生時代以来、長く関西に住んでいたが、数年前、縁あって福岡に居を移した。地縁のない福岡で最初は不安だったが、勤務校では誠実で温厚な同僚の先生方に導かれ、地元の飲み仲間もでき、ストレス少なく日々を過ごせるようになった。本書で金子堅太郎を取り上げたのは、人も食も環境もよい福岡ゆかりの近代史上の人物の研究をしてみようと考えたためである。

最後に、いくつになっても自由気ままでいつづける息子を見守ってくれる岡山の両親が、今年も大相撲九州場所見物に元気で来られることを願って、本書を閉じたい。

なお、本書は科学研究費「環太平洋における在外日本人の移動と生業」（代表米山裕）の研究成果の一部である。また、出版にあたって公益財団法人渋沢栄一記念財団より出版助成をいただいた。

二〇一八年三月

酒井一臣

ま　行

や　行

ら　行

わ　行

さ 行

た 行

な 行

は 行

索　　引

※頻出語などは重要頁に限って示した.

あ　行

か　行

著者略歴
一九七三年　岡山県に生まれる
一九九六年　大阪大学文学部史学科卒業
二〇〇二年　大阪大学大学院文学研究科学位取得修了、博士（文学）
現在　九州産業大学国際文化学部准教授
〔主要著書〕
『近代日本外交とアジア・太平洋秩序』（昭和堂、二〇〇九年）
『はじめて学ぶ日本外交史』（昭和堂、二〇一三年）

帝国日本の外交と民主主義

二〇一八年（平成三十）六月十日　第一刷発行

著者　酒《さか》井《い》一《かず》臣《おみ》

発行者　吉川道郎

発行所　株式会社　吉川弘文館
郵便番号一一三―〇〇三三
東京都文京区本郷七丁目二番八号
電話〇三―三八一三―九一五一〈代〉
振替口座〇〇一〇〇―五―二四四番
http://www.yoshikawa-k.co.jp/

印刷＝株式会社 精興社
製本＝誠製本株式会社
装幀＝渡邉雄哉

ISBN978-4-642-03877-5